21世纪高职高专精品系列规划教材
电子商务专业
21SHIJI GAOZHIGAOZHUAN JINGPIN XILIE GUIHUA JIAOCAI
DIANZI SHANGWU ZHUANYE

电子商务法教程

DIANZI SHANGWUFA JIAOCHENG

张　楚◎主　编
谭华霖　张　樊◎副主编

首都经济贸易大学出版社
Capital University of Economics and Business Press
·北　京·

出版说明

21世纪是信息化的时代，在全球信息化的大趋势下，各国电子商务在不断发展和完善。随着我国电子商务的蓬勃发展，培养多层次电子商务专业人才成为各界的迫切要求。

国内外教育学者都在积极探寻电子商务专业的教育教学模式，尤其是以培养应用型人才为主的高职高专的教学，更需要一套有别于本科层次的教学模式，那就是在保证基本理论教学的基础上增加实际应用部分的训练。相应地，高职高专教材的编写同过去相比也发生了较大变化，不再是本科教材的简写版，而是在讲解必备理论知识的基础上突出与实际相结合的特点。针对这一变化和要求，我们出版了这套颇具特色的高职高专电子商务专业规划教材。

本套教材有如下特点。

第一，为了让同学们对即将学习的内容有一个感性的认识，每一节都从"引导案例——打开知识的大门"开始，带着引导案例后的问题，展开对本节内容的讲述。

第二，在每一节正文内容讲完之后，设置了"本节内容图表化"，用图表的形式将本节内容作一归纳总结，这样方便学生对本节所讲内容的脉络有一个清晰整体的把握。

第三，在"本节内容图表化"之后安排有"开阔视野——还有你所不知道的"。这一部分介绍与本节内容相关的最新知识或最新应用，尽可能拓展学生们的知识面和眼界。

第四，在"开阔视野"之后安排有"案例学习——看看你的分析能力"。这一部分主要选取现实中的企业案例，让学生在对实际案例的分析中领悟本节所讲的理论知识，并通过回答案例之后的问题来检验自己对本节知识的应用能力。

第五，在"案例学习"之后设置了"班级讨论——加深你的知识理解"。这一部分由几道讨论题组成，最好由老师在完成本节教学内容之后，有准备地组织大家在课堂上展开班级讨论，让学生在轮流发言的过程中加深并补充对知识的理解

第六，在"班级讨论"之后设置了"自己动手——锻炼你的实践能力"。这一部分向学生提出了实际操作的科目，可由老师指导，让学生将其作为课后实践作业来完成，也可以作为平时实践测评的内容。

第七，在每一小节的最后设置"小节复习——牢记本节主要内容"。这一部分归纳出学生应当掌握的重点内容，便于老师进行阶段性知识点考核。

当然，由于不同课程的特点不同，有个别教材并不一定同时具备以上所有特点，不过这并不妨碍读者对教材的使用。

本套教材力求有所创新，以便更好地为教师和学生服务，但是由于时间有限、难度较大，疏漏之处在所难免，希望各位老师、同学以及各界同仁在使用过程中，如有意见和建议随时与我们联系沟通。

·21世纪高职高专精品系列教材规划小组·

前　言

•PREFACE•

据中国互联网络信息中心的最新调查统计结果显示，我国网民人数已经达到了2.53亿人，超越美国成为全球网民人数最多的国家。在网民人数成为全球第一的背后，是我国电子商务技术的进步和商业模式的革新。越来越多的人投身于网络创业，这不仅极大地缓解了社会的就业压力，也带来了社会关系的新变化。

我国电子商务发展迅猛，但仍存在诸多问题，如消费者权益的保护、电子支付安全、电子商务的行政许可、电子商务税收的流失等。如何有效地规范并促进电子商务产业的发展，成为目前这一阶段电子商务发展的重要话题。我国自20世纪末以来，已经陆续出台了一些涉及电子商务的法律、法规等规范性文件，但立法工作仍然任重道远。同时，电子商务的虚拟化，给法的执行也带来了一定的障碍。立法层面的完善和法的充分执行都需要电子商务法学这一学科的普及与发展。

本书系统地介绍了电子商务法的基础知识，把握我国电子商务最新的立法动态和司法实践，将案例贯穿于每一章节，以实务教学为主，适应了高职高专培养实践性人才的需要。全书由张楚担任主编，谭华霖、张樊担任副主编。

全书分工如下(按章节顺序)：

张楚、谭华霖：第一章；赵占领：第二章；王辉：第三章；蔡雄山：第四章；张樊：第五章，第六章第二节；郭斯伦：第六章第一节；李俊慧：第六章第四节、第五节；张雨林：第六章第三节，第七章；赵福军、程旭辉：第八章。程旭辉、魏雅军、孙晓云对每章案例选取进行了资料搜集整理工作。

为了配合教学，编者还为此书专门提供了相关的影像教学资料和多媒体教学课件，读者可以登录 www.newiplaw.com 的“信息网络法”栏目网站下载。

电子商务的发展“一日千里”，因时间仓促，本书疏漏难免，编者衷心希望得到专家和读者的指点和反馈。

我们的电子邮箱是：chuzh@cupl.edu.cn。

作者

2008年9月

目 录

• CONTENTS •

1

电子商务导论

【本章概要】

本章从宏观角度介绍电子商务法,系对全书的概括、总结,在电子商务法的学习中处于重要地位。本章首先介绍了电子商务基本概念、电子商务发展对既有法律的突破;进而介绍了电子商务法的一般理论,从全球角度考察了电子商务立法情况;最后对我国的电子商务立法现状作一梳理,并对电子商务法的发展进行展望。

【关键术语】

电子商务　电子商务法　国际立法　基本原则　立法模式

1.1　电子商务概论

引导案例——打开知识的大门

这样一些事情经常出现在现代都市人的生活中:周围朋友或同学在网上浏览商铺、订购商品;企业之间通过电子通信手段异地交流、签署文件……这种便捷的生活方式就是电子商务。

- 试列举你所熟悉的电子商务形式。
- 试了解自己不熟知领域的电子商务模式。

电子商务法,是随着电子通信技术在商事领域广泛、综合的应用而新兴起的一个商事法律领域,作为一种商事法律规范体系,它是电子商务活动实践的产物。认识电子商务法,了解其特征,有必要首先从研究电子商务的基本概念开始。

1.1.1　什么是电子商务

从字面理解,电子商务就是“电子技术 + 商务活动”。这里有一个界定商务范围和电子化范围的问题。一般而言，可以在广义和狭义两种含义上使用电子商务的概念。

1.1.1.1 广义的电子商务

广义的电子商务，就是指一切以电子技术手段为基础所进行的与商业有关的活动。

首先，这里所谓的“电子技术”，是一个开放的概念，它包括但不限于电子通信与电子计算技术。其次，这里所谓的“商务”，正如联合国国际贸易法委员会的《电子商务示范法》对“电子商业（商务）”中的“商业”一词所作的解释：“使其包括不论是契约型或非契约型的一切商务性质的关系所引起的种种事项。”也就是说，所有这些商业活动运用的“数据电文”就是电子商务。这是一种广义的理解。

1.1.1.2 狭义的电子商务

狭义的电子商务，则是指以互联网为运行平台的商事交易活动，即 I - COMMERCE。这是当前发展最快、前途最广的电子商务的形式，也是电子商务的主流。目前企业界所说的电子商务，一般是指互联网电子商务，即 I - COMMERCE。

首先，狭义的电子商务是利用计算机网络进行的商务活动，它利用现有的计算机硬件设备、软件设备和网络基础设施，并通过由一定的协议连接起来的电子网络环境进行商务活动。其次，如果将商务圈定在交易范畴内，那么电子商务只包括不同主体之间通过互联网完成的商务活动，所有这些商务活动都是一种交易，都需要订立合同或契约，而不是单纯的信息传递。这种意义上的电子商务被称为狭义的电子商务，也可以称为在线交易（On - line Transaction）。

1.1.2 电子商务的特征

电子商务本质上仍然是一种商务活动，其与传统商务的不同之处就在于利用了现代通信技术，因而具有以下特点。

第一，电子商务构造了虚拟的商业环境。电子商务广泛采用先进的网络通信技术作为营销手段，从而将各类商业活动所需要的信息完整地展现出来，完成意思的传递、合意的达成、钱款的支付，以及除实体商品交付外的部分物流的转移等。因此，经济学界认为电子商务构成了一个异于现实社会的虚拟商业环境，称为虚拟市场或虚拟商业。

第二，电子商务能够跨越时间和空间的局限性，真正实现贸易的全球化。

第三，电子商务实现了信息化和无纸化交易。在电子商务的交易中，传统记载交易者意思和交易内容的纸张被电子信息这一新的介质所替代。

第四,交易自动化、迅捷化。在以网络为基础的社会中,产品信息、供求信息、订购信息等在弹指之间便可传递到世界各地。

1.1.3 电子商务对传统法律的挑战

电子商务作为商务形式的革命,其赖以运行的方式、手段与环境,在为商业带来新的机会的同时也带来了全新的法律问题。

1.1.3.1 交易无纸化

电子商务的突出特点是信息数字化(或电子化)和网络化。数据电文的应用使管理信息、财务记录、交易记录等完全电子化、网络化,如何保证这些信息安全并具有证据效力则成为必须解决的问题。电子商务法需要解决由于内部记录、电子合同等信息介质改变而引起的电子证据效力的电子记录规则、签章有效性、电子合同订立和履行等方面的问题。

1.1.3.2 交易环境的改变

互联网商务没有地域限制,任何人均可随时从事国际贸易;在线商业活动每天 24 小时不间断全球营业。这就为确定交易发生地或行为地、发生的时间带来困难。

网络构筑了一个区别于现实社会的虚拟商业环境,但是,法律不承认虚拟,法律必须帮助人们确定和判断谁在跟你进行交易。于是交易主体身份认证和信用信息服务成为新的服务领域。

1.1.3.3 交易内容的变化

在网络时代信息本身成为交易的标的物,信息产品既可以以有形载体存在,也可以以无形载体存在,而网络又使得没有任何载体的信息交易成为可能。数字化技术使许多原来需要纸、磁介质、物理介质传递的信息制品,如书、软件、音乐、影视剧等,现在可以在线下载、阅读、收看……现在信息脱离了载体成为独立的可交易“财产”。而传统有关贸易的法律基本上是针对有形货物的,并不针对无形信息产品。因此,信息产品的法律规范成为电子商务法要解决的问题之一。[①]

---

① 张楚. 网络法[M]. 北京:高等教育出版社,2003:7~8.

开阔视野——
还有你所不知道的

电子商务产生的技术背景

电子商务的主体包括企业、个人和政府，它有以下几种交易类型。

(1)企业和企业之间的交易(Business to Business，简称 B2B)。企业和企业之间的电子商务交易是现代发展比较迅速的一种交易类型，也是在全球电子商务中所占比重最大的①。B2B 是企业与企业之间以信息科技来改进传统的商务交易的经营方式，在企业间通过互联网进行交易，能对社会各种经济信息加以合理地利用。例如，企业可以利用自身的网络或增值网络(Value - added Area Network，简称 VAN)向其供应商进行整批的订单采购或支付货款等交易活动。对于 B2B 来说，企业和企业之间是平等主体的法律关系，而这种平等主体之间的权利义务主要是由双方当事人在签订的合同条款来确定的。

(2)企业和个人之间的交易。企业和个人之间的电子商务交易又可以分为“企业对个人的交易”(Business to Customer)、“个人对企业的交易”(Customer to Business)以及“个人对个人的交易”(Customer to Customer)三种方式。这种企业和个人之间的交易类型是现代增长最快的交易类型，也是未来全球电子商务发展中最有潜力的一种类型。但是这种交易与企业和企业之间的交易在法律上面临的问题有所不同，因为企业和个人之间的交易还涉及有关消费者权益保护和个人隐私权保护的法律问题，而这也是全球电子商务在发展过程中的一项重要议题。

(3)企业和政府之间的交易。企业和政府之间的电子商务交易，主要指政府部门在将来实施全面的信息电子化后，企业可以通过互联网与政府进行电子交易，如招标和政府采购等活动。

(4)个人和政府之间的交易。个人和政府之间的电子商务交易，主要包括政府的行政部门在未来可以通过互联网对市民进行社会福利的给付或进行人事招聘的活动，或市民可以利用互联网向政府申报税务和缴纳税款等活动。

案例学习——
看看你的分析能力

“威客”是英文 Witkey(Wit 是智慧，Key 是钥匙)的音译。在网络时代，凭借自身的创造能力——智慧和创意，在互联网上帮助别人，并因此获得报酬的人就是“威客”。通俗地讲，“威客”就是在网络上出卖智

---

① 《Measuring Electronic Commerce》, Committee for Information, Computer and Communication Policy, OECD/(97)185, http://www.oecd.org/disti/sti/it/ec/prod/e_97 - 85.htm.

力成果的人，或者说是在网络上做知识商品买卖的人。威客网一般采用悬赏竞标机制，由个人和企业在网上发布任务，并公布任务期限和赏金，这笔赏金要先汇给作为中介的网站，通过审核后才能正式发布。威客族通过竞标接下并完成任务，获得报酬。小到给宠物起名，大到帮企业做形象策划、管理咨询等，赏金也根据难度不同从几十元到上万元不等。例如，小王是青海省某地的大学生，所学专业是平面设计，他利用业余时间通过威客网，已经成功地为北京、上海等地的十几家企业设计了公司LOGO，并获得3 000多元的报酬。

■ 你认为“威客”是否在从事电子商务活动？

■ “威客”和发布任务的人之间存在着何种交易？如何来看待这种交易的法律性质？

班级讨论——加深你的知识理解

一、如果你是一名“威客”，你认为有哪些法律能够保护你的合法权益？

二、你认为企业在与消费者进行电子商务的过程中应该注意哪些问题？

三、你从事过哪些电子商务活动？

自己动手——锻炼你的实践能力

一、在淘宝网或卓越网上参与一次网上购物，记录下购物的每一个过程，将购买的商品向同学们展示，并与同学们进行交流。

二、通过在网上查找资料，了解企业间是如何进行电子商务交易的？

小节复习——牢记本节主要内容

一、解释概念

电子商务法　电子技术手段　电子商务

二、简答

1. 什么是电子商务？

2. 电子商务有哪些特征？

3. 电子商务对传统法律有哪些影响？

1.2 电子商务法的一般理论

引导案例——打开知识的大门

《国务院办公厅关于加快电子商务发展的若干意见》(国办发〔2005〕2号)提出推动电子商务法律法规建设:认真贯彻实施《中华人民共和国电子签名法》(简称《电子签名法》),抓紧研究电子交易、信用管理、安全认证、在线支付、税收、市场准入、隐私权保护、信息资源管理等方面的法律法规问题,尽快提出制定相关法律法规的意见;根据电子商务健康有序发展的要求,抓紧研究并及时修订相关法律法规;加快制定网上开展相关业务的管理办法;推动网络仲裁、网络公证等法律服务与保障体系建设;打击电子商务领域的非法经营以及危害国家安全、损害人民群众切身利益的违法犯罪活动,保障电子商务运行的正常秩序。

- 你知道有哪些法律是用来调整因电子商务引起的社会关系的?
- 你认为建立、健全电子商务法律法规体系需要从哪几个方面着手?

1.2.1 电子商务法的概念及调整范围

1.2.1.1 电子商务法的概念

一般认为,法律是调整特定社会关系或社会行为的行为规范。电子商务的发展和自身的规范及要求导致电子商务法的产生。顾名思义,电子商务法是调整电子商务活动或行为的法律规范的总和。但是,正如我们在第一节中指出的,人们对电子商务存在着不同的理解,这就使电子商务法调整范围显得难以把握和统一。

我们认为,电子商务法的基础是电子商务活动(尽管对于电子商务有广义和狭义两种理解)。电子商务法不仅调整交易形式,而且还调整交易本身和交易引起的特殊法律问题。如,在线货物买卖、在线信息产品交易、在线服务、在线特殊交易,以及由此而引起的法律问题。

综上所述,电子商务法不是试图涉及所有的商业领域,重新建立一套新的商业运作规则,而是将重点放在探讨因交易手段和交易方式的改变而产生的特殊商事法律问题。这也就界定了电子商务法研究的范围:商业行为在互联网环境下的特殊问题。

1.2.1.2 狭义的电子商务法

我们把调整以数据电讯为主要内容的电子商务法称为狭义的电子商务法。狭义电子商务法强调电子商务的行为手段，狭义的电子商务法的任务是，在电子通信技术的商业化应用上，建立一个使之顺畅运行的法律平台，即要从法律上建成一个使各种通信技术都能畅通无阻地应用于其中的商事交易活动的环境。狭义的电子商务法所调整的商事关系又有着以下一些特点。

(1)它是以数据电讯为交易手段的商事关系。换言之，凡是以口头或传统的书面形式所进行的商事关系，都不属于电子商务法的调整范围。

(2)该商事关系是由交易手段的使用而引起的，一般不直接涉及交易方式的实质条款。因为交易手段只是交易行为构成中的表意方式部分，而并非法律行为中的意思本身，亦不充当交易标的物。

(3)该商事关系并不直接以交易的标的物为其权利义务内容，而是以交易的形式为其内容，即因交易形式的应用而引起的权利义务关系。诸如对电子签字的承认、对私用密钥的保管责任等，均属此类。

1.2.1.3 广义的电子商务法

广义的电子商务法更加强调电子商务中交易行为本身及其由此引出的其他问题，既注重形式方面的规范，又注重电子交易内容的规范，将电子商务法视为调整电子商务形式和内容两个方面行为的规范总和。广义的电子商务法主要调整以下内容。

(1)电子商务网站建设及其相关法律问题。电子商务网站是电子商务运营的基础。在电子商务环境下，交易双方的身份信息、产品信息、意思表示(合同内容)、资金信息等均需要通过网站发布、传递和储存。规范电子商务网站建设是电子商务法的首要任务。

(2)在线交易主体及市场准入问题。虚拟主体的存在使电子商务交易的安全性受到严重威胁。电子商务法首先要解决的问题就是确保网上交易主体的真实存在，且确定哪些主体可以进入虚拟市场从事在线业务。目前，在线交易主体的确认只是一个网上商业的管制问题，主要依赖政府工商管理部门的网上商事主体公示制度和认证中心的认证制度来加以解决。

(3)数据电文引起的法律问题。电子商务的突出特点是信息数字化(或电子化)和网络化，主要表现为：一方面企业内部的信息和文档电子化；另一方面对外交易联络、记录的电子化，尤其是电子合同等的应用。这些特点带来了许多法律问题。电子商务法需要解决由于内部记录、电子合同等引起的诸多问题，突出表现为有效电子记录规则、签字有效性、电子合同订立和履行等方面的问题。

(4)网上电子支付问题。在电子商务简易形式下,支付往往采用汇款或交货付款方式,而典型的电子商务则是在网上完成支付的。网上支付通过信用卡和虚拟银行的电子资金划拨来完成。而实现这一过程涉及网络银行与网络交易客户之间的协议、网络银行与网站之间的合作协议,以及安全保障问题。因此,需要制定相应的法律,以明确电子支付的当事人(包括付款人、收款人和银行)之间的法律关系,并建立相关的电子支付制度,认可电子签字的合法性。同时还应出台对电子支付数据的伪造、变造、更改、涂销等问题的处理办法。

(5)电子商务市场规制问题。电子商务市场规制包括了对在线不正当竞争行为的规制、在线消费者权益保护、垃圾邮件的法律管制以及恶意软件的规制、网上税收等问题。

(6)网上个人隐私保护问题。计算机和网络技术为人们获取、传递、复制信息提供了方便,但网络的开放性和互动性又给个人隐私保护带来麻烦。如何规范银行和商家对个人隐私的利用行为,以及如何保护消费者的隐私权成为一个新的棘手问题。这一问题的解决是保护消费者权益、树立消费者信任的重要组成部分。

(7)在线交易法律适用范围和管辖冲突问题。电子商务的本质是商务。虽然在线交易是在"网络"这个特殊的"虚拟环境"中完成的,但实体社会的商法框架和体系对电子商务仍然有效。由于互联网超越地域性,法院管辖范围也需要作相应的调整。因此,对于网络环境引起的法律适用范围和法院管辖等问题的研究也就成为电子商务法的重要组成部分。

1.2.2 电子商务法的性质与特征

传统商法的主要特点是习惯性和无国界性,全球化特征在电子商务法中表现得更为突出。这是因为网络没有中心、没有国界,在网络环境中的商务活动也不受国界的限制。这种状况决定了电子商务许多领域的问题只有国际社会采取一致规则才能解决,也只有进行广泛的合作才能有成效。因此,在电子商务立法过程中,国际社会特别是联合国起到了非常重要的作用。它较早地制定了供各国参照模仿及补充适用的示范法,起到了统一观念和原则的作用,为世界电子商务立法的协调一致奠定了基础。因此,电子商务法的首要特征是全球性。

电子商务法是在21世纪占主导地位的商事交易法,它具有以下两个基本特征:其一,它以商人的行业惯例为其规范标准;其二,它具有跨越任何国界、地域及全球化的天然特性。

互联网络是现代通信技术的代表,以网络为手段的商务活动规则也必然带有一定的技术特征。这种特征主要表现在以下四个方面。

第一,程式性。电子商务法一般不直接涉及交易的具体内容,即当事人享有的权利和义务,而主要调整当事人之间因交易形式的使用而引起的权利义务关系,即有关数据电讯是否有效、是否归属于某人,电子签字是否有效、是否与交易的性质相适应,认证机构的资格如何及它在证书颁发与管理中应承担何种责任等问题。

第二,技术性。在电子商务法中,许多法律规范都是直接或间接地由技术规范演变而成的,特别是在数字签字和数字认证中使用的密钥技术、公钥技术、数字证书等均是一定技术规则的应用。实际上,网络本身的运作也需要一定的技术标准,各国或当事人若不遵守,就不可能在开放环境下进行电子商务交易。

第三,开放性。电子商务法是以数据电讯进行意思表示的法律制度,而数据电讯在形式上是多样化的,并且还在不断发展之中。因此,必须以开放的态度对待任何技术手段与媒介,设立开放型的规范,让各种有利于电子商务发展的设想和技术都能发挥作用。

第四,复合性。电子商务交易关系的复合性源于其技术手段上的复杂性和依赖性。它通常表现为当事人必须在第三方的协助下完成交易活动。如:在合同订立中,需要有网络服务商提供接入服务,需要有认证机构提供数字证书等;在电子支付中需要有银行提供网络化服务。①

1.2.3 电子商务法的作用

电子商务法的作用,主要体现在以下三方面。

第一,为电子商务的健康、快速发展创造一个良好的法律环境。随着信息高速公路和互联网技术的迅速普及,电子邮件和电子数据交换等现代化通信手段在商务交易中的使用正在急剧增多,并渴望得到进一步的发展。然而,以非书面的电文形式来传递具有法律意义的信息,可能会因使用这种电文所遇到的法律障碍或这种电文法律效力、有效性的不确定性而受到影响。制定起草电子商务法的目的,是要向电子商务的各类参与者提供一套虚拟环境下进行交易的规则,说明怎样去消除此类法律障碍,如何为电子商务创造一种比较可靠的法律环境,以及如何克服电子商务所遇到的法律障碍。

第二,法律是保障网络交易安全的重要手段。一谈到交易安全,人们首先想到的是技术保障措施,例如防火墙(Fire Wall)技术。但是,单纯技术仍难以完全保障电子商务

① 高富平,张楚.电子商务法[M].2版.北京:北京大学出版社,2004:7~11.

的交易安全，更何况技术本身也需要法律规范。因此，电子商务安全仍然需要法律保障。

电子商务安全问题涉及两个方面：一个是交易安全；另一个是信息和网络安全。这两个安全问题往往又交织在一起，没有信息网络安全，就没有交易安全。我国目前还没有出台专门针对电子商务交易的法律法规，其主要原因是上述两个方面的法律制度尚不完善，因而面对迅速发展的电子商务，一时难以出台较为完善的安全保障规范性条文。

在我国电子商务法尚未出台的情况下，目前仍然应当抓紧已经公布的有关交易安全和计算机安全的法律法规的落实，保护电子商务交易的正常进行，并在此基础上不断探索，逐步建立适合中国国情的电子商务的法律制度。

第三，鼓励利用现代信息技术促进交易活动。电子商务法的目标主要包括促进电子商务的普及或为此创造方便条件，平等对待基于书面文件的用户和基于数据电文的用户，充分发挥高科技手段在商务活动中的作用等。这些目标都是促进经济增长和提高国内、国际贸易效率的关键。从这一点讲，电子商务立法的目的不是要从技术角度来处理电子商务关系，而是创立尽可能安全的法律环境，以便有助于电子商务参与各方高效率地开展贸易和服务活动。

开阔视野——还有你所不知道的

电子商务法的法律地位

电子商务的本质是商务，其法律调整的一个基本原则是，既适用现有的法律框架，同时又针对电子商务不同于传统商务的特殊问题制定规则。因此，电子商务法不仅仅是为解决电子商务中的特殊性问题而产生的法律分支或学科。解决电子商务特殊问题的方法主要有两种：一是制定新的法规，最典型的是关于数据电文效力、电子签名法方面的立法；二是对传统法律进行修改、补充，比如对法律适用和管辖规则加以修改，以适应网络案件的管辖和审理。总之，电子商务法并不是一套完全取代过去法律的法规，而是在现行法律基础上建立的适应网络环境的特殊法规。

案例学习——看看你的分析能力

原告为某电大女生，被告为某网络信息服务公司。原告于2000年上半年在被告网上订购了“KOSE特效银杏减肥啫喱”一瓶，后发现是假货。因网上购物纠纷诉讼之需，原告于2000年8月29日前往公证处，申请对其在网上购物的整个过程进行保全证据。于是在公证员在场的情况下，原告操作计算机在被告的网上订购了“美美化妆品专卖店(化名)”护肤品中心的“KOSE特效银杏减肥啫喱”一瓶，价值人民币88元，并在订货表上确认了送货地点和送货时间。公证员在送货时间到原告家中等候。届时，该化妆品专卖店的一名送货员将原告订购的“KOSE特效银杏减肥啫喱”送到，原告付清货款，在送货单上签字后，当场取得盖有该化妆品有限公司发票专用章的发票和送货单各一张。然后，经中日合资春丝丽有限公司上海分公司及高丝国际贸易(上海)有限公司的工作人员证实，该产品并非日本KOSE公司制造。为此，原告诉至法院，要求根据《消费者权益保护法》的规定，判令被告承担退一赔一的民事责任，共计人民币176元，并赔偿公证费400元。

另查，被告为外商独资企业。2000年6月28日被告与筹建中的美好化妆品有限公司(化名)签订了合作协议书，协议书就该化妆品公司在被告的网上设立网上专卖店销售其经营的系列产品事宜，确定了合作原则、合作目标、协议签订的必要条件、合作方式、双方责任与义务、信息确认及结算方式、纠纷处理等条款。根据协议规定：美好化妆品公司应支付被告一次性店铺入驻费1 000元，一次性网页制作费5 000元，一次性商品登录费1 000元和每月网页维护费500元；被告在商家专卖区域设立美好公司的网上专卖店标志；顾客将在美好公司的网上专卖店内选购物品，被告及时将顾客订单通过E-mail传递给美好公司；美好公司负责开具发票及产品送达事宜，并负责产品的质量保证和售后服务。

■ 本案属于哪种电子商务的交易形式？

■ 谁是本案中的交易当事人？谁应当对原告的损失承担法律责任？

■ 本案涉及哪些电子商务法律问题？

班级讨论——加深你的知识理解

一、如果你是一个网上购物的消费者，你认为网上购物应了解哪些知识？

二、谈谈你网上购物的经历并给大家提出建议。

自己动手——锻炼你的实践能力

一、和同学一起尝试网上购物，并总结自己的体验与感受。

二、通过网上搜寻或查找资料了解电子商务相关的法律知识。

三、通过网络和同学一起讨论怎样为网上购物上当受骗的消费者支招。

小节复习——牢记本节主要内容

一、解释概念

电子商务法

二、简答

1. 狭义的电子商务法调整的商事关系的特点有哪些?

2. 广义的电子商务法调整的主要内容是什么?

3. 什么是电子商务法的首要特征和基础特征?

4. 电子商务法的作用表现在哪几方面?

1.3 国际电子商务立法

引导案例——打开知识的大门

自20世纪90年代以来,各国际组织、国家和地区在电子商务领域的立法大致有以下几种情况:一是在制定"电子商务法"的同时,又颁布"电子签名法",如联合国贸易法会、欧盟;二是所通过的法律文件名为"电子交易法"(或称"电子商务法"),如新加坡、澳大利亚、新西兰、中国香港等;三是所制定的法律被命名为"电子签章法",如我国台湾地区;还有一些国家只制定了数字签名法,如马来西亚。此外,美国联邦层面制定了"电子签名法",而其许多州则通过了"电子交易法"。

■ 你了解国际电子商务立法的特点吗?

■ 你知道推动国际电子商务立法的主体都包括哪些?

随着电子商务的迅猛发展,世界各国也都纷纷行动起来,试图制定适合并促进电子商务发展的规范。综观全球,电子商务立法速度之快、范围之广,是其他领域的立法行动所不能比拟的。

1.3.1 国际电子商务立法概况

1.3.1.1 电子商务早期立法

电子商务的国际立法是随着信息技术的发展而展开的。20世纪80年代初,由于计算机技术已有相当程度的发展，一些国家和企业开始大量使用计算机处理数据，从而引发了一系列计算机数据的法律问题，例如计算机数据的“无纸化”特点与商业文件的“纸面”要求的冲突。早期的国际电子商务立法主要是围绕着电子数据交换（EDI）规则的制定展开的：1979 年，美国标准化委员会制定了 ANSI/ASC/X12 标准；1981 年欧洲国家推出第一套网络贸易数据标准，即《贸易数据交换指导原则》（GTDI）；1984 年，联合国国际贸易法委员会（UNCITRAL）提交了《自动数据处理的法律问题》的报告，建议审视有关计算机记录和系统的法律要求，从而揭开了电子商务国际立法的序幕。

1990 年 3 月，联合国正式推出了 UN/EDIFACT 标准，并被国际标准化组织正式接受为国际标准 ISO 9735。UN/EDIFACT 标准的推出统一了世界贸易数据交换中的标准，使利用电子技术在全球范围内开展商务活动有了可能。此后，联合国又先后制定了《联合国行政商业运输电子数据交换规则》、《电子数据交换处理统一规则》（UNCID）等文件。1993 年 10 月，联合国国际贸易法委员会电子交换工作组第 26 届会议全面审议了《电子数据交换及贸易数据通讯有关手段法律方面的统一规则草案》，并形成了国际 EDI 法律基础。

电子商务发展早期由于受到网络技术发展的限制，国际电子商务立法只能局限于 EDI 标准和规则的制定，对其影响也是有限的。

1.3.1.2 电子商务法律框架形成时期

20 世纪 90 年代初，随着互联网商业化和社会化的发展，从根本上改变了传统的产业结构和市场的运作方式。商界积极探索和运用这种新经济模式的同时，国际组织和一些国家也积极地探索并规范这种经济运行的法律体制，以便为新经济运行提供安全有序的法律环境。这一阶段的立法仍然是由联合国为先导的。

1996 年 6 月联合国国际贸易法委员会通过了《电子商务示范法》。它是经过众多的国际法律专家多次集体讨论后制定的，意在向各国政府的执行部门和议会提供电子商务立法的原则和框架，尤其是对以数据电文为基础的电子合同的订立和效力等作出了开创性规范，成为各国制定本国电子商务法规的“示范文本”。

1999 年 9 月 17 日，联合国国际贸易法委员会电子商务工作组颁布了《电子签字统一规则（草案）》，旨在解决阻碍电子交易形式推广应用的基础性问题——电子签字及其安全性、可靠性、真实性等问题。草案提出了电子签字与强化电子签字的概念，并对电子签字、认证证书、认证机构等作了规范。之后，联合国国际贸易法委员会电子商务工作组又广泛吸取了一些国家已经生效的，或正在起草的立法文件的经验，于 2001 年 3 月 23 日正式公布了《电子签字示范法》。

2005年11月23日,联合国国际贸易法委员会通过了《联合国国际合同使用电子通信公约》,其宗旨是对国际合同使用电子通信的情形增加法律确定性和商业可预见性。公约处理的问题包括:如何确定一方当事人在电子环境中的所在地;电子通信的收发时间和地点;使用自动信息系统订立合同;确立电子通信和纸面文件(包括“原始”纸面文件)以及电子认证方法和手写签名功能上等同使用的标准。

其他国际组织也积极参与国家之间电子商务立法共同原则的探索和制定。国际商会、经济合作和发展组织、欧盟、世界贸易组织等都是这方面工作的积极推动者。

美国是电子商务发展的主导国家。1994年1月,美国宣布国家信息基础设施计划;1997年7月1日颁布《全球电子商务纲要》,正式形成美国政府系统化电子商务发展政策和立法规划。

美国统一州法委员会(National Conference of Commissioners of Uniform State Law, NCCUSL)于1999年7月通过了《统一电子交易法》,现在已经为大多数州批准生效。2000年9月29日,美国统一州法委员会发布了《统一计算机信息交易法》,并向各州推荐采用。另外,美国还制定颁布了《国际与国内商务电子签字法》。

1999年12月14日,美国公布了世界上第一个互联网商务标准(The Standard for Internet Commerce, Version 1.0,1999)。这一标准是由Ziff - Davis杂志牵头,组织了301位世界著名的Internet和IT业巨头、相关记者、民间团体、学者等制定的。整个标准分7项、47款,每一款项都注明是“最低要求”还是“最佳选择”。如果一个销售商宣称自己的网上商店符合这一标准,它就必须达到所有的最低标准。虽然这并不是一个法律文本,但它在相当程度上规范了利用互联网从事零售业的网上商店所需要遵从的标准。

许多国家也在立法上对电子商务及时作出了反映,一方面对原有法律进行修订和补充;另一方面针对电子商务产生的新问题制定新的法律。后一方面的工作最初是从电子签字开始的,即通过立法确认数字签字的法律效力。自美国犹他州1995年制定了世界上第一部《数字签名法》后,英国、新加坡、泰国、德国等国也开展了这方面的立法。此后,各国对电子商务的有关问题,如公司注册、税收、交易安全等都制定了相当一批单项法律和政策规则。

1.3.2 国际电子商务立法的特点

1.3.2.1 同步性

自1995年世界上第一部电子商务立法即美国犹他州的《数字签名法》问世以来,短短十余年时间,世界上已有近百个国家和国际组织已经制定或正在研究相应的电子商务法,可以说,各国基本上是同步进行的。

1.3.2.2 协调性

不论是有关国际组织还是有关国家,在制定相应的电子商务法时,都呼吁也都注重这类法律相互之间的协调与衔接。各国立法的协调与互动,促使电子商务法规逐渐趋同。这种协调性既体现在联合国国际贸易法委员会制定的《电子商务示范法》的成果上,又体现在各国在其国内立法中相互参照、取长补短、力求兼容之中。

1.3.2.3 立、改、废并重

电子商务面临的法律问题主要是传统民商事法律规范造成的障碍。因此,各国在加快电子商务立法进程中,都注重对不合时宜的现行法律法规进行修改或废止。①

1.3.3 国际电子商务立法的启示

1.3.3.1 商事法律是当代经济发展至为重要的社会资源

为何如此众多的国家与组织都积极进行电子商务法的立法活动?其重要原因之一就是期望赶上世界信息经济的浪潮,取得先发之优势。不仅美国、俄罗斯这样的技术大国如此,就连马来西亚、阿根廷等发展中国家也不甘落后。这些国家的电子商务立法活动,往往是与其信息化建设的目标紧密联系的,或为扫除障碍,或为提供强有力的保障。电子商务的发展最急需的条件是什么?我们认为,目前最缺乏的,不是硬件和技术,而是缺乏规范以及网络交易的信用。要想不被信息化浪潮淘汰,就应当在电子商务立法上立即行动起来。

1.3.3.2 国际商事法律在电子商务法上的实现

全球电子商务立法的协调性特点,使人们联想到国际商事法律的统一化问题。如果说国际商法将实现趋同化,那么其聚集点将首先集中在电子商务法上。全球经济一体化是当代世界经济发展的重要特征,它是以最新的计算通信技术为其物质基础的。而以开放性、兼容性、交互性等特征打破时空界限,则是当代计算通信技术应用的基本功能。建立在这样一个具有坚实技术与经济基础上的国际商法的统一化,将是指日可待。任何国家、地区,乃至个人的故步自封、闭关自守,都是对技术、经济规律的违背,都将导致自我淘汰。

---

① 李适时. 各国电子商务法[M]. 北京:中国法制出版社,2003:49~50.

开阔视野——还有你所不知道的

世界贸易组织的电子商务立法

世界贸易组织(WTO)于1997年达成三个协议,为电子商务和信息技术的稳步有序发展奠定了基础。这三个协议是:《全球基础电信协议》、《信息技术协议》、《开放全球金融服务市场协议》。另外,WTO对于贸易领域的电子商务提出了工作计划,拟议中的立法范围主要包括:①跨境交易的税收和关税问题;②电子支付问题;③网上交易规范问题;④知识产权保护问题;⑤个人隐私问题;⑥安全保密问题;⑦电信基础设施问题;⑧技术标准问题;⑨普遍服务问题;⑩劳动力问题;⑪政府引导作用问题。

班级讨论——加深你的知识理解

一、如果你作为发展中国家的代表出席电子商务立法国际会议,你会提出哪些建议?

二、在国际电子商务立法的过程中如何保证发展中国家及不发达国家的话语权?

自己动手——锻炼你的实践能力

一、选择有关国际电子商务立法文件仔细阅读,并进行讨论。

二、查看相关国际电子商务立法的新闻报道,认真思考电子商务国际立法应该注意的问题。

小节复习——牢记本节主要内容

一、解释概念

UN/EDIFACT标准　电子商务示范法　电子签字示范法

二、简答

1. 国际电子商务立法的特点是什么?
2. 国际电子商务立法给我们哪些启示?

1.4 我国电子商务立法的思考

引导案例——打开知识的大门

20世纪80年代，我国开始草拟有关计算机方面的法规。1988年9月，全国人大常务委员会通过的《中华人民共和国保守国家秘密法》第三章首次对电子信息保密作出了规范。1989年制定了《计算机病毒控制规定(草案)》，并开始推行"计算机病毒研究和销售许可证"制度。1991年5月，国务院通过了《计算机软件保护条例》，对于保护计算机软件设计人权益，鼓励计算机软件的开发与流通，促进计算机应用事业的发展起到一定作用。1994年2月18日，国务院发布了《中华人民共和国计算机信息系统安全保护条例》，为保护计算机信息系统的安全、促进计算机的应用和发展、保障经济建设的顺利进行提供了有力的法律保障。

- 你知道我国电子商务领域还有哪些立法？
- 你认为以上关于计算机和网络管制方面的立法是否属于电子商务领域的立法？

1.4.1 我国电子商务立法的现状

我国电子商务立法伴随着电子商务的开展而逐渐推进并完善，往往体现了"地方先行、行业先行"的特点，即立法首先以地方法规的形式出现，或者在行业中通过对相对成熟的规则进行总结，最后上升为国家层次的立法。目前我国电子商务领域立法多为实质意义上的电子商务法，属于广义上的电子商务法，而形式意义上的电子商务立法还比较少。在法律层次方面，《合同法》第11条对包括电报、电传、传真、电子数据交换和电子邮件等数据电文为书面形式的认可，极大地推动了电子商务的发展；2004年通过的《电子签名法》更是拉开了数字化时代的电子商务领域单行立法的序幕。通过确立电子签名的法律效力，规范电子签名行为，维护各方利益，从而从制度上保障了电子交易的安全，促进了电子商务的良性发展，同时也为电子认证服务业的发展扫清了法律障碍，为我国电子商务安全认证体系和网络信任体系的建立奠定了重要基础。在法规和规章层面，以2007年北京市人大常委会通过的《北京市信息化促进条例》、2005年信息产业部通过的《电子认证服务管理办法》、2005年国家密码局颁布的《电子认证服务密码管理办法》等为代表，分别从不同的角度，着眼于电子商务规制的不同层面，为规范电子商务的良性发展起到了重要作用。以国务院办公厅2005年12月出台的《关于加快电子商务发展的若干意见》等为代表的规范性文件，确立了加快电子商务发展的指导思想和基本原则，将完善政策法律环境、规范电子商务发展置于很高的地位。

1.4.2 我国电子商务立法指导思想与原则

电子商务法属于商法范畴，商法存在的基础和必要条件是确保交易安全。同理，电子商务立法的主要目的也应当是交易安全的保护。具体来说，电子商务立法旨在为电子商务提供一个透明的、稳定的、有效的行为规则，以便在线经营者有一个稳定和安全的预期；同时提供一个和谐统一的法律环境，维护交易安全，保护公平竞争，保护消费者权益，保护知识产权，保护个人隐私。在制定强制性规范的同时，也应当为当事人意思自治留有余地，或者鼓励在电子商务领域行业自治和当事人自治，鼓励商界探索新的规则，使限制性的规定建立在维护交易安全的合理基础上。

从上述指导思想出发，我国电子商务立法应遵循以下原则。

1.4.2.1 与国际电子商务规范接轨原则

电子商务是无地域界线或超国界的商业方式。因此，它比传统商业活动更需要采取统一规则。在这方面，联合国国际贸易法委员会的《电子商务示范法》率先确立了一些基本原则，为电子商务立法基本原则的统一奠定了基础。事实上，之后许多国家立法均采纳了示范法的基本原则。因此，我国电子商务立法也应当尽量与联合国《电子商务示范法》保持一致，这样有利于我国电子商务法律规范与世界接轨。与此同时，吸收其他国际组织和发达国家成熟的立法经验，既可以避免走弯路，同时也可以减少摩擦和规则冲突，使我国电子商务立法一开始就融入全球电子商务大环境中。

1.4.2.2 技术中立原则

技术中立原则是指政府或立法机构对于各种有关电子商务的技术、软件、媒体等采取中立的态度，由实际从事电子商务者和信息服务中介商自己根据技术发展选择采取新的或与国际社会接轨的技术，政府应当不偏不倚，鼓励新技术的采用和推广。只有这样才能建立开放的、全球性的电子商务运行的法制环境。

电子商务法旨在提供必不可少的程序和原则，以便在各种不同情况下使用现代技术记录和传递信息。但在电子商务法的起草过程中不应偏重技术手段。例如，电子商务法不应当确定一种相当于任何一种书面文件的计算机技术等同物，相反，电子商务法只需要提出书面形式要求中的基本规范，以其作为标准。任何数据电文，不管采用什么技术，一旦达到这些标准，即可起到与相应书面文件等同的作用，享受同等程度的法律认可。

技术中立原则意味着电子商务立法必须考虑信息技术的高速发展趋势，为新技术的应用留有余地，至少不应排斥新技术的采纳，以适应电子技术和电子商务模式的新发展。

1.4.2.3 促进交易原则

促进交易原则可以从两个角度来理解。从政策的角度理解，即采取适当的鼓励措施，促进电子商务交易形式的普及和运用。电子商务需要法律规制，也需要政府管制，但是，所有这些强制性规制只是为了给电子商务建立一个良好的法律环境和制度保障。尤其是电子商务作为一种新生事物，许多规范需要探索和实践，国家应当鼓励商界自觉探索。在市场准入方面，应当降低市场准入门槛，规范交易行为；在税收方面应鼓励企业采用电子商务，同时积极寻找课税的新途径和新方法。

从法律规范的角度，促进交易原则表现为尽可能地为当事人自治和行业自治留有余地，在某些交易领域的法律规范仍然要强调引导性、任意性，为当事人全面表达与实现自己的意愿预留充分的空间。在法律实施领域坚持私法自治原则，只要现行法律没有禁止的，就是允许的或者不视为违法；只要法律没有强制规定，那么当事人之间的安排就是合法的。这种态度有利于商家不断地探索电子商务运行的经验和习惯，有利于尽快形成成熟的行为规范。可以说，促进交易是任意性规范的法理基础之一。

1.4.2.4 安全原则

商法的基本目标是保障商事交易安全，电子商务法更是如此。电子商务法是在虚拟环境中运行的，在线交易给人们带来效率的同时，也带来不安全因素。因为在线交易是全球性的、非面对面的交易，是以电子信息或数据电讯为手段的。这里不仅有传统法律环境下的不安全因素，如对方丧失履约能力，而且还存在特有的风险，如交易当事人是否真实存在、资信如何等。因此，电子商务法特有保障其交易安全的规范，如数字签字、身份认证制度等。

安全原则也是电子商务立法中强制性规范的基础。在民商事交易领域，法律之所以对主体资格、契约形式、契约效力等存在强制性规范，其目的就是为了保障交易安全。例如，对认证程序和认证机构的强制性规定、对网上交易格式条款的监督、对网上广告的监督、对缔结过程的提示义务的规定等强制性规定均是为了保护交易的安全和公平。

1.4.2.5 保护消费者权益原则

电子商务的繁荣最终要依赖消费者的参与，如果在电子商务活动中，消费者利益得不到保护，电子商务就不可能持续发展。而且，电子商务是在虚拟环境（网络环境）下运行的，其交易环境的非透明度、交易过程的非直接性、交易手段的非纸面性等特征不仅增加了消费者受损害的机会，而且易导致消费者的不信任。为此，世界各国普遍把保障交易安全、增加消费者的信任作为发展电子商务首先要解决的问题。对网络交易的消费者权益维护除了使用传统的消费者保护法外，还要针对网上交易的特点对消费者实施特殊的保护。因此，除了制定专门的针对网上消费者权益保护的特殊法外，还应在网上交易的各个环节的规定中注重保护消费者的利益。①

开阔视野——
还有你所不知道的

我国电子商务立法的模式选择

立法模式的选择不仅取决于立法的目标，即立法所要解决的实际问题，还要考虑一国的立法体制并借鉴国外的成功经验。我国电子商务的立法模式，是学者们讨论较为热烈的问题之一。其焦点集中在所谓综合立法还是单行立法的问题上。

第一，先分别立法，即首先解决电子商务发展过程中遇到的实际问题，制定单行法规，如电子签字和认证法、电子合同规则、电子支付规则、电子提单规则、电子商务税收征收办法、网络广告规则等，待时机成熟后，再进行综合立法。这种方法的优点是，能够及时解决电子商务发展过程中的具体问题，并能够在实践中不断积累经验，逐步提出比较完善的综合立法的思路。但这种方法也有不足，即缺乏宏观思考，全局性不足，各单行法规很难实现统一性和一体性，而且很容易沿袭传统的按行业和部门归属立法的弊端。

第二，先着手综合立法，形成我国电子商务立法的综合思路，出台电子商务基本法，然后对各个具体问题制定单行规则。对于电子商务这样一个发展十分迅速的新生事物，其立法应当反映现实并服务于现实，这是理所当然的，但立法超前性的指导意义也是非常重要的。“先综合立法后分别立法”的思路有利于从宏观上把握电子商务这一新事物的发展趋势，有利于统一电子商务活动中对关键问题的看法。基本法制定出来，应指导实践、规范实践，但不要限制实践的发展。如果立法不适应实际，可以修正。由于电子商务所依赖的信息技术发展迅速，所制定的单行法规也需要经常修改和变动。这种修改和变动，如果没有综合的思路和统一的目标，很可能会产生诸多自身的问题和相互矛盾的问题。

我国目前立法模式总体上是遵循“先分别立法、后综合立法”的思路。这对于解决电子商务发展具体问题固然有及时的优点，但正如前文所言，也会沿袭条块分割的立法不

① 高富平，张楚. 电子商务法[M]. 2 版. 北京：北京大学出版社，2004：16～19.

统一的弊端。各个部门和地方之间立法的不一致所导致的法律适用上的困难,是不利于电子商务发展的。因而,制定电子商务领域基本法是当前学界研究和立法实践应当重视的问题。

案例学习——看看你的分析能力

合法注册的公司一定意味着真实的订单吗

温州某生产法兰(一种管道工程中常用的盘状零件)的企业,在网上看到北京一家信息咨询公司发布的交易额为400万元的外发订单信息。通过网络和发布该信息的咨询公司洽谈后,温州企业派人到北京和这家信息咨询公司签订了意向书,内容是该信息咨询公司向温州企业介绍一家河北的外贸公司来采购法兰零件。之后,温州企业的外派人员又被领到河北,准备与外贸公司签订定做法兰零件的协议。协议规定生产工期为一年,预付款为30%,后期合作由交易双方自行保障,此期间温州企业需向北京信息咨询公司缴纳两万元信息费。据温州企业的外派人员的说法,北京这家信息公司有专门的办公楼,经营执照公章齐全。后来该温州公司在网上查了一下,发现有其他商户投诉该信息公司发布虚假信息的帖子,便及时终止了交易。①

■ 分析案例中该信息公司是否涉嫌欺诈?如何加强识别网上订单信息真实性的能力?

■ 从电子商务法律应遵循的基本原则角度,应如何来看待本案中的问题?

班级讨论——加深你的知识理解

一、如果你是一家企业的老板,在与其他企业进行电子商务交易时应该怎样去做?

二、你认为我国的电子商务立法有哪些方面还有待完善?

自己动手——锻炼你的实践能力

一、仔细阅读我国有关电子商务的立法文件,提出自己的理解。

二、搜寻有关电子商务纠纷的案例,试解析案例中的法律问题。

① 赵楠.当网上生意出现纠纷[J].电子商务世界,2007(9).

小节复习——牢记本节主要内容

一、简答

1. 试列举我国电子商务立法可采用的模式。

2. 我国电子商务立法的指导思想和原则有哪些？

3. 试述国际电子商务立法的发展对我国电子商务立法的启示。

2

电子商务法律主体制度

【本章概要】

电子商务法律主体制度在电子商务法律体系中具有基础性的地位,对研究电子商务具体法律制度有积极的作用。故本书不同于其他教材,单独设立这一章。本章主要涉及电子商务法律主体的概念、分类;论述了在线自然人用户的概念、能力制度及其网络环境下的特殊权利和卖方从事电子商务的法律资格;重点论述了网站及其分类、网站的设立制度、电子商务主体认定的基本原则以及网络服务提供商的法律责任等。

【关键术语】

电子商务法律主体　在线自然人用户　电子商务企业　主体的认定　法律责任

2.1　电子商务法律主体概述

引导案例——
打开知识的大门

根据2008年1月17日中国互联网络信息中心发布的《第21次中国互联网络发展状况统计报告》,截至2007年12月30日,我国网民数已增至2.5亿人。网民数增长迅速,比2007年6月增加了4 800万人,2007年全年则增加了7 300万人,年增长率达53.3%。平均每天增加网民20万人。到2007年年末,我国的网民人数仅略低于美国的2.15亿人,位居世界第二位。

■ 以主体的法律属性为标准,网民属于电子商务法律中哪一主体?

■ 结合电子商务的特征,作为电子商务法律关系主体之一的网民在网上购物时可转化成哪一主体?

2.1.1 电子商务法律主体的概念

电子商务法律主体是指电子商务法律关系的参与者，即在电子商务法律关系中享有权利和承担义务的个人或组织。法律是调整人的社会行为的规范，其调整角度一般是主体和行为，调整电子商务领域的法律规范同样如此。在此意义上，电子商务法律制度主要就是电子商务主体法律制度和行为法律制度。因此，探讨电子商务主体法律制度尤其是电子商务法律主体的界定就具有基础性的意义，并对于研究电子商务中的具体行为，如电子合同的订立、电子签名的认可、电子支付的效力等做了重要的理论准备。

2.1.2 电子商务法律主体的分类

2.1.2.1 在线自然人用户和电子商务企业

以主体的法律属性为标准，可以将电子商务法律主体分为自然人、法人和非法人企业。结合电子商务的特征，电子商务法律主体的这一分类可以转化成在线自然人用户和电子商务企业。电子商务企业包括法人及非法人企业，具体包括有限责任公司、股份有限公司和个体工商户、个人独资企业、合伙企业等。有关在线自然人用户和电子商务企业的相关法律制度和法律问题，在本章后续内容将详细论述，在此不再赘述。

2.1.2.2 直接主体和间接主体

以是否直接参与电子商务交易为标准，可以将电子商务法律主体分为直接主体和间接主体。

直接主体是指直接进行电子商务交易的双方当事人，这方面的问题多数可以通过传统法律来调整，但网站（主要是经营性网站）等电子商务交易主体的问题是传统法律无法解决的，因此，规范电子商务网站的建设、确保交易主体的真实存在是电子商务法的首要任务。我们认为，对电子商务直接主体的规范应该包括设立网站并开展经营活动的条件、程序、义务与责任，电子商务主体认定，主体登记和公示等内容。

间接主体是指不直接进行交易，但是交易的进行和完成有赖于其提供服务的参与者，可分为三类：一是网络服务提供商；二是电子认证服务商；三是在线金融服务商。

网络服务提供商一般又可分为网络内容服务提供商（ICP）和网络中介服务提供商（ISP）。网络内容服务提供商是指向社会公众或者特定用户提供信息内容服务的网络服务公司。大多数网络公司既提供中介服务，也提供内容服务，只要是直接发布了某种信息的网站经营者,在信息传播过程中就是充当发布者的角色。① 网络中介服务提供商指为网络提供信息传输中介服务的主体。网络中介服务提供商又包括:①网络接入提供商(Internet Access Provider,简称 IAP),指网络用户连接至互联网的联机系统的提供者,IAP通过租用的公用线路或自己铺设的专用线路为其用户提供接入服务,网络连线服务有拨接式与固接式两种②;②主机服务提供商,是指为用户提供服务器工件,供用户阅读他人上传的信息或者自己发送信息,或进行实时信息交流,或使用超文本链接等方式的搜索引擎,为用户提供在网络上搜索信息的主体。例如,电子公告板系统经营者、邮件新闻组及聊天室经营者。

电子认证服务商。在开放性网络环境下进行贸易,交易双方由于互不见面,对对方身份的疑虑是必须解决的问题之一。为增进双方之间的信任,防止交易欺诈,就需要有交易各方都信任的第三方出面证明签名人的身份及其资信状况,担任这一角色的就是通过签发数字证书提供网上安全电子交易认证服务的认证机构(简称 CA)。

在线金融服务商。现代经济活动离不开金融服务,同样,完整网络经济的运行也离不开网上金融机构的服务。代表未来金融业发展方向的网上银行随着网上商务活动的发展而兴起,网上银行创造出的电子货币也将改变传统的货币流通形式,成为未来资金流转的主要渠道。

2.1.3 电子商务法律主体的特征

2.1.3.1 主体表现虚拟性

在网络环境下,网络用户(个人、企业等)以数字或者网页等电子化方式表现出来,其主体是否真实存在、主体是谁或者是否为数码信息指示的真正用户并不能直观地判断出来。在网络环境下,有的企业以网站形式出现,通过计算机软硬件构筑网络平台,形成电子营业场所;有的企业通过页面形式设立在线商店,进行网上交易。

2.1.3.2 主体属性不确定性

网络具有开放性、无国界性,因此,电子商务主体的国别、住所地、企业资信等情形不易确定,这就导致消费者对网上电子商务交易存在顾虑。从法律角度讲,任何一笔电子商务交易都应该是具体的、确定的,这就要求主体的属性也是具体的、确定的。这种主体

---

① 张楚.电子商务法教程[M].北京:清华大学出版社,2005:33.

② 拨接式通过调制解调器(modem)以电话连上网络,固接式通过综合业务数字网络(Integrated Services Digital Network,ISDN)、非对称式数字用户专线(Asymmetric Digital Subscriber Line,ADSL)等电信网络加以连接。

本身的不确定性与电子商务法律关系的确定性之间的矛盾，使得我们不得不建立一种主体认定的制度，以确定主体的身份进而确定电子商务法律关系本身。

2.1.3.3 主体数量、种类多于传统交易

一般情况下传统交易有买卖双方两个主体即可进行，而任何一笔以网络为平台和交易手段的电子商务的完成都涉及多重法律关系，每一次商事活动至少要有三个以上的主体参与才能完成。因此，除了直接主体之外，还需要间接主体，如交易平台、认证机构或者第三方支付机构等的参与。这种复杂的多方法律关系导致责任认定更加复杂。

2.1.3.4 跨地域性

电子商务的跨国界和跨地域性导致了电子商务的法律主体也呈现跨地域性的特点。而这种特点对电子合同的订立、效力、履行和违约责任的追究都带来了重要的影响，也带来了网络环境下管辖权的难以确定或者管辖权的冲突，还可能导致不同区域或者国家之间法律适用上的冲突，这其中不可避免地会涉及国际私法规则的适用。

开阔视野——还有你所不知道的

电子认证服务

根据我国信息产业部2005年2月8日发布的《电子认证服务管理办法》，电子认证服务是指为电子签名相关各方提供真实性、可靠性验证的公众服务活动。电子认证服务提供者，指为电子签名人和电子签名依赖方提供电子认证服务的第三方机构（以下称为“电子认证服务机构”）。电子认证服务机构，应当具备下列条件：

（一）具有独立的企业法人资格；

（二）从事电子认证服务的专业技术人员、运营管理人员、安全管理人员和客户服务人员不少于三十名；

（三）注册资金不低于人民币三千万元；

（四）具有固定的经营场所和满足电子认证服务要求的物理环境；

（五）具有符合国家有关安全标准的技术和设备；

（六）具有国家密码管理机构同意使用密码的证明文件；

（七）法律、行政法规规定的其他条件。

案例学习——看看你的分析能力

2005年毕业的大学生张强，成为首批响应国家号召的自主创业大学生，他成立了一家面向广大农民专营电子产品的公司。经过市场考察，建立了一家“乡下人”的网上电子产品专卖店，经过初期的探索阶段后，目前其公司的网上专卖店销售额节节攀升。

- 分析案例中张强成立的网上专卖店在电子商务活动中处于怎样的法律地位？
- “乡下人”网上专卖店是电子商务法律关系主体中的哪一类？

班级讨论——加深你的知识理解

一、作为电子商务交易在线自然人用户，享有什么权利，承担什么义务？

二、电子商务主体的特征之一是主体表现的虚拟性，应怎样保证交易安全？

自己动手——锻炼你的实践能力

一、作为在线自然人，进行网上交易。

二、仔细记录自己网上交易的过程，并注意电子商务企业提供的服务合同。

三、上网查询几种在线金融服务商的服务项目与条款。

小节复习——牢记本节主要内容

一、解释概念

电子商务法律主体　电子商务法律制度　网络服务提供商　电子认证服务商　在线金融服务商

二、简答

1. 电子商务法律主体分为哪几类？
2. 电子商务间接主体有哪几种？
3. 电子商务主体的特征是什么？

2.2 在线自然人用户

引导案例——打开知识的大门

小王是一名9岁的小学生,但是网龄已经有1年多了。以前由于父母工作比较忙,经常没时间照顾他,甚至没有时间陪他去买需要的东西。自从他学会网上购物以后,状况大大改善了,他不但在网上邮购了自己需要的东西,甚至还在网上给爸爸订购了生日蛋糕。

■ 什么是在线自然人用户?

■ 我国法律对小王这样年龄的在线自然人用户的能力制度是如何规定的?

2.2.1 在线自然人用户的概念

在线自然人用户是指借助电子化手段参与电子商务法律关系的成立、变更或者消灭的自然人。类似的概念还有网络经济自然人用户[①]和在线个人用户[②]。三种概念的本质特征大体相同,即都是依照自然规律出生而取得民事主体资格的自然人。但相比较而言,网络经济自然人用户侧重于网络经济环境,而网络经济与电子商务的内涵和外延是不同的;在线个人用户突出了电子商务法律主体所在的外在环境,但未能准确地传达出其法律特征。考虑到电子商务法体系的统一性和完整性,本书使用在线自然人用户这一概念。

2.2.2 在线自然人用户的能力制度

2.2.2.1 民事权利能力

民事权利能力是指民事主体作为法律关系主体的能力,即作为权利享有者和义务承担者的能力(或称资格)。[③] 在线自然人用户只有具备民事权利能力,才能参与民事活动。因此,在线自然人用户的民事权利能力是其法律上的人格或者主体资格。

在线自然人用户本质上还是自然人。因此,有关自然人的传统法律制度依然适用于在线自然人用户。首先,自然人民事权利的平等性和不可转让性适用于在线自然人用

---

① 齐爱民,徐亮.电子商务法原理与实务[M].武汉:武汉大学出版社,2001:13.

② 秦程德.电子商务法[M].重庆:重庆大学出版社,2004:50.

③ 卡尔·拉伦茨.德国民法总论[M].王晓晔,等,译.北京:法律出版社,2003:119~120.

户；其次，自然人民事权利能力始于出生、终于死亡的制度也适用于在线自然人用户。

2.2.2.2 民事行为能力

很多参与电子商务的自然人都属于限制民事行为能力人甚至为无民事行为能力人，尤其是网络游戏和即时通信工具（在线聊天）用户的低龄化，使这个特征更加明显。随着技术的进步及网络教育的普及，很多法律上属于无民事行为能力的自然人对网络技术及电子商务更加熟悉，且越来越广泛地参与到电子商务中。而这些用户的法律行为将面临效力不确定的问题，或者效力待定，或者行为无效，这将对电子商务的发展起到不利的作用。从司法角度而言，司法机关审查这类电子商务合同的效力时应该考虑到网络经济的现实及新技术、新经济进步的需要，采取更加宽松的原则；从立法角度而言，《民法典（草案）》建议将限制民事行为能力人的年龄从10周岁以上降为7周岁以上，这其中也考虑到了社会的发展带来人们认知能力的提高；从促进电子商务发展的角度而言，此举无疑也是非常有利的。

2.2.2.3 民事责任能力

在线自然人用户的民事责任能力以意思表示为基础，其民事责任能力状况以行为时是否有识别能力为一般标准，但在例外情况下也适用公平原则。无民事行为能力人和限制民事行为能力人侵害他人权利时，如行为人有识别能力，则具有民事责任能力，应与其法定代理人承担连带赔偿责任；如行为人无识别能力，则不具备民事责任能力，一般由其法定代理人承担损害赔偿责任。①

2.2.3 在线自然人用户的权利保护

在线自然人用户作为自然人完全享有其法定的人身权（比如姓名权、肖像权、名誉权、隐私权等）和财产权。在参与电子商务、订立电子合同的过程中所享有的权利及承担的义务依据传统的法律规则确定，在此不再赘述。本书重点论述在线自然人用户的网络隐私权和虚拟财产权（或财产利益）。

2.2.3.1 网络隐私权

（1）网络隐私权的概念。隐私权作为一种基本人格权利，是指公民享有的私人生活安宁与私人信息依法受到保护，不被他人非法侵扰、知悉、收集、利用和公开的一种人格

---

① 齐爱民，徐亮. 电子商务法原理与实务[M]. 武汉：武汉大学出版社，2001：14.

权。[①] 在网络环境下，隐私权被赋予了新的概念。网络隐私权是指公民在网上享有的私人生活安宁与私人信息依法受到保护，不被他人非法侵犯、知悉、搜集、复制、公开和利用的一种人格权，也指禁止在网络上泄露某些与个人有关的敏感信息，包括事实、图像以及毁损的意见等，其核心是网络环境中对隐私权利的控制。

(2)网络隐私权的内容。

一是个人数据隐私权。在有关网络隐私权的保护问题中，网上个人数据的保护尤其重要。个人数据指有关可识别的在线自然人用户的任何信息。个人数据隐私权主要包括：

- 控制权。在线自然人用户对有关本人的数据享有最终的决定权，他人收集、使用这类数据必须经本人的同意，否则就构成侵权。
- 获取权。在线自然人用户获取他人拥有的有关本人数据的权利。
- 知悉权。在线自然人用户有被告知其个人信息被收集处理及与数据控制者身份有关的信息的权利。
- 修改权。在线自然人用户有要求数据用户或有关政府机构对其档案中不准确、不恰当、不完整的商品交易数据进行更正的权利。
- 抗辩权。欧盟 1995 年《数据保护规章》规定，数据主体有权在数据用户期望以直接的目的来处理数据时进行抗辩，或在个人数据第一次向第三方披露，或直接为市场销售目的使用时被告之有关情况。
- 请求司法救济权。欧盟 1995 年《数据保护规章》规定，成员国应给每一个权利被侵犯的人以司法救济。

二是私生活安宁的隐私权。主要包括：①不被窥视、侵入的权利。主要体现在用户的计算机终端、个人电子信箱及网上账户、信用记录等的安全保密性。②不被干扰的权利。主要体现在用户使用网络进行通信、交流信息、从事电子商务活动的安全保密性。

(3)侵犯网络隐私权的类型。概而言之，在网络环境下，隐私权被侵犯的情形大致有以下五种：

- 软件嵌入。很多网站利用 Cookie(网络小甜饼)程序来追踪访问者在网站的活动情况，捕捉用户的 IP 地址、邮政编码、所在地区等信息。
- 搜索引擎。网络搜索引擎给网络使用者查找需要的信息带来了极大的便利，但是搜索引擎的强大搜索功能也给使用者带来负面的作用，其中之一就是个人信息在不经意

---

① 张新宝. 隐私权的法律保护[M]. 北京：群众出版社，1997：21.

间被公之于众。

• 木马、黑客程序。木马程序一般通过电子邮件的附件形式发出,或是一些非正规网站以提供软件下载为名,将木马技术捆绑到其他文件,侵入到网络用户的计算机中。木马程序在侵入主机后,一般会通过一定的方式把入侵主机的 IP 地址、木马程序植入的端口等发送给攻击者,从而里应外合地控制被攻击者的主机。

• 论坛、购物网站、电子邮箱的注册信息。一般论坛登录网站都要求注册用户信息,虽然在一定程度上在线自然人用户从保护自己隐私的角度可以选择匿名注册,但有些信息却无法虚构,如电子邮箱,往往在注册时要求提供真实的电子邮箱地址,否则无法激活浏览论坛上的信息。而在购物网站上则更是这样,用户必须提供真实的姓名、地址、联系方式甚至银行账号才能顺利地完成电子商务交易。然而一些网络服务商在未征得在线自然人用户同意的情况下,与其他网站共享或者向第三方提供在线自然人用户的个人资料。

• 博客、播客等。博客被视为继电子邮件、BBS 和 IM(即时通信工具)之后出现的第四种网络交流方式。它是一种新兴的个人网页,以在网上发布个人日志的形式与受众形成新的交流平台。而播客则比博客更进一步,其内容是音频或者视频文件,又称为“音(视)频日记”。但是这种日志对于涉及泄露隐私内容的上传缺乏有效的限制机制,又难以进行有效监管,因而,它侵害隐私的程度会比博客更加严重。各类数码摄影技术的提高,加之网络技术的发展,侵犯网络隐私权的形式从原来主要为文字与图片形式的个人数据信息,扩展为包括音频或视频数据信息的隐私内容,这就对网络隐私权的保护提出了更高的要求。

(4)我国的相关规定及完善。我国目前还没有针对个人隐私保护的专门立法,在其他的法律法规中对隐私权的有关规定也非常少,对网络隐私权的保护更是处于初级阶段。在现有的针对网络隐私权问题的法律法规中,我国《计算机信息网络国际互联网安全保护管理办法》第 7 条规定:“用户的通信自由和通信秘密受法律保护。任何单位和个人不得违反法律规定,利用国际互联网侵犯用户的通信自由和通信秘密”。《中华人民共和国计算机信息网络国际互联网管理暂行规定实施办法》(以下简称《计算机信息网络国际互联网管理暂行规定实施办法》)第 18 条规定:“用户应当服从接入单位的管理,遵守用户守则,不得擅自进入未经许可的计算机系统,篡改他人信息;不得在网络上散发恶意信息,冒用他人名义发出信息,侵犯他人隐私;不得制造、传播计算机病毒及从事其他侵犯网络和他人合法权益的活动。”总体而言,这些规定过于笼统且保护手段脆弱,无法充分保护网络隐私权。

为改变我们隐私权及网络隐私权法律保护落后的状况,有必要完善隐私权保护的法律体系。首先,完善隐私权的民事立法。在世界各国的民法中,隐私权是一项重要的人格权,我国正在制定《民法典》,应在其中明确界定隐私权的范畴,并规定侵害隐私权的民事责任。其次,在刑法中应规定“侵犯隐私权罪”,世界上许多国家,如法国、德国和奥地利等,都在刑法中规定了“侵犯隐私权罪”,这已成为一种世界性的立法倾向。而我国刑法只规定“非法侵入他人住宅罪”和“侵犯通信自由罪”两项侵犯隐私权的罪名,增设“侵犯隐私权罪”是很有必要的。再次,应制定“个人信息保护法”或“个人数据保护法”,对个人数据的收集、储存、处理、利用和披露作出明确规定,包括数据收集行为的依据、对数据收集过程的规定、数据的使用及其安全检查、个人对数据资料的权利、侵权救济及刑事责任等。

2.2.3.2 虚拟财产权(或财产利益)

本书所称虚拟财产是指在虚拟世界中可能受到法律保护的客体。具体包括:游戏账号、虚拟金币(货币)、虚拟装备(武器、装甲、药剂等,即“Item”)、虚拟动植物(宠物、盆景等)和虚拟角色(包括游戏等级)等。①

对虚拟财产外延的界定是从广义而言的,广义的虚拟财产以存储形式、效用形式和感知形式存在。狭义的虚拟财产指仅仅以存储形式存在的财产。对虚拟财产所享有的权利是虚拟财产权,有关其法律性质有待本书第八章第二节详细论述。

2.2.4 作为卖方从事电子商务的法律资格

在线自然人用户能否作为电子商务中的卖方,即自然人能否作为商事主体(商人)?在C2C(Customer to Customer)模式下,在线自然人用户可以作为卖方而存在,而且这种电子商务模式日益盛行,但是在线自然人用户能否作为商事主体一直是一个无法回避的问题。

2.2.4.1 现行法律缺陷

我国是民商统一的国家,《民法通则》是调整民商事法律关系的基本法律。《民法通则》规定,民事法律主体包括自然人和法人(其中在自然人一章中又包括个体工商户、农

① 寿步,徐彦冰,王秀梅. 网络游戏虚拟物的财产权定位[J]. 电子知识产权,2005(5). 此文只有后四类,而且我们认为游戏账号和游戏角色不同,游戏账号是进入游戏的前提,只有进去之后才能参与游戏角色体验,游戏等级也和游戏角色不同,是游戏角色的属性之一,购买游戏角色本质上是购买角色身上的属性,故把游戏等级放在游戏角色之中。

村承包经营户和个人合伙），但是它并未对商事主体的定义和类型、商事行为的定义等作出明确界定。换言之，对于自然人是否可以直接从事经营活动（包括电子商务活动），《民法通则》未做明确规定。①

在司法实践中，只要从事经营行为就必须取得营业执照，否则就构成非法经营。但是在中国现行法律体制下，自然人以个人名义直接领取营业执照还没有法律依据，根据有关工商管理法规，个人要领取营业执照应当以其设立的个体工商户、个人独资企业、合伙企业等企业组织的名义申请营业执照。因此，考察自然人交易活动的合法与否，关键是看其从事的交易活动是否构成经营活动，如果构成经营活动，则因客观上不能取得营业执照而不得从事交易；如果不构成经营活动，由于其具有民事法律行为能力而可以从事。由于中国目前的法律对于何谓经营行为未作明确界定，对于偶发性的经营行为是否应当与持续性的经营行为作出区分也未作明确界定，因此，在判断自然人的交易行为是否构成经营行为时，从另一个角度讲，也就是判断自然人从事的交易行为是否属于非法经营时存在规则上的不确定性。

2007 年 3 月 6 日颁布的《商务部关于网上交易的指导意见（暂行）》（以下简称《意见》）是第一个明确针对网上交易行为的文件，但也只是规定从事商品和服务交易须具备相应的资格，交易方应当符合其规定。在该《意见》出台之前，电子商务界曾广泛讨论商务部是否应明确规定在网上开店的个人必须取得营业执照。作为一种政策指导性文件，在上位法（电子商务基本法）缺失的情况下，网上交易涉及的诸多问题尤其是交易主体资格问题属于民商法调整的范围，《意见》也不宜对此制定强制性规范。

2.2.4.2 因应之策

中国目前的法律对自然人从事经营活动设置的限制，对电子商务的发展有很大的阻碍作用。在目前电子商务（尤其是 C2C 领域）的参加者主要还是自然人的情况下，应当鼓励自然人积极参与电子商务，这对于发展电子商务、为电子商务立法提供实践经验有积极意义。② 否则，过于严格的管制将限制电子商务的发展，尤其是在产业发展的初期更是如此。

在目前国内法律缺失、理论争论激烈的情况下，有必要借鉴和学习发达国家电子商务的立法经验。目前，各国民商法均规定从事商业活动需要办理登记手续，进而取得商事主体的资格，但多数国家认为，从事某种营利性商业行为是成为商人的实质性条件，具

① 高俊等. 网络交易法律实务（下册）[M]. 北京：法律出版社，2006：34.

② 高俊等. 网络交易法律实务（下册）[M]. 北京：法律出版社，2006：36.

备此实质条件的自然人也可依法定程序成为商人。如《法国商法典》第1条规定：以实施商业行为作为其经常性职业的人就是商人；《德国商法典》第1条规定：本法典所称的商人是指经营营业的人；《日本商法典》第4条规定：本法所称商人，指以自己名义，以实施商业行为为业者。综合而言，商事主体需要具备三项条件：①须从事商法所规定的商业行为；②以自己的名义从事商业行为；③须持续性地从事同一种商业行为，并将其作为自己的职业或者经营性营业。因此，从事小商品买卖活动的人，如街头临时设点的摊贩和走街串巷的货郎以及手艺匠人，无需经过工商登记也可以进行买卖活动，大陆法系有的国家称之为小商人。

另外，在美国，对个人从事电子商务未作特定的限制。在澳大利亚、新西兰等国家，商事主体除公司、合伙企业、独资企业之外，不存在我国法律制度中的个体工商户，但存在一定数量的商贩，且其不需进行商事登记，因而这类主体从事电子商务就不存在主体资格受限制的问题。这类国家对此类主体规范的重点在于对交易后果进行监管，虽然其不需要进行商事登记，但需要纳入税务登记。这种监管模式值得我们学习和借鉴。

因此，对于自然人从事电子商务的主体资格问题，在现行法律对经营行为未做明确规定的情况下，可以考虑借鉴国外关于允许自由商人和小商人不需要进行商事登记，以及间断性的经营行为不构成商事行为的成熟执法经验，对自然人从事电子商务活动进行监管。在执法上，不应受传统的自然人不得直接从事经营活动的法律框架的束缚，在经营活动的认定上应采取宽松的原则，对于自然人偶尔从事的间断性的类似经营活动不应一概地认定为非法经营；在未来的立法上，建议引进自由商人和小商人的制度，尤其对电子商务的主体资格做出明确界定并拓宽其范围，以便更好地促进电子商务的健康、快速发展。目前，我国在特殊领域已经突破了传统的法律框架的限制，譬如在证券交易领域，对自然人从事证券交易就没有从交易主体资格上进行限制，而且还免除自然人因从事证券交易所需交纳的所得税，此举目的在于促进证券交易市场的繁荣与发展。电子商务作为一种新型经济模式，其发展更需要法律制度的保障，更迫切地需要解决自然人从事电子商务的主体资格限制或者不明确的问题。

开阔视野——还有你所不知道的

虚拟财产在网络游戏中呈现不同的形式和状态，归纳而言，有以下三种形式。

(1)存储形式，即虚拟物体现为存储在游戏服务器上的电磁记录，除了游戏账号和虚拟角色中的游戏等级之外，其他虚拟财产类别都体现为游戏服务器上的电磁记录。

(2)效用形式,即虚拟物体现为玩家与运营商之间的权利义务凭证,如游戏账号。游戏账号本质上是一份合同,是玩家权利和运营商义务的统一体。

(3)感知形式,即虚拟世界中的美术作品。如虚拟动植物(宠物、盆景等)以及玩家通过自己在玩游戏的过程中创造性的劳动所形成的具有独创性的游戏场景、游戏装备、角色服饰等的外在形态。

案例学习——看看你的分析能力

泄漏用户隐私,是否负法律责任

张杰在一家公司工作。一次,因意外事故他碰撞了头部,但并未造成明显的外部伤痕。张杰休息一段后,又开始上班,可是,他总是感觉身体不太舒服。他上网进行了网上医疗咨询,经网络医生诊断,他的脑部有小块淤血,压迫脑神经,时间长了就会造成语言、行动的障碍。张杰只好向公司提出辞职,但并未说明辞职的真实原因。因为他希望治愈后还能应聘做相同的工作。几个月后他完全康复了,但原来的厂家却不再接受他。到其他的厂家应聘,情况也一样。原来这些厂家都知道了他脑部受过伤害,但是都不知已经康复的事实。张杰百思不得其解:治疗医生已经许诺不会透露我的医疗记录,他们是从什么地方得到这些信息的呢?经过调查得知,这些厂家从他访问过的医疗网站数据库中找到了他的医疗记录,并且得到这些医疗记录是支付过一定费用的。

■ 本案中张杰的隐私是否受到侵犯?是否属于电子商务法的调整范围?

■ 该案中的医疗网站应承担怎样的侵权责任?

班级讨论——加深你的知识理解

一、如果你发现自己因为浏览网页或在某网站注册而使自己信息被泄露,你会怎么做?

二、谈谈如何对网络隐私权进行保护?

自己动手——锻炼你的实践能力

一、浏览一些网页,然后搜寻是否有某些网站泄露了你的信息。

二、尝试建立个人网站,并思考如何保护浏览者的隐私权。

小节复习——牢记本节主要内容

一、解释概念

在线自然人用户　网络隐私权　虚拟财产

二、简答

1. 在线自然人用户的能力制度有哪些?
2. 网络隐私权的内容包括哪些?
3. 侵犯网络隐私权的类型有哪些?
4. 虚拟财产在网络游戏中呈现的形式和状态有哪几种?

2.3 电子商务企业

引导案例——打开知识的大门

刘兰是一个下岗工人,为了帮助和她一样的下岗工人再就业,她注册了一个一人公司,并想注册一个网站,实现网上经营,以谋求更好的发展。为此她向工商局询问关于注册网站的相关法律制度及网站设立的条件和程序。

■ 刘兰所注册的网站属于哪一类型网站?

■ 你知道刘兰网站的设立适用什么样的法律制度吗?

2.3.1 电子商务企业与网站

电子商务企业属于参与电子商务法律关系的重要主体,在电子商务过程中直观地表现为网站与在线自然人用户之间发生的联系。而网站本身并不具备法律主体的资格,也无法承担相应的法律责任。网站只是网站设立人(即电子商务企业)的产品、工具或者虚拟经营场所。从本质上讲电子商务企业仍是企业,或是有限责任公司,或是股份有限公司,或是个体工商户、个人独资企业、合伙企业等,因此,有关电子商务企业的规范,如准入制度仍然遵从传统的规定。而网站作为电子商务企业的虚拟经营场所,其本身难以依据传统的法律进行规范,因此,我国建立起一套专门针对网站的规范制度,根据网站的不同类别采取不同的管制政策。

2.3.2 网站的概念及分类

2.3.2.1 网站的概念

网站是互联网中的一个站点，通常指 Web 服务器。从构成上看，网站包含大量的 WWW 格式的信息和运行 WWW 服务器软件的计算机，其处理功能是管理和处理网上其他计算机提出的请求，并按要求发送文件，提供 WWW 服务。网络用户通过 Web 浏览器向服务器请求信息，浏览 WWW 系统提供的各种信息资源。网站已经由最初的单纯信息传递，发展到可以实现人类各种处理和传递信息功能的地步，包含企业内部和外部的通信、信息管理及发布、客户服务、技术支持及市场营销等。

2.3.2.2 网站的分类

(1)按照设立人的性质进行分类。网站可以按照设立人的性质进行分类，由政府机构设立的网站是政府网站，由企业、金融机构设立的网站是商业网站，由科研机构设立的网站是科研网站，由教育机构设立的网站是教育网站，诸如此类等等。按照本章第一节把电子商务分为在线自然人用户和电子商务企业的做法，也可以把网站分为在线自然人用户设立的网站和电子商务企业设立的网站。作此区分的意义在于不同的电子商务主体受到的管制政策不同。

(2)按照功能进行分类。[①] 网站的主要功能是提供信息服务或者信息交流，具体有两种情况：①自己作为信息内容的提供者，直接参与信息交流或网络交易；②为他人提供信息交流或者网络交易的平台。因此，从功能上进行区分，网站又可以分为三类：一类是信息内容的提供者，即所谓的 ICP，其利用自己的平台直接向他人提供信息；一类是中介服务提供者，即网络服务提供者(ISP)，它只是为用户信息交流提供平台和空间，自己并不提供信息；最后一类是兼有 ICP 和 ISP 的功能，即它本身利用其平台或空间参与信息交流，同时又为他人进行信息交流提供平台和空间。做此分类的意义在于网站的功能不同，网站设立人(尤其电子商务企业)的法律责任也不同，应该区分对待。

(3)按照是否营利进行分类。按照是否营利的标准，可以把网站分为营利性网站和非营利性网站。《互联网信息服务管理办法》从网站服务行为的角度将互联网信息服务分为经营性和非经营性两类。经营性互联网信息服务指通过互联网向上网用户有偿提供信息或者网页制作等服务的活动。非经营性互联网信息服务指通过互联网向上网用

① 高俊，等. 网络交易法律实务(下册)[M]. 北京：法律出版社，2006：17 ~ 18.

户无偿提供具有公开性、共享性信息的服务活动。经营性网站与非经营性网站的区别就在于网站提供的是经营性互联网信息服务还是非经营性互联网信息服务。做此区分的意义在于经营性网站和非经营性网站的管制政策不同，经营性网站实行的是许可制度，非经营性网站实行的是服务备案制度，而且两者在设立的条件和程序上还存在着很多差别。

2.3.3 网站设立的法律制度

有关网站设立及信息服务分类管制的基本法规是国务院2000年9月发布的《互联网信息服务管理办法》。《互联网信息服务管理办法》第2条规定："本办法所称互联网信息服务，是指通过互联网向上网用户提供信息的服务活动。"上网用户包括个人、企业和社会组织等。信息服务包括应用户请求的信息服务、主动提供的信息服务、一般信息服务和提供交易平台、进行网上交易等电子商务服务。

《互联网信息服务管理办法》依据提供互联网信息服务的种类和性质的不同，作出了四种分类，并采取不同的管制政策。具体而言有：经营性互联网信息服务许可制度、非经营性互联网信息服务备案制度、特种行业互联网信息服务审批制度和特殊互联网信息服务专项备案制度。

2.3.3.1 非经营性互联网信息服务备案制度

《互联网信息服务管理办法》第4条规定："国家对经营性互联网信息服务实行许可制度；对非经营性互联网信息服务实行备案制度。未取得许可或者未履行备案手续的，不得从事互联网信息服务。"第8条规定了备案的主管机关，"从事非经营性互联网信息服务，应当向省、自治区、直辖市电信管理机构或者国务院信息产业主管部门办理备案手续。"

非经营性互联网信息服务办理备案时，需要提交的材料主要有以下几项。

(1)主办单位和网站负责人的基本情况。

(2)网站网址和服务项目。

(3)服务项目属于《互联网信息服务管理办法》第5条规定范围的，已取得有关主管部门的同意文件。

另外，非经营性互联网信息服务提供者的备案程序、备案原则、年审制度及备案变更手续等均由《非经营性互联网信息服务备案管理办法》具体规定。

2.3.3.2 特种行业互联网信息服务审批制度

《互联网信息服务管理办法》第5条规定："从事新闻、出版、教育、医疗保健、药品和医疗器械等互联网信息服务，依照法律、行政法规以及国家有关规定须经有关主管部门审核同意的，在申请经营许可或者履行备案手续前，应当依法经有关主管部门审核同意。”该规定中包含两层含义：①从事本规定中特殊行业的网络信息服务的，如果法律法规规定必须经有关部门审批的，必须在办理网站设立备案或者许可证前办理必要的审批手续，该手续属于前置审批程序；②不管是经营性还是公益性或者非经营性信息服务，只要涉及本规定中的这些特殊行业，都需要办理审批手续。至于办理许可证或者登记备案则依据具体的规定，如《互联网站从事登载新闻业务管理暂行规定》、《互联网出版管理暂行规定》、《互联网医疗卫生信息服务管理办法》和《互联网药品信息服务管理暂行规定》等。

2.3.3.3 特殊互联网信息服务专项备案制度

《互联网信息服务管理办法》第 9 条规定：“从事互联网信息服务，拟开办电子公告服务的，应当在申请经营性互联网信息服务许可或者办理非经营性互联网信息服务备案时，按照国家有关规定提出专项申请或者专项备案。”

2.3.3.4 经营性网站设立的条件和程序

(1)经营性网站设立的条件。《中华人民共和国电信条例》(以下简称《电信条例》)将经营性互联网信息服务划分为增值电信与信息服务业务。《互联网信息服务管理办法》第 6 条和《电信条例》第 13 条规定了举办经营性网站应当具备的实质条件，具体包括：

- 经营者为依法设立的公司。
- 有与开展经营活动相适应的资金和专业人员。
- 有为用户提供长期服务的信誉或者能力。
- 有业务发展计划及相关技术方案。
- 有健全的网络与信息安全保障措施，包括网站安全保障措施、信息安全保密管理制度、用户信息安全管理制度。
- 服务项目属于《互联网信息服务管理办法》第 5 条规定范围的，已取得有关主管部门同意的文件。
- 法律法规规定的其他条件。

(2)经营性网站设立的程序。《互联网信息服务管理办法》第 7 条规定了包含经营性信息服务内容的网站必须办理的两项手续：一是获得增值电信业务经营许可证；二是取得增值电信业务经营许可证后，应当持该经营许可证向企业登记机关办理登记手续。

第一，办理增值电信业务经营许可证。从事经营性互联网信息服务，应当向省、自治区、直辖市电信管理机构或者国务院信息产业主管部门申请办理互联网信息服务增值电信业务经营许可证。省、自治区、直辖市电信管理机构或者国务院信息产业主管部门应当自收到申请之日起60日内审查完毕，作出批准或者不予批准的决定。予以批准的，颁发经营许可证；不予批准的，应当书面通知申请人并说明理由。如果服务项目属于新闻、出版、教育、医疗保健、药品和医疗器械等信息服务，则应首先获得有关主管部门的批准。此审批程序为前置程序。

第二，办理企业登记。在目前法律体制下，在线自然人用户还难以开展电子商务，自然缺乏设立经营性网站的法律依据。设立经营性网站的应是电子商务企业，并按照一般企业设立的程序，由工商管理部门办理登记手续。这种登记包括企业名称、企业资本、企业住所地等事项。

第三，网站名称的注册。注册网站名称指网站所有者通过网站名称注册程序，领取《网站名称注册证书》后所获得的网站名称。2002 年 12 月，北京市工商管理局颁布了《网站名称注册管理暂行办法》（以下简称《暂行办法》），规定网站的所有者应当申请对其网站名称注册。而且，该《暂行办法》第 2 条明确规定："北京市工商行政管理局是国家工商行政管理局授权对全国注册网站名称进行统一注册试点的主管机关（以下简称注册主管机关），对网站名称实施注册登记管理。"

2.3.4 网站设立人的义务与责任

2.3.4.1 互联网信息服务提供者的义务与责任

（1）按照经营许可范围提供服务的义务。互联网信息服务提供者应按照经许可或备案的项目提供服务，不得超出经许可或备案的项目提供服务。非经营性互联网信息服务提供者不得从事有偿服务。互联网信息服务提供者变更服务项目、网站网址等事项的，应当提前30日向原审核、发证或者备案机关办理变更手续。

依据《互联网信息服务管理办法》第 19 条的规定："未取得经营许可证，擅自从事经营性互联网信息服务，或者超出许可的项目提供服务的，由省、自治区、直辖市电信管理机构责令限期改正，有违法所得的，没收违法所得，处违法所得 3 倍以上 5 倍以下的罚款；没有违法所得或者违法所得不足 5 万元的，处 10 万元以上 100 万元以下的罚款；情节严重的，责令关闭网站。违反本办法的规定，未履行备案手续，擅自从事非经营性互联网信息服务，或者超出备案的项目提供服务的，由省、自治区、直辖市电信管理机构责令限期改正;拒不改正的,责令关闭网站。”

(2)提示身份的义务。《互联网信息服务管理办法》第12条规定:“互联网信息服务提供者应当在其网站主页的显著位置标明其经营许可证编号或者备案编号。”此外,第22条规定:“未在其网站主页上标明其经营许可证编号或者备案编号的,由省、自治区、直辖市电信管理机构责令改正,处5 000元以上5万元以下的罚款。”

(3)保证信息内容合法的义务。互联网信息服务提供者应当向上网用户提供良好的服务,并保证所提供的信息内容合法。互联网信息服务提供者不得制作、复制、发布、传播含有下列内容的信息:①反对宪法所确定的基本原则的;②危害国家安全,泄露国家秘密,颠覆国家政权,破坏国家统一的;③损害国家荣誉和利益的;④煽动民族仇恨、民族歧视,破坏民族团结的;⑤破坏国家宗教政策,宣扬邪教和封建迷信的;⑥散布谣言,扰乱社会秩序,破坏社会稳定的;⑦散布淫秽、色情、赌博、暴力、凶杀、恐怖或者教唆犯罪的;⑧侮辱或者诽谤他人,侵害他人合法权益的;⑨含有法律、行政法规禁止的其他内容的。

制作、复制、发布、传播上述所列内容之一的信息,构成犯罪的,依法追究刑事责任;尚不构成犯罪的,由公安机关、国家安全机关依照《中华人民共和国治安管理处罚法》、《计算机信息网络国际联网安全保护管理办法》等有关法律或行政法规的规定予以处罚;对经营性互联网信息服务提供者,由发证机关责令停业整顿直至吊销经营许可证,并通知企业登记机关;对非经营性互联网信息服务提供者,由备案机关责令暂时关闭网站直至关闭网站。

(4)记录所提供信息的义务。从事新闻、出版以及电子公告等服务项目的互联网信息服务提供者,应当记录提供的信息内容及其发布时间、互联网地址或者域名;互联网接入服务提供者应当记录上网用户的上网时间、用户账号、互联网地址或者域名、主叫电话号码等信息。互联网信息服务提供者和互联网接入服务提供者的记录备份应当保存60日,并在国家有关机关依法查询时予以提供。违反该义务者,由省、自治区、直辖市电信管理机构责令改正;情节严重的,责令停业整顿或者暂时关闭网站。

(5)停止传输非法信息并报告的义务。互联网信息服务提供者发现其网站传输的信息明显属于上述“保证信息内容合法的义务”部分所列九项内容之一的,应当立即停止传输,保存有关记录,并及时向国家有关机关报告。违反该义务的,由省、自治区、直辖市电信管理机构责令改正;情节严重的,对经营性互联网信息服务提供者,由发证机关吊销经营许可证,对非经营性互联网信息服务提供者,由备案机关责令关闭网站。

2.3.4.2 特殊互联网信息服务(电子公告)提供者的义务与责任

(1)提示身份的义务。电子公告服务提供者应当在电子公告服务系统的显著位置刊载经营许可证编号或备案编号、电子公告服务规则，并提示上网用户发布信息需要承担的法律责任。违反该义务者，将依据《互联网信息服务管理办法》第22条的规定进行处罚，即由省、自治区、直辖市电信管理机构责令改正，并处5 000元以上5万元以下的罚款。

(2)按照批准的经营范围提供服务的义务。电子公告服务提供者应当按照经批准或备案的类别和栏目提供服务，不得超出类别或另设栏目提供服务。超出经批准或备案的类别、栏目提供电子公告服务的，依据《互联网信息服务管理办法》第19条的规定进行处罚。

(3)不得发布非法信息并删除非法信息的义务。任何人不得在电子公告服务系统中发布含有下列内容之一的信息：①反对宪法所确定的基本原则的；②危害国家安全，泄露国家秘密，颠覆国家政权，破坏国家统一的；③损害国家荣誉和利益的；④煽动民族仇恨、民族歧视，破坏民族团结的；⑤破坏国家宗教政策，宣扬邪教和封建迷信的；⑥散布谣言，扰乱社会秩序，破坏社会稳定的；⑦散布淫秽、色情、赌博、暴力、凶杀、恐怖或教唆犯罪的；⑧侮辱或者诽谤他人，侵害他人合法权益的；⑨含有法律、行政法规禁止的其他内容的。

电子公告服务提供者发现其电子公告服务系统中出现明显属于上述所列的信息内容之一的，应当立即删除，保存有关记录，并向国家有关机关报告。

(4)信息监控的义务。《信息产业部关于进一步做好互联网信息服务电子公告服务审批管理工作的通知》第1条第2款规定："网站开办BBS时应有相应人员对BBS实施有效管理。获准开展BBS的网站必须对获得批准的各个BBS栏目指定专职人员充当版主，每个栏目不得少于一个专职版主，并实行版主责任制。版主负责监管该栏目的信息内容，除采取必要的技术手段外，应对登载的信息负有人工过滤、筛选和监控的责任。一旦发现BBS的栏目中有违规内容，有关主管部门将追究网站和该栏目版主的责任并予以处理。"

开展BBS服务的网站，对BBS用户发出的信息应预先进行软件自动过滤和人工过滤，然后供人浏览，不得未经审查直接上网公开。

(5)记录信息的义务。电子公告服务提供者应当记录在电子公告服务系统中发布的信息内容及其发布时间、互联网地址或者域名。记录备份应当保存60日，并在国家有关机关依法查询时，予以提供。

互联网接入服务提供者应当记录上网用户的上网时间、用户账号、互联网地址或者域名、主叫电话号码等信息，记录备份应保存60日，并在国家有关机关依法查询时，予以提供。

(6)保密的义务。《互联网电子公告服务管理规定》第12条规定:“电子公告服务提供者应当对上网用户的个人信息保密,未经上网用户同意不得向他人泄露,但法律另有规定的除外。”要求电子公告服务提供者承担保密义务也是保障在线自然人用户(上网用户)网络隐私权的必然要求。

开阔视野——还有你所不知道的

电子公告服务

依据《互联网电子公告服务管理规定》,所谓电子公告服务是指在互联网上以电子布告牌、电子白板、电子论坛、网络聊天室、留言板等交互形式为上网用户提供信息发布条件的行为。任何网站如提供这些服务,都必须向所在省、自治区、直辖市电信管理机构或者信息产业部提出专项申请或者专项备案,至于营利与否不作要求。

案例学习——看看你的分析能力

亚马逊网上书店

1995年成立的美国亚马逊网上书店(Amazon. com),在短短10年间便迅速成长为世界500强企业,不但开创了图书销售模式的历史新纪元,也带动了全球电子商务的发展。亚马逊书店没有传统的商店门面,管理人员只有9名,却为全球160个国家商务的发展和1 310万读者提供优质服务。它销售的书籍多达430万种,居世界第一位,2002年纯收益就达2.114亿美元。亚马逊书店的网络贩售,是属于“无店铺行销”类型,因此,亚马逊书店知道在没有面对面的亲切笑容下,更必须以无微不至的贴心服务来征服消费者。亚马逊书店的广受欢迎,主要是因为网络本身具有的特色,其公司设计种种贴心的人性化服务功能也扮演了不可或缺的角色。

——案例来源:中国雅虎

- 分析案例中亚马逊网上书店属于什么类型的网站?
- 亚马逊网上书店网站建设应适用什么样的法律制度?
- 亚马逊网上书店建设人的义务与责任是什么?

班级讨论——加深你的知识理解

一、思考并讨论不同种类电子商务企业网站建设的法律制度的区别。

二、根据我国电子商务企业相关法律制度讨论电子商务企业的责任与义务。

自己动手——锻炼你的实践能力

一、搜寻有关网站建设的资料并认真阅读。

二、尝试设立一个经营性网站，熟悉网站建设的程序。

三、尝试在网上与别人进行交易，并将交易过程中的故事与同学们分享。

小节复习——牢记本节主要内容

一、解释概念

网站　ICP　ISP　经营性互联网信息服务　互联网信息服务

二、简答

1. 网站的分类有哪几种？

2. 网站建设的法律制度有何分类？

3. 互联网信息服务提供者的义务与责任是什么？

4. 特殊互联网信息服务（电子公告）提供者的义务与责任是什么？

2.4　电子商务主体的认定

引导案例——打开知识的大门

田辉通过朋友得知在网上开一个服装小店很赚钱，于是经过咨询相关人士及朋友后，在淘宝网上进行登记注册，开办了一个服装小店，取名“怡美人”。经过一段时间的宣传，更是由于田辉的服装质优价廉，他的网上商店生意红火。

■ 你认为田辉在淘宝网上注册服装店时应该进行认定吗？

■ 电子商务主体认定的相关原则有哪些？

■ 田辉的网上服装店应该如何认定？

2.4.1　认定的必要性

电子商务是一种非面对面的交易，其主体通过网络平台即可完成整个交易流程，包括从商品选择、合同订立到价款支付等都完全可以通过互联网甚至移动通信网络（例如移动电子商务)完成。网络的这种便捷性和虚拟性是电子商务相对于传统商务的优势之一,但也给交易带来了巨大的风险。任何一方电子商务主体对交易中某个环节的否认,譬如否认订立合同、否认支付价款等都将带来电子商务法律关系的不确定性。

从促进电子商务发展的角度而言,只有确立安全、可靠、值得信赖的交易机制,尤其是主体认定的机制才能消除当事人对电子商务安全性的疑虑;从电子商务主体权益维护的角度而言,只有建立起主体认定的机制,才能使得电子商务中法律责任的实现有坚实的保障。否则对电子交易的任意否认不仅导致交易的落空,也会使得违约责任、缔约过失等民事责任难以实现。因此,在此意义上,电子商务法的首要任务就是要建立完善的电子商务主体认定制度,确保电子商务主体的真实存在。

2.4.2 认定的基本原则

我们认为,电子商务主体的认定主要遵循三个基本原则:主体真实原则、主体资格法定原则和主体公示原则。其中对于在线自然人用户主要适用主体真实原则,而对电子商务企业而言三个基本原则均适用。

2.4.2.1 主体真实原则

所谓主体真实原则,是指参与电子商务法律关系的各方主体必须是真实存在的,而不是"虚拟"的或不存在的,法律不承认也不保护虚拟主体。电子商务就其法律本质而言是一种民商事活动,理应遵循民商事主体真实的原则。这一原则不仅是对电子商务企业也是对在线自然人用户的一种要求。对电子商务企业而言,主要表现为两种形式:一是现实中存在对应的企业主体,即在现实中具备住所或办公场所、注册资本、组织机构等要素经登记而成为合法经营主体;二是现实中不存在对应的企业,只是为设立在线企业成立新企业,纯粹从事在线交易。这类企业大多从事信息产品交易,但同样存在着经营人员、管理机构等实体性的因素,本质上还是真实存在的企业,只是存在的形态发生了改变。

2.4.2.2 主体资格法定原则

主体资格法定原则是民法的基本原则之一,具体是指参加民事法律关系、享有民事权利、承担民事义务的主体由法律明确规定。该原则在商法上体现在商事主体法定原则,即商事主体的资格必须严格依法取得,法律没有明确规定的,或是不符合法律规定条件的,不能取得商事主体资格。电子商务作为一种商事活动,其参与主体同样需遵循主体资格法定原则。

2.4.2.3 主体公示原则

主体公示原则要求电子商务企业必须在网上明确显示其真实身份。该原则体现了电子商务活动受国家干预的特点,其意义在于规范了电子商务经营主体的资格,保障了电子商务交易的安全和便捷。《互联网信息服务管理办法》第 12 条规定:"互联网信息服务提供者应当在其网站主页的显著位置标明其经营许可证编号或者备案编号。"电子商务企业的这种提示身份的义务本质上也是主体公示原则的要求。

值得注意的是,主体公示原则并不必然要求电子商务企业的网站名称与其企业名称或商号一致。电子商务企业的法定名称应该是其营业执照上登记的名称,网站或者网页上显示的名称只是其经营个性化及经营便利的需要,也不适合硬性规定所有的网站名称必须与其企业名称或者商号一致。只要在网站上将其营业登记证号或者电子营业执照号码标明于网上即可视为遵循了主体公示原则。2001 年 9 月 1 日颁布实施的《网站名称注册管理暂行办法》及其实施细则都规定每个网站最多可以注册三个名称,并不要求网站名称一定与企业名称或者商号相同,只是要求注册的网站名称不得违反法律规定和侵犯他人合法权益。

2.4.3 电子商务企业的认定

2.4.3.1 经营性网站的认定

关于经营性网站,《电信条例》和《互联网信息服务管理办法》均作出了相应的规定,其设立需要获得网络信息服务的许可,并办理企业登记。根据北京市工商局颁布的《经营性网站备案登记管理暂行办法》,经营性网站的设立按照企业分支机构的设立予以管理,登记后对经营性网站颁发"经营性网站备案登记证"并予以公告。因此,"经营性网站备案登记证"是经营性网站的主体身份证明。

2.4.3.2 网上商店的认定

有些电子商务企业为了节约成本或利用他人网站的市场资源,于是在他人网站(尤其是电子商务交易平台网站)上开设网上商店,而不是自行独立建站。对于此类电子商务企业,中国现行法律并未明确规定是否需要进行工商登记。北京市工商局曾颁布《网上经营行为登记备案的通告》,其中规定依据国家法律法规领取营业执照的市场主体,利用互联网从事以营利为目的的经营活动,应申请网上经营行为登记备案。但是《网上经营行为登记备案的通告》已经被《经营性网站登记备案管理暂行办法》代替。这就导致网上商店是否需要对经营行为进行登记甚至公示没有明确的法律依据。

电子商务实践中,对于网上商店的认定往往由市场参与主体来运作。例如,电子商务交易平台提供商往往会要求网上商店的设立人首先成为其注册会员或者用户,然后才可以利用其提供的电子商务交易平台从事电子商务活动。而在注册成为用户或者会员的过程中,会要求拟成立网上商店的企业提供营业执照。这种做法同样可以做到确保电子商务交易主体的真实存在,维护了电子商务的安全及信用。

从上述实践中我们也可以思考如何对电子商务平台进行监管以实现对网上商店的有效及合理监管。从国外电子商务的实践来看,多数国家均允许没有对网上交易行为进行登记的企业从事电子商务活动,其初衷是为电子商务提供一个宽松的法律环境,鼓励更多的企业从事网上交易。但保障网上交易的安全、维护消费者的合法权益、维护网上交易的秩序等同样重要,只不过监管模式仍需要探索。由对电子商务主体的直接监管改变成间接监管,由电子商务交易平台对网上商店进行认定并要求后者依据协议对其身份进行公示,这种行业的惯例及国外的监管经验值得我国政府部门制定监管政策时予以借鉴。

开阔视野——还有你所不知道的

民商事法律关系经营主体

依据我国民商事法律规定,可以从事经营活动的主体主要包括两大类:一类是不具有法人资格的主体,包括个体工商户、个人独资企业和合伙企业;另一类是具有法人资格的企业,主要包括依据《中华人民共和国公司法》设立的有限责任公司和股份有限公司。而不论是法人企业还是非法人企业,都必须按照《中华人民共和国企业法人登记管理条例》或《中华人民共和国公司登记管理条例》的规定领取营业执照。对于电子商务企业而言,也同样需要根据企业的性质领取相应的营业执照才具备参与电子商务法律关系的资格,才能享有权利、承担义务,才可以开展电子商务活动。

李明在网上注册,声称自己是一家深圳公司,在网上发布广告称现在有一大批明显低于市场价格的电脑出售,大量网民浏览到该信息,并通过网上订单购买了李明的电脑,然而消费者们却都没有收到商品,据后来工商局查证并不存在李明所称的公司,更没有什么廉价电脑。

- 分析该案中该公司是否属于电子商务主体?属于哪一类主体?
- 李明所称公司在网上的注册应该如何认定?应遵循什么原则?

班级讨论——加深你的知识理解

一、谈谈你对网站注册不用实名制的看法。

二、说说你对电子商务主体认定的看法，讨论如何保证认定的安全性。

自己动手——锻炼你的实践能力

一、如果你是一家企业老板，想注册网站，应遵守什么样的义务？

二、假设你作为电子商务企业认定的一名工作人员，正在核查电子商务企业的认定过程，详细描述步骤及应注意的事项。

三、作为法学专业学生，尝试帮助别人解决因为电子商务注册欺诈所遇到的问题。

小节复习——牢记本节主要内容

一、解释概念

主体真实原则　主体资格法定原则　主体公示原则

二、简答

1. 电子商务主体认定的原则是什么？

2. 电子商务企业的认定分为哪几种？

2.5　网络服务提供商的侵权责任

引导案例——打开知识的大门

张清是一家制药公司的员工，后因为与上司产生矛盾被辞退。失业后的张清面试屡次失败，他把这一切归咎于他原来所在的公司。于是，他在一家网站的论坛上进行注册，并在里面公开了原所在制药公司的商业秘密，还编造信息称该制药公司在产品中以次充好，欺骗消费者。

■ 根据上述案例，张清在论坛上的言论侵犯了原来所在制药公司的哪些权利？

■ 张清注册的这家网站在此事件中处于什么法律地位？应承担什么责任？

前述已对电子商务主体类型进行了划分，其中按照是否直接参与电子商务交易为标准划分为直接主体和间接主体。作为间接主体之一的网络服务提供商包括网络内容服务提供商和网络中介服务提供商。我们探讨电子商务主体的法律责任重点在于分析网络服务提供商的侵权责任，至于违约责任主要遵循传统合同法来认定。

2.5.1 网络侵权行为及归责原则

网络作为一种新型的信息传播媒体，在其上可能发生多种侵权或者违法行为，这些侵权行为大多以传播的信息违法或者侵犯他人权利为特征。具体包括：

第一，侵犯他人著作权（如未经著作权人许可将其作品上传到网络）。

第二，发布侵害他人人格权的信息。如：在网络上散布不实商品信息；侮辱、诽谤他人，侵害他人名誉权；将他人的个人资料、隐私上传，侵害他人网络隐私权。

第三，发布虚假广告、误导消费者的信息导致的侵权，如发布不实商品信息，侵害消费者权益。

第四，发布信息侵犯他人商业秘密，如擅自在网上披露他人的商业秘密。

第五，传播非法或有害信息，即违反《互联网信息服务管理办法》第 15 条所列举的信息的行为，如传播色情信息或图片等。

关于网络侵权的责任问题，2000 年 12 月 28 日全国人大通过的《关于维护互联网安全的决定》第 6 条第 2 款首次予以明确："利用互联网侵犯他人合法权益的，构成民事侵权的，依法承担民事责任。"该决定明确了互联网上的任何侵权行为，可以适用传统法律追究侵权人的民事责任。因此，利用网络侵权仍然应当适用传统民法中"谁侵权，谁担责"的原则，即对网上公开的信息产生的侵权，谁发布谁承担责任。然而，对于网络侵权行为而言，每一个行为均涉及直接实施侵权行为的网络内容服务提供商，也同时涉及为侵权信息的传播提供媒介服务的网络中介服务提供商。

2.5.2 网络服务提供商的侵权责任

2.5.2.1 网络中介服务商的义务

（1）监控义务。网络服务提供商的监控义务包括两个方面的内容：一是事先审查的义务，即在被明确告知侵权信息存在之前，主动对其系统或网络中信息的合法性进行审查；二是事后控制义务，即在知道侵权信息的存在后及时采取删节、删除等措施阻止侵权信息继续传播。因接入服务提供者和主机服务提供者对网络信息的编辑能力和控制能力不同,故各自的监控义务也不尽相同。

第一,接入服务提供商的监控义务。接入服务提供商只是为信息在网络上传输提供"传输管道",并不能对信息内容进行编辑,因此,要求接入服务提供商负担事先义务在技术上是不可能的,也不宜要求其进行事先审查。至于事后控制义务,由于接入服务提供者一般只能通过封锁网络上某特定站点或者用户,甚至关闭整个系统的方法来阻止侵权信息的传播,并不能就某一特定信息采取控制措施。因此,接入服务提供商的事后控制义务也是有条件的,只能要求其在技术可能、经济许可的范围内承担阻止侵权信息传播的义务。

第二,主机服务提供商的监控义务。在用户信息发布之前,主机服务提供商在技术上无法获悉该信息的内容,无法行使编辑控制权,故不负有事先控制的义务;在用户信息发布之后,主机服务提供者在技术上具备编辑控制能力,于是负有两项监控义务:主动审查义务和应请求中止传播义务。

其一,主动审查义务。由于网络内容信息量巨大以及主机服务提供商的法律判断能力有限,故其主动审查义务只能限定在合理范围之内。所谓合理范围,是指合理时间内和表面合理标准。合理时间是指用户信息发布后至信息依据表面合理标准被删节或者删除之间的时间。它是供主机服务提供商主动发现违法或侵权信息的时间,其既不能太长,也不能太短。否则不能有效保护权利人的合法权益或者增加主机服务提供商的经营成本,妨碍其发展。表面合理标准是指主机服务提供商只负有对信息表面依据常理进行审查的义务,其审查的对象是用语而非信息内容本身,其依据的判断标准是一般公众的识别能力而非专业编辑或者专家的鉴别能力。

其二,应请求中止传播义务。当有人提供充分的证据表明主机服务器上传播的某特定信息违法或者侵权时,应视主机服务提供商知道其侵权或违法,此时,主机服务提供商有中止继续传播的义务。但对于权利人通知的程序、条件和效力同样也应该加以合理的界定。

(2)协助调查义务。协助调查义务是指网络中介服务提供商负有协助权利人或有关机关收集侵权行为证据的义务。之所以让网络中介服务商承担这项义务,主要是因为网络侵权行为的直接和主要证据主要存在于服务器中,权利人一般难以获取证据,而网络侵权案件最关键的是证据问题。如果不要求网络中介服务提供商保存数据并协助调查,那么众多的网络侵权案件将因证据的缺失而难以解决。而对于网络中介服务商而言,其完全有技术和经济能力协助调查取证。目前,许多网络服务提供者并未要求用户实行实名制,即未要求用户提供真实的身份资料,而且读写记录的存储也不规范。因此,施加协助调查义务不但有利于查清侵权事实，而且有利于促使网络服务提供商加强对用户的管理和规范，促进网络服务业的规范和健康发展。

网络中介服务提供商的协助调查义务主要体现为：在用户信息发布后的任何时间内，服务商明知某信息为侵权信息，接收到权利人发出的确有证据的通知，或经法院等权力机构发出调查令，服务商在技术可能、经济许可的范围内有向权利人或有关机关提供被控侵权人身份情况的证明材料以及有关侵权行为证明材料。

2.5.2.2 网络中介服务商的责任

(1)直接侵权责任。直接侵权是指对网络侵权行为直接认定其承担法律责任，而不问其主观过错。对于网络服务商自身实施的侵权行为，如在网络上发表未经他人许可的作品，或下载、复制、存储其他侵权材料等行为。此时网络服务商实际上就是直接侵权行为人，应当对自己的侵权行为造成的损害承担法律责任。

接入服务提供商负有在技术可能、经济许可的范围内阻止侵权信息继续传播的义务。如果接入服务提供商明知某特定信息为侵权信息或接到权利人确有证据的通知后，在技术可能、经济许可的范围内不履行采取必要措施阻止该信息继续传播的义务的，则其主观上具有过错，客观上实施了不作为的侵权行为。根据《民法通则》第 106 条第 2 款的规定，应当在其责任范围内承担侵权责任。

主机服务提供商负有在用户信息发布之后的合理时间内依据表面合理标准审查信息合法性的义务。若服务商怠于履行主动审查义务或根据表面合理标准应发现并删除侵权信息却因自身忽略而没有发现并删除，则可视为其主观上有过失，客观上施行了不作为的侵权行为，应当在其责任范围内承担侵权责任。

(2)共同侵权责任。《民法通则》第 130 条规定："二人以上共同侵权造成他人损害的，应当承担连带责任。"网络中介服务提供商与网络内容服务提供商承担共同侵权的连带责任的情形主要为：如果中介服务提供商通过网络参与实施侵权行为，或者通过网络教唆、帮助他人实施侵权行为，应当与直接实施侵权行为的网络内容服务提供商一起承担共同侵权的连带责任。我国最高人民法院《关于审理涉及计算机网络著作权纠纷案件适用法律若干问题的解释》第 4 条也做了类似的规定："网络服务提供者通过网络参与他人侵犯著作权行为，或者通过网络教唆、帮助他人实施侵犯著作权行为的，人民法院应当根据《民法通则》第 130 条的规定，追究其与其他行为人或者直接实施侵权行为人的共同侵权责任。"

主机服务提供商在明知某信息为侵权信息或接到权利人发出的确有证据的通知后，

在技术可能、经济许可的范围内不采取必要措施阻止该信息继续传播的，则主观上具有故意，客观上实施了不作为的侵权行为，因此构成共同侵权，应依法承担连带责任。

开阔视野——还有你所不知道的

欧盟立法经验之网络中介服务提供商的侵权责任

欧盟议会于2000年5月4日通过了《电子商务指令》。该指令在第2章第4部分规定了网络中介服务提供商的法律责任，并要求成员国保证在满足指令规定的条件下，服务提供商在提供传输服务、存储服务、主机服务中不承担责任。

1. 网络接入服务提供者免责的条件。根据指令第12条，从事信息传输服务或者接入服务的免责条件是：

(1)服务提供者没有主动传输信息。

(2)服务提供者没有挑选传输信息的接受者。

(3)没有删选或修改传输信息。

指令第13条规定，如果服务提供者在其他服务接受者的要求下自动地、中间性地、短暂地储存传输信息的唯一目的是使信息传输更有效，则服务提供者对这样的信息储存不负责任。具体内容如下：

(1)提供者没有修改信息。

(2)提供者遵守信息准入的条件。

(3)提供者遵守业内普遍认可的信息更新规则。

(4)提供者没有干涉合法利用业内普遍认可和采用的技术获取信息使用的数据。

(5)提供者一旦确切获知传输最初来源中的信息已经从网上删除或已经禁止获取或法庭或行政机关已经下令删除或禁止获取，就迅速有效地删除了其存储的信息或使之禁止获取。

2. 主机服务提供者免责的条件。指令第14条规定，主机服务提供者对在服务接受者的要求下储存的信息不负责任：

(1)提供者确实不知为非法的活动或信息，并且在涉及损害赔偿时也不知道非法活动或信息产生的事实背景。

(2)提供者一旦确切获知或意识到该信息为非法活动或信息，就迅速有效地删除了该信息或使之禁止获取。

但是，服务提供者在所有情形下均应当承担停止侵权责任，指令只免除赔偿责任而不免除停止侵权或防止侵权行为发生的责任。免责条款不妨碍法庭或行政机关根据成员国法律有可能要求服务提供者停止或者防止侵权行为的发生，也不妨碍成员国有可能制定调整信息删除或者禁止获取的程序规则。

案例学习——看看你的分析能力

2007年6月底，北京市公安局网监处发现，梁某在互联网上的个人博客空间内上传大量色情、淫秽小说。经调查，为一个名为"快乐网"的网站提供给个人的免费注册博客，梁某注册了博客，用于传播色情小说，其博客点击量极高。他以点击量赚取广告提成。

- 分析案例中该博客网站属于哪一类型网站服务商？
- 该"快乐网"应负什么责任？

班级讨论——加深你的知识理解

一、注册用户侵犯他人著作权，作为网络中介服务商应承担什么责任？

二、在电子商务纠纷中，应如何确定管辖权？

自己动手——锻炼你的实践能力

一、上网搜寻有关网络侵权案件，查找相关判决资料，了解相关内容。

二、查看民法侵权责任归责原则篇，仔细思考网络侵权应适用的原则。

小节复习——牢记本节主要内容

简答

1. 网络作为一种新型的信息传播媒体，其上可能发生的侵权或违法行为有哪些？
2. 在我国法律中网络中介服务商有哪些义务？
3. 网络中介服务商应承担哪些责任？

3

电子合同法律制度

【本章概要】

电子商务以电子交易为核心展开，电子交易的主要形式是电子合同。因此，电子合同的订立与履行是电子商务活动的核心环节。电子合同与传统合同的根本区别在于前者以数据电文的方式订立合同、记载合同内容，因此而引发电子合同的种种特殊性。本章共分四节，详细介绍电子合同的概念、特征和分类，电子合同订立和生效的特殊法律问题以及电子合同的履行和违约救济问题。本章着眼于电子合同与传统合同的差别，重点讲述电子合同的特殊性，包括电子合同中的要约与承诺、确认收讫规则、电子错误、电子"代理人"、点击合同等规则和问题。

【关键术语】

电子合同　电子"代理人"　确认收讫　点击合同　电子错误

3.1 电子合同概述

引导案例——打开知识的大门

20 世纪 90 年代开始，国际社会开始注重和加强电子商务相关立法。联合国国际贸易法委员会先后起草了《电子商务示范法》(1996)和《电子签名示范法》(2001)，以其权威性和科学性为国际组织和各国立法提供了优秀范例。此后，美国于 1997 年通过了《统一电子交易法》，2000 年通过了《统一计算机信息交易法》；欧盟于 2000 年通过了《电子商务指令》；我国的《电子签名法》也于 2005 年 4 月 1 日开始施行。2005 年 11 月 23 日，联合国国际贸易法委员会又专门通过了《联合国国际合同使用电子通信公约》，规范国际贸易中的电子合同问题。

■ 请详细阅读上述法律或示范法关于电子合同的规定。

■ 试比较上述法律或示范法中电子合同相关规定的异同。

3.1.1 电子合同的概念

合同，亦称契约，是当事人之间达成的对他们具有法律约束力的协议。我国《合同法》第2条规定："合同是平等主体的公民、法人、其他组织之间设立、变更、终止民事权利义务关系的协议。"传统的合同形式主要有两种，即口头形式和书面形式。口头形式是指当事人以对话的方式达成协议，它一般适用于标的量不大、内容不复杂且能及时清结的合同关系。书面形式则是指当事人采用有形记录的方式，主要是通过纸面方式来表达协议的内容。商事活动中当事人多采用书面合同的方式，许多国家的立法还对某些合同规定必须采用书面形式。

随着通信技术的进步，以及电话、电报、传真的使用，使得合同形式日益电子化，但人们把电话达成的合同归类为口头合同，把电报、传真达成的合同归类为书面合同，这种分类在传统合同法体系内仍可容纳。20世纪末，随着计算机技术和互联网系统的迅猛发展，越来越多的协议通过电信网络达成。这些协议本质上为数据电文，不存在原件与复印件的区分，也无法用传统的方式进行签名和盖章，因而法律不得不承认一个新的概念：电子合同。

从合同法体系上讲，电子合同可以视为一种新的合同形式，而不是对传统合同概念的颠覆。因此，国际社会并未形成一个被人们普遍接受的"电子合同"的定义，各国电子商务立法更加注重对合同的形式——"数据电文"或"电子方式"的界定。

1996年6月，联合国国际贸易法委员会通过了《电子商务示范法》。该法第2条规定："'数据电文'系指经由电子手段、光学手段或类似手段生成、存储或传递的信息，这些手段包括但不限于电子数据交换(EDI)、电子邮件、电报、电传或传真等传递的信息。"该法第6条第(1)款规定："如果法律要求信息须采用书面形式，则假若一项数据电文所含信息能够调取以备日后查用，即满足了该项要求。"《电子商务示范法》通过以上规定承认了数据电文和书面文件一样具有法律效力。虽然《电子商务示范法》并不能作为法律渊源而直接使用，但它对各国电子商务的立法影响深远。

1999年7月，美国统一州法委员会通过了《统一电子交易法》(UETA)，该法案分别定义了"合同"和"电子方式"："合同"是指当事人根据本法案和其他适用法订立的协议所产生的全部法律义务；"电子方式"是指采用的电学、数字、磁、无线、光学、电磁或相关手段的技术。2000 年 9 月，统一州法委员会发布的《统一计算机信息交易法》(UCITA)是一部调整软件和计算机信息许可中广泛问题的立法，该法第 2 条同样对“合同”和“电子方式”进行了定义，与《统一电子交易法》相同。

我国现行《合同法》第 11 条将数据电文确定为书面形式的一种，并用列举的方式指出数据电文包括电子数据交换、电子邮件、电报、电传和传真。列举式立法将“数据电文”这一概念封闭起来，使得它失去了国际电子商务立法中广泛使用技术中立性原则而给法律带来的灵活性。2005 年 4 月 1 日起施行的《电子签名法》从法律上确认了电子签名的效力，并且对“数据电文”进行了重新定义。电子合同在我国法律体系中已经基本得到承认和规范。

本书将“电子合同”定义为：电子合同是平等主体之间以数据电文的形式达成的设立、变更、终止民事权利义务关系的协议。数据电文，是指以电子、光学、磁或者类似手段生成、发送、接收或者存储的信息。

本书在电子合同的定义中使用的概念都是技术中立的、非倾向性的，但在现有的技术条件下，电子商务主要是指通过互联网进行的商务活动，电子合同主要是指通过互联网订立的合同，读者需注意。

3.1.2 电子合同的特征

电子合同作为一种新的合同形式，它仍具有合同的一般特征。此外，电子合同还具有一定的特殊性。

3.1.2.1 电子合同的形式具有特殊性

电子合同以数据电文的形式存在，不存在原件与复印件之分。由于数据电文本身具有的易改动性，评估其证据效力时，会考虑到生成、存储或传递该数据电文的办法的可靠性。

3.1.2.2 电子合同的订立过程具有特殊性

电子合同是通过电信网络订立的，包括互联网、电子数据间交换、电报、电传和传真等，在现有技术背景下电子合同主要是指通过互联网订立的合同。传统合同的订立一般采用“面对面”的方式，而电子合同主要是以“非面对面”的方式订立的；电子合同可以是自动完成的，由自动信息系统代表当事人作出要约或承诺的意思表示，订立过程可以无需人工干预。

3.1.2.3 电子合同的成立和生效具有特殊性

许多国家的立法规定,合同需采用书面形式,或者书面合同必须经签字或者盖章才能成立。数据电文本质上并不是书面形式,也无法按传统的方式进行签字和盖章。电子商务立法引入“功能等同”原则来解决这一问题,规定电子合同满足法定的条件时,即视为书面形式和可靠的电子名。

3.1.3 电子合同的分类

对合同分类的法律意义在于掌握同一类合同的共同特征以及其共同的成立、生效要件等,从而有助于合同法的妥当适用、合同当事人顺利地订立和履行合同,以及合同法理论的完善。电子合同作为合同的一种,理论上可以按照传统的合同分类进行划分。除此之外,电子合同还具有自己的特殊性,可以按照自身的特点做如下分类。

3.1.3.1 根据电子合同的标的分类

根据电子合同的标的不同,可以将电子合同分为信息产品合同和非信息产品合同。

信息产品,是指可以被数字化并能通过网络来传输的商品,如计算机软件、多媒体交互产品、计算机数据和数据库等。标的为信息产品的合同,是信息产品合同;反之,为非信息产品合同。

信息产品合同中,根据数字化的信息是否存在实体形式,信息产品可以分为有形信息产品和无形信息产品。有形信息产品是指数字化信息附着在有形载体(如光盘)上的产品,此类信息产品的交付无法在线进行;无形信息产品是指数字化的、不存在有形载体的信息产品,合同当事人可以直接通过网络在线交付,如 E－mail 传输、在线下载等。有形信息产品的交付可以直接适用我国合同法的有关规定,而无形信息产品在履行时间、履行方式、检验、退货和风险承担等方面都有其特殊性。

3.1.3.2 根据电子合同订立的方式分类

根据电子合同订立的方式不同,主要可以分为点击合同、以 EDI 方式订立的合同和以 E－mail 方式订立的合同。

点击合同,即电子形式的格式合同。点击合同在电子商务活动中应用非常广泛,这和互联网技术的高度智能化有关。几乎所有的电子商务企业和网站都会运用点击合同来规定其与消费者或用户之间的一般性权利和义务。

EDI,是指按照一个公认的标准,将商业或行政事务处理转换成结构化的事务处理或报文数据格式,并借助计算机网络实现的一种数据电文传输方法。一个典型的采用 EDI

方式订立合同的过程是：企业收到一份 EDI 订单，则信息系统自动处理该订单，检查订单是否符合要求，然后通知企业内部管理系统组织生产，向零配件供应商自动订购相关配件等。[①]

以 E－mail 方式订立的合同，是指当事人以 E－mail 的方式完成要约和承诺过程而订立的合同。E－mail 是互联网上应用最广泛的通信工具，以 E－mail 方式订立的合同能够直观地反映订约双方的意思表示。但是，E－mail 在传输过程中其数据包易被截获、修改，因而安全性较低。在实践中当事人以 E－mail 的方式订立合同的，宜采用电子签名来提高其真实性和安全性。

3.1.4 电子合同的法律承认

3.1.4.1 电子合同的书面形式

合同的形式是指当事人合意的表现形式，是合同内容的载体。一般而言，国内外法律都有对合同形式的特殊规定，这些特殊规定多为对合同书面形式的要求，不符合书面形式的合同无效。[②] 在电子商务活动中使用电子合同，最基本的问题就是电子合同的书面形式问题，即电子合同是否为书面形式，它是否具有书面形式所具有的证据功能和文书功能等。

在传统的使用纸张订立的合同中，书面形式所起到的功能包括以下几种。

(1)确保有可以看得见的证据，证明各方当事人确有订立契约的意向以及此种意向的性质。

(2)帮助各方当事人意识到订立一项契约的后果。

(3)确保一份文件可为所有人识读。

(4)确保文件恒久保持不变，因而提供对于一项交易的永久性记录。

(5)使一份文件可以复制为若干份，以便每个当事方持有一份同样的数据。

(6)使之可通过签字方式进行数据的核证。

(7)确保一份文件做成对公共机构和法院均可接受的形式。

(8)最后体现出书面文件作者的意向并提供该意向的一份记录。

(9)可便于以有形的方式储存数据。

---

① 王纪平. 电子商务法律法规[M]. 北京：清华大学出版社，2002：50.

② 这是基本原则，各国法律的具体认定可能有所不同，例如按照我国《合同法》第 36 条的规定："法律、行政法规规定或者当事人约定采用书面形式订立合同，当事人未采用书面形式但一方已经履行主要义务，对方接受的，该合同成立。"

(10)便于稽查,即日后的审计、税收或管制。

(11)在为了生效目的而要求书面的情况下使之产生法律权利和义务。[①]

在电子合同的订立过程中,信息以数据电文的形式呈现,虽然数据电文所显示的信息仍然是明确、具体和可以理解的,但是数据电文都保存在计算机或其他信息系统中。如果严格按照书面形式的要求,数据电文显然不可以直接归入书面形式的一种:首先,数据电文无法原始地记录于纸质媒介;其次,数据电文因保存于磁性介质上而易于被改动,且这种改动很难留下痕迹;再次,数据电文无法区分原件和复印件;最后,数据电文无法进行传统的签章,因而无法通过传统的物理形式直接地与当事人捆绑在一起而起到认证的作用。数据电文的这些特性阻碍了电子合同合法性的进程。

3.1.4.2 电子合同的法律承认

合同当事人可以协议约定承认数据电文具有与书面形式同等的法律效力,但是这种约定不能与法律的强制规定相抵触,也没有约束第三人的效力,因此具有极大的局限性。从立法上承认电子合同的书面效力,是电子商务发展的必然要求。

在电子商务立法的发展过程中,主要存在两种方法来解决数据电文的书面形式问题,分别是扩大解释法和"功能等同"法。

(1)扩大解释法。扩大解释法是指在立法中扩大"书面形式"的外延,从而将数据电文直接纳入书面形式的范畴。扩大解释法多见于早期的电子商务立法中。例如,1980 年《联合国国际货物销售合同公约》第 13 条规定:"为本公约的目的,书面包括电报和电传。"而联合国国际贸易法委员会制定的《国际商事仲裁示范法》第 7 条,则进一步把书面的概念扩展到包括电话、电传或提供仲裁协议记录的其他电讯手段。我国《合同法》同样采用了扩大解释的方法来承认数据电文的法律效力,该法第 11 条规定:"书面形式是指合同书、信件和数据电文(包括电报、电传、传真、电子数据交换和电子邮件)等可以有形地表现所载内容的形式。"

扩大解释法通过列举的方法简单地将新出现的合同形式纳入书面形式,虽然暂时使电子合同的法律地位得到承认,但它忽视了这种新形式与传统的书面形式有着明显的不同,从而使得书面形式本身的内涵一直处于不确定的状态,这也给证据法带来了困惑。[②]

---

① 杨坚争.经济法与电子商务法[M].北京:高等教育出版社,2004:402.

② 比如,若将电子合同作为书面合同的特殊形式,那么按照我国《民事诉讼法》的规定,书面合同应属于书证范畴。但是书证存在物理上的原件和复印件之分,而电子合同无法依物理形式直接区分原件和复印件。

(2)“功能等同”法。“功能等同”法是指在将基于纸质媒介的法律适用到网络环境时,对网络环境下新媒介与纸质媒介的某些具有法律意义的功能进行比较,如果这种新媒介在法律意义上的基本功能与纸质媒介相等,则新媒介即具有纸质媒介同样的法律效力和意义。适用于传统纸质媒介的法律便可以直接适用到这些具有相同功能的新媒介中。

“功能等同”原则可以适用于电子商务立法的各个方面,包括合同的形式、签名的方式和技术,以及文件的完整性和认证性等。在合同的书面形式问题上,“功能等同”原则“立足于分析传统的书面要求的目的和作用,以确定如何通过电子商业技术来达到这些目的或作用”。[①] 例如,联合国《电子商务示范法》对于书面形式规定:“如果法律要求信息须采用书面形式,则假若一项数据电文所含信息可以调用以备日后查用,即满足了该项要求。”[②]对于传统法律中签字的要求,《电子商务示范法》规定:“如果法律要求有一个人签字,则对于一项数据电文而言,倘若情况如下,即满足了该项要求:(a)使用了一种方法,鉴定了该人的身份,并且表明了该人认可了数据电文内含的信息;(b)从所有各种情况看来,包括根据任何相关协议,所用的方法是可靠的,对生成或传递数据电文的目的来说也是适当的。”[③]而对于传统法律中要求的原件,《电子商务示范法》规定:“如果法律要求信息必须以其原始形式展现或留存,倘若情况如下,则一项数据电文即满足了该项要求:(a)有办法可靠地保证自信息首次以其最终形式生成,作为一项数据电文或者充当其他用途之时起,该信息保持了完整性;(b)如果要求信息展现,可将该信息显示给观看信息的人。”[④]我国 2005 年 4 月 1 日起施行的《电子签名法》也很好地采纳了“功能等同”原则,并以此为基础在其第 4 条、第 5 条分别确立数据电文符合书面形式和原件形式所应达到的标准。

“功能等同”原则几乎被国际所有主要的电子商务立法所采纳,逐渐成为电子商务立法的一个核心规则。在理解和适用“功能等同”原则时,有以下三点值得注意:

一是数据电文在满足特定标准时具有与书面文件相同的法律效力,但数据电文不等同于书面文件,数据电文有特殊的性质,不一定具备书面文件的全部功能。

二是采用“功能等同”原则时应注意形式要求的现有等级,即要求书面文件提供不同程度的可靠性、可核查性和不可更改性,对数据电文也应根据不同的程度而要求功能等

① 联合国贸易法委员会《电子商务示范法颁布指南》(1996),第 21 页。
② 联合国贸易法委员会《电子商务示范法》,第 6 条(1)。
③ 联合国贸易法委员会《电子商务示范法》,第 7 条(1)。
④ 联合国贸易法委员会《电子商务示范法》,第 8 条(1)。

同,不应对数据电文采取更加严格的标准。

三是书面文件的功能有很多方面,在适用“功能等同”原则时,不是要求数据电文的所有功能与书面文件相等,而是以书面形式的基本作用为标准,一旦数据电文达到这些标准,即应获得同等程度的法律认可。

开阔视野——还有你所不知道的

电子数据交换(Electric Data Interchange,简称EDI)是一种利用计算机进行商务处理的方法,它将贸易、运输、保险、银行和海关等行业的信息,用一种国际公认的标准格式,通过计算机网络,使各有关部门、公司和企业之间进行数据交换和处理,并完成以贸易为中心的全部业务的过程。

EDI是目前为止最为成熟和使用范围最广泛的电子商务应用系统,其根本特征在于标准的国际化。早期的EDI标准,只是由贸易双方自行约定,随着使用范围的扩大,出现了行业标准和国家标准,最后形成了统一的国际标准。国际标准的出现,大大地促进了EDI的发展。随着EDI各项国际标准的推出,以及开放式EDI概念模型的趋于成熟,EDI的应用领域不仅只限于国际贸易领域,而且在行政管理、医疗、建筑、环境保护等各个领域均得到了广泛应用。

当今EDI国际标准主要是指UN/EDIFACT标准和ISO标准。UN/EDIFACT标准是由联合国欧洲经济委员会(UN/ECE)制定并发布的,而ISO标准由国际标准化组织制定和发布。UN/EDIFACT标准比较偏重于当前的应用,而ISO的一些标准和研究结果则侧重未来的发展。在长期的应用实践中,两套标准的发布组织已经形成了良好的默契,UN/EDIFACT标准中的一部分已经纳入到ISO标准中,并且UN/EDIFACT的很多标准都涉及ISO标准的应用。

案例学习——看看你的分析能力

易趣网于1999年8月18日成立于上海,2002年与eBay结盟,更名为eBay易趣。eBay易趣作为在线交易社区,主要为国内C2C电子商务提供平台服务。一般而言,通过互联网进行电子商务活动主要面临三大瓶颈,即信用、支付和物流,eBay易趣主要解决了信用和支付两大问题:eBay易趣平台通过“用户认证”机制和“信用评价”机制,来解决每个用户的信用疑问;推出“安付通”,作为卖家和买家之间的中立的支付平台,解决买卖双方的支付安全问题。

通常用户通过eBay易趣实现物品买卖,需要经过以下流程:①注册eBay易趣用户

ID 以及开通安付通;②通过提交身份证明资料进行认证;③卖家发布商品信息或者买家浏览商品信息;④卖家、买家通过网上或网下商讨,达成一致;⑤买家通过 eBay 易趣平台的程序购买卖家商品并付款;⑥买卖双方互相给对方信用评价。

■ 请亲身体验在 eBay 易趣(或其他网站)购买或出售物品的全过程。

■ 观察在整个交易过程中形成电子合同的个数,指出每个合同的当事人,并分析各方当事人的权利与义务。

班级讨论——加深你的知识理解

一、你是否与别人订立过电子合同?

二、你认为电子合同与传统合同相比有哪些优缺点?

自己动手——锻炼你的实践能力

请亲自体验订立电子合同的全过程,思考在此过程中可能存在的法律问题。

小节复习——牢记本节主要内容

一、解释概念

电子合同　数据电文　电子数据交换

二、简答

1. 电子合同有哪些特殊性?
2. 简述电子合同的分类。

3.2 电子合同的成立

引导案例——打开知识的大门

A 公司向 B 厂发出一份电子邮件,要求购买 B 厂生产的计算机配件。电子邮件中详细标明了欲求购计算机配件的型号、数量、价款和履行方式。B 厂在收到邮件后当即回复 A 公司,表示同意 A 公司的要求并立即备货。十天后,B 厂依约将计算机配件送至 A 公司。

由于A公司在此期间以较低的价格购买了另一厂商的同种配件,就以双方没有订立书面合同为由拒绝收货。双方协商不成,B厂起诉至法院。

■ 你认为A公司与B厂之间存在法律上的买卖合同吗?

■ 如果你认为双方合同成立,那么本案中何者为要约,何者为承诺?

传统合同法理论认为,合同的成立与生效有本质区别。合同的成立是当事人对自己利益和义务的衡量和肯定,完全是个人之间的事情;合同的生效则是国家或法律对当事人之间已经成立的合同进行评价,决定是否让其产生法律效力的过程。

一般而言,合同成立是指当事人意思表示一致而达成协议的状态。其要件有二:①存在两个或两个以上的当事人;②当事人意思表示一致,即合意。由于合同成立阶段并不考察当事人的缔约资格,所以合同成立的过程,关键是当事人意思表示达成一致的过程,也就是合同的订立过程。

电子合同是以数据电文的方式订立的,其意思表示通过数据电文传送和存储。因此,电子合同订立过程中要约与承诺的生效、撤回和撤销,以及合同成立的时间和地点均有一定特殊性。

3.2.1 电子合同中的要约

3.2.1.1 一般原理

要约是希望和他人订立合同的意思表示,该意思表示应当符合两个要件:①内容具体明确;②要表明经受要约人承诺,要约人即受该意思表示的约束。[①]

所谓内容具体明确,是要求要约的内容应当具备合同成立所必需的条款,以确保该要约经受要约人承诺后是可以付诸实施的。通常认为,要约至少应包括标的、数量、要约人的姓名或名称三项,并根据交易的具体情况而增加。

所谓经受要约人承诺,要约人即受该意思表示的约束,是指要约人订立合同的意思是确定的。要约人可以在要约中声明自己受要约的约束,但这不是必要条件。要约人只要表达出明确的缔约意图即可,一般而言,一份内容具体明确的要约就足以推定其存在缔约意图。

要约一经生效,对要约人和受要约人均具有拘束力。要约对要约人的拘束力,表现在要约一经生效,要约人不得随意改变要约的内容,亦不得撤回要约。要约对受要约人

① 参见《中华人民共和国合同法》第14条。

的拘束力，主要是指要约生效后受要约人取得做出承诺以使合同成立的权利，但并不因此承担必须承诺的义务。

要约生效以前可以撤回。要约人撤回要约，应当向对方发出通知。撤回要约的通知先于或同时到达受要约人，则撤回生效。要约生效后还可以撤销，但撤销通知应当在受要约人发出承诺通知以前到达受要约人。法律规定以下两种要约不得撤销：①要约人确定了承诺期限或以其他形式明示要约不可撤销；②受要约人有理由认为要约是不可撤销的，并已经为履行合同作了准备工作。

另外，根据《合同法》第 20 条规定，属下列情形之一的，要约失效：

“（一）拒绝要约的通知到达要约人；

（二）要约人依法撤销要约；

（三）承诺期限届满，受要约人未作出承诺；

（四）受要约人对要约的内容作出实质性变更。”

3.2.1.2　要约与要约邀请的区分

要约邀请，是希望他人向自己发出要约的意思表示，它不因相对人的承诺而成立合同。所以，在合同订立规则中，要约与要约邀请有重要意义。

要约与要约邀请的区分向来存在很大分歧。理论上，可以根据要约的法律构成来区分要约与要约邀请，但在实践中的区分是相当困难的，很难提出一般的规则。① 因此，根据具体交易现象进行区分是唯一有效的办法。我国《合同法》第 14 条和第 15 条分别定义了要约和要约邀请，是对二者进行区分的理论依据。同时《合同法》第 15 条也明确规定：“寄送的价目表、拍卖公告、招标公告、招股说明书、商业广告等为要约邀请。”但商业广告的内容符合要约规定的，视为要约。

在电子商务环境中区分要约和要约邀请时，国内多数学者同意将网络广告和在线交易区别考察，在线交易又因标的为实物或计算机信息不同而性质不同。

（1）网络广告。广告分为普通商业广告和悬赏广告两大类型。对于商业广告，大陆法系和英美法系态度相似，原则上将其视为要约邀请，如果普通商业广告中含有合同得以成立的确定内容和希望订立合同的愿望，则视为要约。

网络广告发布者通常在网站上发布 Banner 广告或其他网页广告，或者通过电子邮件寄送商品信息。发布时可以在广告中特别声明为要约或要约邀请。如果声明“不得就其提议作出承诺”或“此广告和信息的发布者不承担合同责任”或“广告和信息仅供参考”

---

① 阿蒂亚. 合同法概论[M]. 程正康，等，译. 北京：法律出版社，1982：42.

等,则只能视为要约邀请;如果公开声明,发布人愿意接受广告约束,与承诺者缔结合同,那么可视为要约。[①] 在没有声明的情况下,对要约和要约邀请的区分,应综合考虑具体交易情形和惯例,考察广告是否具备上述要约的基本要件。

悬赏广告是指广告人以广告形式声明对完成广告规定的特定行为的任何人,给付广告中约定报酬的意思表示行为。对于悬赏广告,各国《合同法》一般认为它是一项要约,我国司法实践也多将其认定为要约,一旦某人完成悬赏广告指定的行为,即是对广告人的有效承诺,双方即形成债权债务关系。在电子商务环境下,悬赏广告在认定发布人身份时会存在一些特殊问题,但这并不改变悬赏广告本身的性质。所以,在通常情况下,悬赏广告应认定为要约。

(2)在线交易中的商品展示。在线交易的模式主要有两种:普通的访问网页进行交易和通过专门的第三方交易平台进行交易。产品制造商或大型商场通常会在互联网上建立网站或页面,消费者通过访问其网站页面购买其产品或商品,即通常所说的 B2C 模式。而专门的交易平台有 B2B 平台和 C2C 平台,分别为商家之间和个人之间的交易提供从商谈到付款的一整套解决方案。在线交易的标的多为实物或计算机信息,下面分别讨论。

其一,通过访问网页进行实物交易。在这种交易模式中,明码标价的网页商品展示类似于商店标有价格的商品陈列。但网页上展示的并非真实的商品而仅仅是商品的图片,理论上存在多人同时点击同一商品购买的可能性(访问量大的网站这种可能性是非常大的)。如果认定网页展示商品的行为为要约,则面临商品售罄或者同一商品被“卖出”数次的危险。[②] 所以,多数学者认为网页展示商品的行为是要约邀请。

其二,通过访问网页进行计算机信息交易。由于计算机信息的特殊性,它可以无限复制、随时下载,也不存在售罄的问题。所以在网页上展示计算机信息并表明数量和价格的行为,可以认定为要约。

其三,通过第三方交易平台交易。在这种模式中,交易平台一般都建立了严谨的交易程序,为交易双方提供了充分的交流机会。在卖方“提交”货物到交易平台时,一般都按交易平台的要求而填写了准确的商品数量,不存在售罄的问题。买卖双方交易的每个步骤都在交易平台程序确认后进行,不存在一物多售的问题。因此,在第三方交易平台上展示商品进行销售的行为(不论商品是实物还是计算机信息),可以认定为

---

① 高富平,张楚.电子商务法[M].北京:北京大学出版社,2002:154.

② 迪特尔·梅迪库斯.德国民法总论[M].邵建东,译.北京:法律出版社,2000:270.

要约。

3.2.1.3 要约的撤回与撤销

要约的撤回,是指要约人在发出要约后,到达受要约人之前,取消其要约的行为。《合同法》第17条规定:“要约可以撤回。撤回要约的通知应当在要约到达受要约人之前或者与要约同时到达受要约人。”如果要约人的要约是以邮寄信件的方式发出的,在要约到达受要约人之前,可以通过更快速的通信方式将其撤回。

电子商务活动中,数据电文在信息系统之间的传递几乎没有延迟,要约的撤回变得很难实现。因此有学者主张,撤回要约在电子商务环境中是不可能的,在电子合同中谈论要约的撤回没有意义。另一种观点认为,电子要约的撤回虽然非常困难,但并非绝无可能。在网络拥挤或服务器故障的情况下,数据电文都可能延迟到达,使得撤回要约的通知可能更早到达受要约人。此时,从尊重契约自由原则和维护法律的一致性的角度出发,法律应承认要约人撤回要约的权利。① 这种观点综合考虑了电子交易的特殊性和法律对双方当事人权益的平等保护,较为科学。

要约的撤销,是指在要约发挥效力后,要约人取消要约的行为。《合同法》第18条规定:“要约可以撤销。撤销要约的通知应当在受要约人发出承诺通知之前到达受要约人。”在线交易中,如果要约以电子邮件的方式发出,那么在受要约人回复之前是可以撤销的;如果当事人通过即时通信工具在网上协商,这与口头方式无异,要约人在受要约人作出承诺前可以撤销;如果当事人采用电子自动交易系统从事电子商务,承诺由交易系统自动回复,则要约人很难有机会撤销要约。

3.2.2 电子合同中的承诺

3.2.2.1 一般原理

承诺,是受要约人同意要约的意思表示。承诺的法律意义在于:承诺生效,则合同成立。一项有效的承诺须具备以下构成要件。

(1)承诺必须由受要约人向要约人作出。一方面,作出承诺的人必须是受要约人。受要约人为特定人时,承诺需由该特定人作出;受要约人为不特定人时,承诺可以由不特定人中的任何人作出。受要约人的承诺行为,可以由其本人或其授权的代理人作出。另一方面,承诺必须向要约人作出。向要约人的代理人作出的承诺,可视为向要约人作出。

---

① 齐爱民,等.电子合同的民法原理[M].武汉:武汉大学出版社,2002:107.

在要约人发出要约后死亡的情形下，要约并不当然失效，如在合同的履行不具有特定人身性质的情况下，受要约人可以向要约人的继承人作出承诺从而成立合同。

(2)承诺的内容必须与要约的内容一致。现代合同法理论一般认为，内容一致是指实质性内容(如合同标的、数量、质量、价款或者报酬、履行期限、履行地点和方式、违约责任和解决争议方法等内容)的一致，对要约的非实质性内容作出变更的，承诺并不当然无效。我国《合同法》也作了相同的规定。①

(3)承诺必须在要约的有效期间内作出。当要约中规定了承诺期限时，承诺必须于此期限内作出。要约没有规定承诺期限的，如果当事人以对话方式交流，则承诺应立即作出；如果当事人以非对话方式交流，则承诺应在合理的期间作出。承诺在要约的有效期届满之后到达要约人的，除要约人及时通知该承诺有效或有证据证明迟到是因客观原因造成的外，不发生承诺的效力，应视为新要约。

3.2.2.2 承诺的撤回

承诺的撤回，是指受要约人在承诺生效之前将其取消的行为。英美法系立法一般对承诺生效采用发信主义原则，承诺一经发出即告生效，不存在撤回问题。大陆法系立法一般对承诺生效采用受信主义原则，承诺到达要约人时才发生效力，因此允许受要约人撤回承诺。我国《合同法》第27条规定："承诺可以撤回。撤回承诺的通知应当在承诺通知到达要约人之前或者与承诺通知同时到达要约人。"

理论上，电子合同中关于要约撤回的规则当然适用于承诺的撤回，以数据电文发出的承诺可以撤回。在电子商务活动中，数据电文的传输可能遇到网络故障、信箱拥挤、停电断电、信息系统感染病毒等情况，因此，受要约人撤回以数据电文形式发出的承诺的情形是存在的。

3.2.3 电子合同成立的时间和地点

3.2.3.1 电子合同成立的时间

根据合同法理论，承诺生效时合同成立。而关于要约和承诺生效的时间，传统合同法主要存在两种规则：一种是到达主义，为大多数大陆法系国家和国际公约所采纳；另一种是发送主义，多为英美法系国家所采用。两种规则各有其优点，到达主义注重保护交易安全，而发送主义更注重交易效率。我国对要约生效和承诺生效均采用到达主义，这

① 参见《中华人民共和国合同法》第30条、第31条。

种规则与当今立法趋势相吻合,而且更符合数据电文传输迅捷的特点。美国《统一计算机信息交易法》对于电子信息的生效时间也采用了到达主义,而放弃了普通法的"邮箱规则"①。美国统一州法委员会对此的正式解释是:"之所以放弃'邮箱规则'是避免收到与否的不确定性,采用到达主义是考虑到电子信息传输的迅捷性,而把没有收到的风险置于发送人。"可以说,电子交易本身具有非常高的效率,因而安全成了每个国家立法者考虑的第一要素,到达主义恰恰符合这一要求。

在电子合同的订立过程中,因为数据电文的特殊性,意思表示的传输不再是直观的或"可见的",所以何种情况视为法律上数据电文的"发出"或"收到",成为立法必须澄清的问题。

联合国《电子商务示范法》关于数据电文的发出时间规定:"除非发端人与收件人另有协议,一项数据电文的发出时间以它进入发端人或者代表发端人发送数据电文的人控制范围之外的某一信息系统的时间为准。"②关于数据电文的到达时间,《电子商务示范法》规定:"除非发端人与收件人另有协议,数据电文的收到时间按下述办法确定:(a)如收件人为接收数据电文而指定了某一信息系统:(一)以数据电文进入该指定信息系统的时间为收到时间;(二)如数据电文发给了收件人的一个信息系统但不是指定的信息系统,则以收件人检索到该数据电文的时间为收到时间;(b)如收件人并未指定某一信息系统,则以数据电文进入收件人的任一信息系统的时间为收到时间。"③1998 年新加坡《电子交易法》和 2000 年爱尔兰《电子商务法》对此问题也做了基本相同的规定。

我国《合同法》和《电子签名法》对数据电文形式的要约或承诺的到达时间作了明确规定:"收件人指定特定系统接收数据电文的,该数据电文进入该特定系统的时间,视为到达时间;未指定特定系统的,该数据电文进入收件人的任何系统的首次时间,视为到达时间。"④

另外,由于数据电文的特殊属性,在考虑数据电文形式的要约、承诺的发出或到达时,还有几个细微处值得注意:

一是不同的信息系统间数据的格式有可能是不完全兼容的。有些情况下,虽然发送者发送的是有意义的信息,但是由于接受者的信息系统与发送者的信息系统不完全兼容,接收到的信息可能是无法阅读或无法理解的。因此,美国《统一电子交易法》规定,一

① 参见美国《统一计算机信息交易法》第 215 条(a)。
② 联合国贸易法委员会《电子商务示范法》,第 15 条(1)。
③ 联合国贸易法委员会《电子商务示范法》,第 15 条(2)。
④ 参见《中华人民共和国合同法》第 16 条第 2 款,《电子签名法》第 11 条第 2 款。

项信息应该以接受者所指定的信息系统能够处理的方式发送或者接收,才认为这项信息已经被发送或者接收。①

二是点击合同中,承诺人一旦点击确认图标,承诺在瞬间即到达点击合同的提供者,承诺人很难获得撤回的机会。为了保护点击合同中的消费者,欧盟《电子商务指令》规定,消费者通过点击合同完成承诺后,点击合同的提供者应当对该合同向消费者进行确认,该确认过程是合同成立的必须步骤。②

三是电子合同订立过程中,发件人和收件人有时可能使用的是同一信息系统。针对这一情况,联合国国际贸易法委员会《国际合同中使用电子通信公约》规定:"当发端人与收件人使用同一信息系统时,数据电文能够由收件人检索的时间,视为数据电文发出和收到的时间。"③加拿大《统一电子商务法》对此问题作了相似的规定。

3.2.3.2 电子合同成立的地点

合同成立的地点对于确定合同纠纷的诉讼管辖以及解决纠纷的准据法,具有重要意义。各国立法一般以承诺发出或到达的地点作为判断合同成立地点的依据。例如,我国《合同法》规定"承诺通知到达要约人时生效"④,"承诺生效的地点为合同成立的地点"⑤。在电子合同的订立过程中,数据电文的传输过程变得不直观而且技术性强,一项数据电文的发出和接收地点具有相当的随意性或者难以在技术上确定,从而影响到法律的确定性。

针对这种情况,《电子商务示范法》以"营业地"、"主要的营业地"和"惯常居住地"为基点,区分了推定收到地点与实际收到地点,规定:"除非发端人和收件人另有协议,数据电文应以发端人设有营业地的地点为其发出地点,而以收件人设有营业地的地点视为其收到地点。"另外,"如发端人或收件人有一个以上的营业地,应以对基础交易具有最密切关系的营业地为准,又如果并无任何基础交易,则依其主要的营业地为准;如发端人或收件人没有营业地,则以其惯常居住地为准。"⑥这里"营业地"、"主要的营业地"和"惯常居住地"词语的使用,与《联合国国际货物销售合同公约》第10条保持一致。另外还需注意的是,区分推定的收到时间和实际的收到时间,并非为了在发端人与收件人之间分摊风险,而是"在法律事实上确立一种不容反驳的推定,当一项法律(如有关合同订立或者法

---

① 参见美国《统一电子交易法》,第15条。
② 参见欧盟《电子商务指令》,第11条。
③ 参见联合国《国际合同中使用电子通信公约》,第10条。
④ 《中华人民共和国合同法》第26条。
⑤ 《中华人民共和国合同法》第34条。
⑥ 参见联合国贸易法委员会《电子商务示范法》,第15条(4)。

律冲突的法律)要求确定一项数据电文的收到地点时,即可使用这种推定。"[①]

《电子商务示范法》的规定为很多国家或地区的电子商务立法所采纳。例如,美国《统一电子交易法》规定:"除非在发送者和接收者之间另有约定,或者在双方的电子数据中另有明确的规定,一项电子数据被认为是从发送者的营业地发出,在接收者的营业地被收到。①如果发送者或者接收者有一个以上的营业地,则该营业地是指与该基础交易有最密切联系的营业地;②如果发送者或者接收者没有营业地,则该营业地是指发送者或接收者的住所地。"[②]新加坡《电子交易法》、《爱尔兰电子商务法》对此问题也作了基本相同的规定。

我国《合同法》第34条直接规定了电子合同成立的地点,2005年《电子签名法》则充分借鉴了联合国《电子商务示范法》,规定:当事人可以对数据电文的发送时间、接收时间进行约定,当事人没有约定时,"发件人的主营业地为数据电文的发送地点,收件人的主营业地为数据电文的接收地点。没有主营业地的,其经常居住地为发送或者接收地点。"[③]

3.2.4 确认收讫规则

在立法对要约和承诺的生效普遍采用到达主义的情形下,接收人法律风险较小。而发送人却无法确切知道接收人收到与否,是否处于受约束的状态。因此,有些电子商务立法建立了确认收讫规则,以减少发送人的风险。

确认收讫是指在接收人收到发送的信息时,由其本人或指定的代理人或通过自动交易系统向发送人发出表明其已收到的通知。联合国《电子商务示范法》指出:确认收讫有时用来包括各种各样的程序,从简单的确认收到一项电文到具体表明同意某一数据电文的内容。联合国《电子商务示范法》对确认收讫的应用规定了以下五项主要原则:

第一,确认收讫可以用任何方式或行为进行。

第二,发送人要求以确认收讫为条件的,在收到确认之前,视信息为未发送。

第三,发送人未要求以确认收讫为条件,并在合理期限内未收到确认的,可通知接收人并指定期限,在上述期限内仍未收到的,视信息为未发送。

第四,发送人收到确认的,表明信息已由收件人收到,但不表明收到的内容与发出的内容一致。

---

① 参见联合国贸易法委员会《电子商务示范法及其颁布指南》,第46页。

② 参见美国《统一电子交易法》,第15条。

③ 参见《中华人民共和国电子签名法》,第12条。

第五，确认收讫的法律后果由当事人或各国自己决定。

一些国家采纳了示范法中确立的确认收讫规则。新加坡《电子商务法》对确认收讫的规定与示范法完全一致。韩国《电子商务基本法》的规定稍有不同，该法把第12条第3款规定为："如果发件人要求收件人确认收讫但未声明以确认收讫为条件，那么，发件人可以撤销发出的电子信息，除非在合理的时间内，或在发件人规定的时间内，或在发件人和收件人协商一致的时间内发件人收到了确认通知。"

从立法精神看，确认收讫规则旨在消除电子合同订立过程中的不确定性，不是订立合同的必经程序。确认收讫一方面能减少风险，但同时也增加了商业成本。电子商务活动中是否采用确认收讫，应充分尊重当事人的意思自治。我国《电子签名法》第10条规定："法律、行政法规规定或者当事人约定数据电文需要确认收讫的，应当确认收讫。发件人收到收件人的确认收讫时，数据电文视为已收到。"

开阔视野——还有你所不知道的

《联合国国际合同使用电子通信公约》(以下简称《公约》)是国际社会有关电子商务的一个专门性公约，也是近年来国际商事立法的重要成果。《公约》草案于2005年11月23日在第60届联大第六委员会上正式通过，并于2006年1月16日起开放签署。

《公约》是联合国贸易法委员会根据委员会早先通过的《电子商务示范法》和《电子签名示范法》的基本原则而制定的，宗旨是在对国际合同使用电子通信的情形中增强法律确定性和商业可预见性。《公约》处理的问题包括：如何确定一方当事人在电子环境中的所在地；电子通信的收发时间和地点；使用自动信息系统订立合同；确立电子通信和纸面文件(包括"原始"纸面文件)以及电子认证方法和手写签名功能上等同所使用的标准。该《公约》共分四章：第一章适用范围，包括适用范围、不适用情形、当事人意思自治；第二章总则，包括定义、解释、当事人的所在地、对提供情况的要求；第三章国际合同中使用电子通信，包括对电子通信的法律承认、形式要求、发出和收到电子通信的时间和地点、要约邀请、自动电文系统在合同订立中的使用、合同条款的备查和电子通信中的错误；第四章最后条款，包括保存人、签署、批准、接受或认可、区域经济一体化组织的参与、关于适用范围的声明、根据其他国际公约进行的通信往来、声明的程序和效力、保留、生效、适用时间和退约。

我国政府参加了《公约》的起草工作，并于2006年7月6日在联合国贸易法委员会第39届年会上正式签署了该《公约》。《公约》将有助于我国电子商务法律环境进一步与国际接轨，提高国际贸易的便利化，推动我国电子商务的发展。

案例学习——看看你的分析能力

原告杨某，系某电大女生。原告于2000年上半年在易趣网上的“美好化妆品专卖店（化名）”订购了“KOSE特效银杏减肥啫哩水”一瓶，价值人民币88元，后发现是假货。为获取证据，原告于2000年8月29日前往公证处，申请对其在网上购物的整个过程进行保全证据。在公证员在场的情况下，原告在易趣网的同一专卖店购买同一商品，并在订货表上确认了送货地点和送货时间。公证员在该时间至原告家中等候。届时，该化妆品专卖店的一名送货员将原告订购的“KOSE特效银杏减肥啫哩”送到，原告付清货款人民币88元，在送货单上签字后，当场取得盖有该化妆品有限公司的发票专用章的发票和送货单各一张。之后，经中日合资春丝丽有限公司上海分公司及高丝国际贸易（上海）有限公司工作人员证实，该产品并非日本KOSE公司制造。为此，原告将易趣网诉至法院，要求根据《消费者权益保护法》的规定，判令被告易趣网承担退一赔一的民事责任，共计人民币176元，并赔偿公证费400元。

据法院查明，2000年6月28日被告与筹建中的美好化妆品有限公司（化名）签订了合作协议书，协议书就该化妆品公司在被告的网上设立网上专卖店销售其经营的系列产品事宜，确定了合作原则、合作目标、协议签订的必要条件、合作方式、双方责任与义务、信息确认及结算方式、纠纷处理等条款。根据协议，美好化妆品公司应支付被告一次性店铺入驻费1 000元，一次性网页制作费5 000元，一次性商品登录费1 000元和每月网页维护费500元；被告在商家专卖区域设立美好公司的网上专卖店标志；顾客将在美好公司的网上专卖店内选购物品，被告及时将顾客订单E－mail传递给美好公司；美好公司负责开具发票及产品送达事宜，并负责产品的质量保证和售后服务。

- 本案中，化妆品买卖合同的当事人是谁？
- 你认为出售虚假化妆品的责任是否应当由易趣网承担？

班级讨论——加深你的知识理解

一、如果你所在的公司打算采购一批货物，要求你用电子邮件的形式向某公司发出要约，你应当注意哪些问题？

二、某著名计算机厂商打算在新浪、网易等网站投放Banner广告，但并不想因此而承担合同责任。如果你是该厂商的法律顾问，你有哪些建议？

自己动手——锻炼你的实践能力

详细阅读《联合国国际合同使用电子通信公约》中关于电子信息收发时间和地点的相关规则，思考这些规则对于国际电子商务活动的意义。

小节复习——牢记本节主要内容

一、解释概念

要约　承诺　确认收讫

二、简答

1. 简述电子合同成立的时间和地点。

2. 试述在电子商务环境下怎样区分要约和要约邀请。

3.3 电子合同的生效

引导案例——打开知识的大门

2000年1月6日至10日，我国著名电子商务网站雅宝(www.yabuy.com)与中文网址的发明者3721网站(www.3721.com)合作，在网上公开拍卖“免费软件”、“软件下载”和“招聘”等三个中文网址的一年使用权。“免费软件”和“软件下载”两个域名顺利成交，分别被chinaren.com和实达公司获得。1月10日拍卖的“招聘”网址被zhaopin.com网站以4万元的价格竞买成功。然而在次日召开的网上竞拍结果的新闻发布会上，参与“招聘”网址竞拍的赛诺爱公司(sinoi.com)却向与会者发放了一份关于“招聘”中文网址不公平拍卖的声明书，称“招聘”中文网址应由该公司最后竞得，并对这次拍卖结果的公正性表示怀疑。

据赛诺爱公司称，其公司于1月10日中午12:00时开始应价竞拍此次雅宝公司拍卖的“招聘”中文网址，在13:57以3.7万元竞拍“招聘”中文网址，13:59发现其他竞买人(即zhaopin.com)出价4万元，于是该公司迅速应价4.1万元，点击“应价键”后，系统接受竞价并在拍卖网页头条显示出来，“应价键”随即变灰失效，5分钟后收到3721网站表示成交的电子邮件和电话祝贺，邀请该公司参加1月11日新闻发布会并在会上致辞。但在当天下午6点多钟，雅宝网站又通知赛诺爱公司其最后竞价超时17秒，“招聘”网址的最后竞得者是zhaopin.com网站。赛诺爱公司对此提出异议，并表示保留诉诸法律的权利。

雅宝公司则解释，这是由于网络延迟和拍卖系统技术上的错误导致前台显示结果与数据库记录不一致，雅宝公司以数据库的记录为依据，认为zhaopin.com网站的出价为最后有效竞价，判定其为“招聘”中文网址的得主。而由于工作人员的疏忽，在没有正式确认的情况下向赛诺爱公司发出了电话祝贺，雅宝公司对此表示非常遗憾，希望与赛诺爱公司达成和解。本案最终由三方当事人友好协商解决。①

■ 本案中，“招聘”中文网址依法应当归谁所有？

■ 本案中，因技术不成熟导致拍卖系统错误，由此给当事人造成的损失应当由谁承担？

■ 你对本案有何看法？

合同成立是合同生效的前提，但成立后的合同并不必然产生当事人所追求的法律效果，只有符合法律规定的生效要件的合同才会产生法律拘束力。成立后的合同不符合相应生效要件的，则分别成为无效合同、可撤销合同和效力待定合同，并产生相应的法律后果。

按照我国《民法通则》和《合同法》的有关规定，合同的一般生效要件包括：①订立合同的当事人具有相应的民事行为能力；②意思表示真实；③合同不违反法律或者社会公共利益。

毫无疑问，电子合同应符合上述生效要件。但由于电子合同订立过程中使用了现代的通信手段，产生了一些新的问题，其法律效果还需要专门说明和澄清。这些问题主要包括：电子合同当事人的身份和行为能力确认问题，电子自动交易问题，电子错误对合同效力的影响问题，以及点击合同法律问题等。

3.3.1 电子合同的当事人

3.3.1.1 当事人身份的确认

在传统的合同订立过程中，当事人依靠对照印鉴或署名的方式来确认对方当事人的身份，并将有关书面文件载明的权利义务归属于该特定当事人。而在电子商务活动中，

---

① 印辉. 电子商务合同案例评析[M]. 北京：知识产权出版社，2007：38.

数据电文所载明的发件人是否是真正的发件人，无法通过五官感知的方式进行确认，因此，在电子商务实践中形成了密码、电子签名、文件加密、回电确认等确认当事人身份的方式。目前，以成文法的方式确立电子签名的法律效力，是各国普遍采纳的有效方法。①

我国《电子签名法》于 2005 年 4 月 1 日开始施行，该法专门规定“可靠的电子签名与手写签名或盖章具有同等的法律效力”②，确立了电子签名在我国的法律地位。

3.3.1.2 当事人订约能力的认定

(1)自然人订约能力的认定。在传统的合同一般生效要件中，通常会要求当事人具有完全行为能力。③ 我国《合同法》第 9 条规定：“当事人订立合同，应当具有相应的民事权利能力和民事行为能力。”这种要求对电子合同同样适用。

在传统的面对面的交易模式中，当事人可以由外貌、语言、行为举止等来判断交易相对人的民事行为能力状况。而在电子商务活动中，判断对方当事人的订约能力有一定困难，但并非无法确定。当事人在数据电文中进行的电子签名或 B2C 交易中消费者所填写的姓名、性别、年龄、身份证号码等，都可以作为认定交易相对人订约能力的依据。

总之，在电子合同中，虽然当事人的行为方式可能发生了多种变化，但仍应按照民法的相关规定认定其行为的效力，即完全行为能力人对其行为负责；无行为能力人所做的意思表示无效；限制行为能力人未取得法定代理人同意进行的合同行为效力待定，相对人因此受到损失的，可以要求其法定代理人负责相应损失。

在此基础上，多数学者认为，对于接受公共信息服务的人，不论其年龄或精神状况如何，均应视为完全民事行为能力人，④我国台湾地区相关电信立法已经有此立法先例。⑤

(2)企业或非企业组织订约能力的认定。在电子合同订立过程中，对企业或非企业组织订约能力的认定较为有据可依。首先，按照我国《电信条例》和《互联网信息服务管理办法》的规定，我国对经营性网站的设立实行许可制度，设立网上企业需要严格的审批程序。其次，现有企业建立电子商务网站进行在线交易的，设立时已经进行了注册登记，企业一般会在其网站上公示营业执照等相关信息，当事人可以通过合法手段查询、认证。

---

① 欧盟于 1999 年颁布了《电子签名指令》，联合国贸法会 2001 年发布了《电子签字示范法》。另外，存在电子签名相关立法的还有美国、德国、日本、法国、俄罗斯、韩国、瑞士、芬兰、西班牙、澳大利亚、智利、阿根廷、马来西亚、泰国、中国台湾等等。

② 《中华人民共和国电子签名法》第 14 条。

③ 施启杨. 民法总则[M]. 台北:“三民”书局,2000:198～199.

④ 杨坚争. 经济法与电子商务法[M]. 北京:高等教育出版社,2004:431.

⑤ 我国台湾地区“邮政法”第 12 条规定：“无行为能力人或限制行为能力人，关于邮政事务对中华邮政公司所为之行为，视为有行为能力人之行为。”“电信法”第 9 条规定：“无行为能力人或限制行为能力人使用电信之行为，对于电信事业，视为有行为能力人。但因使用电信发生之其他行为，不在此限。”

再次,对于不建立网站而是通过B2B、C2C交易平台进行交易的商家,交易平台一般会有严格的认证手续。比如,阿里巴巴、易趣、淘宝等电子交易平台,对企业用户认证时会要求其提供营业执照复印件等相关材料,而对于注册开设店铺的自然人,则会要求其提供身份证复印件进行实名认证。

3.3.2 电子自动交易

3.3.2.1 电子自动交易概述

在电子商务活动中,一些商家使用智能化的交易系统(即电子"代理人")自动发送、接收、处理数据电文,甚至部分或全部地履行合同,这种交易方式称为电子自动交易。这种智能化的交易系统,称为电子"代理人"。在现有的技术环境下,电子商务活动中主要存在三种电子自动交易情形:①企业间使用固定的信息系统,以标准化的格式传输和处理商业文件,即EDI;②一方当事人使用自动交易系统销售其产品,多见于B2C交易之中;③自动竞价交易平台。例如,易趣、淘宝等C2C平台或者网络证券买卖系统。

3.3.2.2 电子"代理人"的法律性质

电子"代理人",英文称Electronic Agent,是指不需要人的审查或操作,而能够独立地发出、接收、处理数据电文,以及部分或全部地履行合同的计算机程序、电子手段或其他自动化手段。[①] 从构成上看,电子"代理人"是自动化功能的软件、硬件或其结合;从商业用途看,它可用于搜索某一商品或服务的价格,完成在线买卖或对交易发出授权,它执行的是商人的意思表示或根据其意思表示而履行合同。

电子"代理人"虽然具有智能功能,但其智能是程序预设的、有限的,它不具有自然人那样综合判断行为后果的能力,并且它没有独立的利益以及承担义务的财产基础。所以,电子代理人不具有独立的法律人格,不具有独立的订约能力,它仅仅是当事人设立的一种智能化工具,其行为即是当事人的行为。电子"代理人"的法律地位,从属于其设立人的法律地位。

在B2B、B2C交易中,电子"代理人"的自动应答功能类似于自动售卖机。理论上一般认为,处在正常工作状态下的售卖机本身即是要约,购买方的投币行为即是承诺。电

① 美国最先在立法中使用电子"代理人"这一概念,美国《统一电子交易法》的起草者在解释为何使用该词时说:本来为了不予"代理"概念相混淆,本来使用的是"电子设施"(Electronic Device)一词,但是有与美国《统一计算机信息交易法》率先使用了电子代理人并且该词已经作为专业术语得到了认可,为了与之一致,舍弃了"电子设施"而选用电子"代理人"一词。

子“代理人”的自动应答功能是比自动售卖机更高级的交易程序，但并不改变其作为交易工具的性质。在网络证券的买卖中，当事人向证券自动交易系统发出要约，由系统寻找报价相同的买方和卖方，达成交易。此时，电子“代理人”同时传达当事人的要约，而无承诺，这种要约理论上称为交叉要约①。交叉要约中，只要双方当事人互为意思表示，且意思表示内容一致即可，并不限于一方是要约，而另一方是承诺的形式。所以，在自动竞价交易系统中，要约和承诺仍然由当事人来进行，电子“代理人”则充当交易的平台或媒介。

电子“代理人”所发出的数据电文的法律效力归属于电子“代理人”的设立人，电子“代理人”出现错误后的责任亦应由其设立人来承担，设立人不得以所发送的信息未经自己审查为由而否认。

当事人可以在基础合同中约定信息发送的格式、鉴别方法和归属等问题。如果当事人未按照合同约定的方式对电子代理人进行设置，所发送的信息不符合合同要求，原则上接收人有选择接收或拒绝的权利。

3.3.3 电子错误

3.3.3.1 电子错误的含义

电子错误，是指在电子合同订立过程中，双方当事人因使用信息系统而产生的错误或者变异。“错误”是指电子合同当事人一方由于自己的疏忽而提交了不正确的信息。如，当事人的本意是订购1台计算机，却错误输入了10台，没有注意到这一错误而将信息发出。“变异”是指由于信息系统的错误而将一方当事人的意思自动地加以变化的情形。如消费者在网上订购1台计算机，但信息系统错误地将其识别为10台并作出承诺，或者消费者在商家规定的买卖有效时间已过的情况下发出购买要约，自动交易系统仍然与之订约等。

电子错误应当符合以下构成要件：①当事人的意思表示产生了错误；②该错误与使用信息系统存在直接的关系；③该信息系统的程序设置正当，即当事人未故意设置某一程序以改变原始信息的内容。应当注意的是，传统合同错误的电子化表现形式，如当事人对网上商家发生误解而向其发出要约，不属于电子错误，其法律效果已由传统合同法加以规定。

---

① 交叉要约，指订约当事人采取非直接对话方式，不约而同的向对方发出内容相同的要约。大陆法系理论一般认为，交叉要约可以成立合同。参见史尚宽. 债法总论[M]. 北京：中国政法大学出版社，2000：29. 王利明，崔建远. 合同法新论[M]. 北京：中国政法大学出版社，1996：179.

3.3.3.2 电子错误的法律调整规则

由于电子错误并非当事人真实的意思表示，所以原则上应允许当事人撤销。国际电子商务立法建立了一系列的规则，鼓励信息系统的提供者建立适当的技术手段，以便及时地发现和改正错误。这些规则可以归纳为以下两种情形。

(1)在当事人双方有约定的情形下。若当事人双方约定使用某种安全程序检测变异或者错误，一方当事人遵此执行，而另一方当事人未遵守约定。在未遵守约定方如遵守约定就可以检测到错误的情形下，遵守方可以撤销变异或错误的电子信息所产生的效力，不论合同是否已经订立或履行。①

(2)在当事人双方没有约定的情形下。此情形又分为两种情况。

其一，若一方当事人采用某种程序检测到自己所发出的信息有变异或者错误，应及时通知接收方，接收方应在合理的时间内予以确认。如果确认，则变异或错误不产生效力，或者发出方可以撤销变异或错误产生的效力；如果接收方未在合理时间内确认的，发出方也可以撤销变异或错误所产生的效力；如果接收方在合理时间内否定了有错误存在，应由发出方证明他发出的信息有变异或错误。发出方不能证明的，不能撤销所发出信息的效力。

其二，若一方采用某种程序检测到对方所发出的信息有变异或错误，应及时通知发出方，发出方在合理时间内予以确认的，双方均可撤销该变异或错误的效力；发出方未在合理时间内予以确认的，接收方可以撤销该变异或错误的效力。

在 B2C 交易中，消费者可以撤销与卖方的电子“代理人”交易过程中源自其本人的电子错误的效力，其前提条件是：电子“代理人”未能提供该自然人预防或纠正错误的机会，或该消费者在知道出现电子错误时采取了如下行为：

- 及时通知对方当事人因自己的原因造成该数据电文存在错误，并表明本人不愿受该错误意思表示的约束。

- 采取合理措施避免相对人的损失，包括遵照对方指示退还因错误而可能收到的任何产品，或根据指示销毁这种产品。

- 未使用因电子错误而收到的产品或服务，未从中获利或将其转让给他人。②

双方当事人采取了适当的措施，均未发现或检测到电子错误，直至合同履行或履行

① 美国《统一电子交易法》第 10 条(1)作了此种规定。

② 美国《统一电子交易法》，加拿大《统一电子商务法》，联合国贸易法委员会《国际合同中使用电子通信公约》都作了相关规定。

完毕。原则上合同应有效,除非该错误动摇了合同成立的基础。

基于电子错误导致合同或某一条款无效或被撤销的,当事人应当返还因此所带来的利益,不能返还的应给予补偿。因电子错误导致当事人一方受到损失的,若错误可以归责于一方的,由责任方赔偿损失;不可归责于任何一方的,该损失由自己承担。

3.3.4 点击合同

3.3.4.1 点击合同概述

点击合同(Click - wrap Contract),是指由商品或服务的提供人通过计算机程序预先设定合同条款的全部或一部分,以规定其与相对人之间的法律关系,相对人必须点击“同意”才能订立合同。用户在网上购物或注册电子邮件,通常被要求点击“我同意”才可继续进行,即为点击合同的典型表现。点击合同是网络环境下的格式合同,由传统的格式合同到拆封合同再到点击合同演变而来。

所谓格式合同,是指由一方当事人预先制定的,并适用于不特定第三人,且第三人不得加以改变的合同。格式合同由提供方拟定,较多体现了提供方的意志,只要相对方同意并签字,合同即宣告成立,所以格式合同也被称为附和合同。格式合同的条款也叫做一般交易条款、格式条款或定型化条款。从性质上讲,虽然格式合同具有强烈的附和性,但其仍然是合同,要约和承诺被简化,效率价值得以凸显。

拆封合同(Shrink - wrap Contract),是指合同提供人将其与不特定第三人之间权利义务关系的相关条款印在标的物的包装上面,并在合同中声明只要消费者购买后拆开包装,即视为接受的格式合同。[①] 拆封合同最早用于计算机软件的销售,软件产品生产商为了避免产品被盗版或滥用,将有关限制消费者使用的条款印在产品的包装上,只要购买人打开包装即视为拆封合同成立。

在交易电子化之后,信息类产品可以直接从网上购买,并可直接从网上获得,直接安装和使用,不再具有传统的包装形式,但也更加易于复制和非法使用。因此,拆封合同也随之电子化,继而演变为点击合同。点击合同并非仅仅是电子版的拆封合同,其应用有两点明显的变化:①点击合同的应用范围大大拓展。拆封合同局限于买卖法律关系中,而点击合同已经广泛应用于信息产品使用许可、网络通信服务、网站会员注册等领域,从买卖关系扩展到非买卖关系。②点击合同具有部分可选择性。某些点击合同的条款可

① 张楚.网络法学[M].北京:高等教育出版社,2003:194.

供相对人选择，相对人作不同的选择，权利义务关系会有不同。而拆封合同的任何条款都是相对人无法选择或改动的。

3.3.4.2 点击合同的特点

(1)点击合同由一方当事人预先拟订，其条款是定型化的，相对人的意思具有附和性。

(2)点击合同可以广泛、重复使用，其相对人可以是不确定的。

(3)点击合同具有互动性。传统的格式合同不会因相对人的不同而改变其内容，而点击合同则往往通过事先设定的程序，根据订约人数、履行地点等因素自动改变合同的价格等条款，这在B2C交易中尤为明显。

3.3.4.3 影响点击合同效力的因素

点击合同是格式合同的一种表现形式，因此，它应符合合同有效的原理和格式合同生效的一般要件。其中之难点，则在于对当事人意思表示是否真实的考察。由于点击合同的订立必然经过相对人点击“同意”这一过程，在形式上均达到了意思表示一致的要求。如果仅仅注重形式的合意，在点击合同这种情形下，就失去了法律意义。如果要探求每一份合同当事人的真实意思，在实际上难以做到。因此，对当事人意思表示真实的考察，只能落脚在合同条款之上，看格式条款是否具备了让相对人知晓的条件。我们根据B2C和B2B两种交易类型来分析。

(1)B2C交易中点击合同应满足的条件。

一是合理提醒消费者注意。点击合同的提供者必须提醒消费者注意合同的格式条款，以明确的、直接的方式告知消费者，不得在合同之外另行规定其他条款。此提醒应当达到合理的程度：第一，文件的表现形式应足以使相对人知道它是合同条款；第二，提醒注意的方法应足以使相对人知道它的存在；第三，提醒注意的时间应在合同订立之前或订立之时；第四，提醒注意的程度，应足以引起相对人的注意，即能使一般注意力之自然人产生注意。

二是保证消费者有审查的机会和时间。点击合同的提供者应确保消费者有机会和充分的时间去审查和了解合同的每一项条款，然后作出是否缔约的决定。至于消费者是否去了解，则在所不问。

(2)B2B交易中点击合同应满足的条件。在B2B交易中，由于双方当事人商业经验和交涉能力大致相当，因而无需在立法政策上给任何一方特殊的保护，依据一般的合同法理论进行规范即可。点击合同只需满足下列条件：

一是由双方当事人在一个较长的时间内持续使用,每一次使用,都以相对人知悉该格式合同的存在为前提,且语义相同。

二是点击合同的条款和使用应符合行业惯例或商业习惯。

三是对于初次使用的格式条款,应给予相对人了解的机会。在此,并不要求相对人了解其内容,只需知晓其存在即可。[①]

开阔视野——还有你所不知道的

CA——电子合同的见证者

认证机构的英文名为“Certification Authority”,简称CA,在电子商务中专指为网络用户的电子签名颁发数字证书的机构。

电子认证对于电子合同具有十分重要的意义。通常,人们通过签名来标示自己的身份,并对其所签署文件的内容加以承认或认可。传统的手书签名主要有三项功能:一是表明文件的来源即签名者;二是表明签字者已经确认文件的内容;三是构成证明签字者对文件内容正确性和完整性负责的依据。但是,由于网络行为的匿名化和数据电文易篡改的特点,未经认证的电子签名难以在陌生的商事主体之间建立起交易所需的信用度,所以,一个权威的第三方认证机构的存在就必不可少。

我国《电子签名法》首次系统规定了电子认证服务的相关制度,使得电子认证在我国迅速得到推广,并成为解决电子商务当事人信用问题的一个有效途径。在中国,认证机构提供的数字证书主要有个人身份证书、个人安全电子邮件证书、企业身份证书、企业安全电子邮件证书、服务器身份证书及信用卡身份证书等。这些数字证书可用于网上购物、企业与企业的电子贸易、网上合同的签订、安全电子邮件、网上证券交易、网上银行等电子商务活动中加密信息以及进行数字签名,同时,认证机构所发放的个人数字证书还可以广泛用于个人电子邮件的安全收发、个人网站的安全浏览,以及个人网上交易和查询等方面的安全认证和加密等。CA证书申请审批过程如图3-1所示。

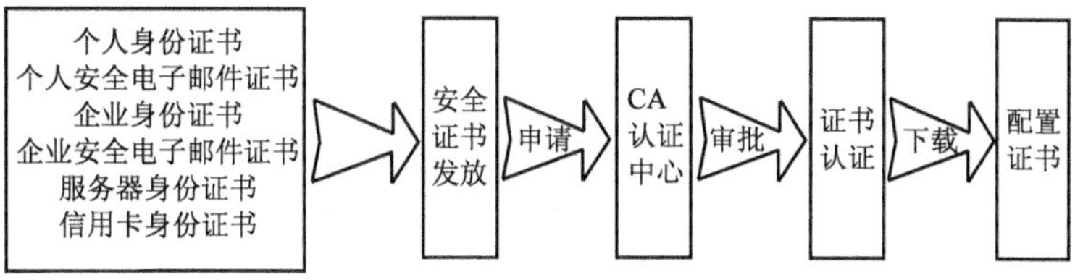

图3-1 CA证书申请审批流程图

① 杨坚争.经济法与电子商务法[M].北京:高等教育出版社,2004:420~421.

案例学习——看看你的分析能力

2001年4月22日，来云鹏在北京四通利方信息技术有限公司（以下简称四通利方公司）所有和运作的新浪网上注册了ID为laiyunpeng的50M免费邮箱。2001年9月16日零时，四通利方公司将原来的50M容量邮箱缩减至5M，为此，来云鹏将四通利方公司诉至法院。来云鹏认为，自己向四通利方公司提交申请，该公司确认并开通邮箱，双方缔结了电子邮箱服务合同。另外，四通利方公司在用户发送和接收的电子邮件中发布大量的商业广告，应当视为用户支付了对价，四通利方公司的“免费”邮箱服务并非真正的免费。基于以上理由，四通利方公司不顾其承诺和信誉，在未经会员同意的情况下，擅自变更电子邮箱服务、压缩“免费邮箱”容量的行为构成违约，诉请四通利方公司继续履行其承诺提供的50M电子邮箱服务，并承担诉讼费用。

四通利方公司在答辩中认为，来云鹏通过新浪网注册取得新浪网会员身份，并享有免费邮箱服务。注册过程中，新浪网全面展示了服务条款，只有在用户点击“同意”键以表示其接受服务合同的全部内容后，方可继续进行操作，故该服务条款应作为本案判断是否存在违约行为的依据。在该服务条款中明确规定了新浪网有权在必要时调整服务合同条款，并随时更改和中断服务，而无需对用户或第三方负责。因此，新浪网调整电子邮箱容量是行使服务条款中约定的变更合同内容的权利，并不构成违约。另外，新浪网所提供的电子邮箱服务是完全免费的，在实际使用中，用户无需支付给新浪网任何对价。故请求法院驳回来云鹏的诉讼请求。

- 来云鹏与四通利方公司之间的电子邮箱服务合同是有偿合同还是无偿合同？
- 新浪网服务合同中关于己方有权变更合同内容的条款是否有效？
- 你对此案有何看法？

班级讨论——加深你的知识理解

一、如果你是某网站的法律顾问，负责拟订面向用户的服务合同，为使合同合法有效，需要注意哪些问题？

二、你接触过哪些程序或系统可以被称做法律上的电子“代理人”？试着找出各电子“代理人”设立人或责任承担人。

自己动手——锻炼你的实践能力

观察阿里巴巴(http://china.alibaba.com)网站的运作机制和政策,试分析为了保障用户间订立合同的安全性、合法性,阿里巴巴从哪些方面做了哪些工作?

小节复习——牢记本节主要内容

一、解释概念

电子“代理人” 电子错误 点击合同

二、简答

1. 简述电子“代理人”的法律性质。
2. 简述影响点击合同法律效力的因素。

3.4 电子合同的履行与违约救济

引导案例——打开知识的大门

2001年10月24日,易趣网络信息服务(上海)有限公司(以下简称“易趣”)向上海市静安区人民法院提起诉讼,状告用户刘某违反服务协议,多次使用网站付费服务发布欲出售商品的信息,却不按时交纳相应费用。

原告诉称,2001年1月1日,被告刘某以“本田一郎”为用户名注册为易趣交易平台的用户,2001年3月31日又以“jialiseng”为用户名在易趣注册了另一个账户。在刘某注册时,易趣实行免费服务,但未约定提供免费的期限。2001年7月1日起,原告开始对其卖家用户收取商品登录费,在网上发布了经过修改的服务协议并提供给新老用户确认。此后,被告使用的两个用户名先后确认了原告的《服务协议》,并继续使用原告的网络交易平台。至2001年9月17日,被告的两个用户账号拖欠使用费共4 336.6元。原告请求法院判被告归还所欠费用并承担律师费2 000元,调查费4元及所有诉讼费用。

被告承认账号“jialiseng”是自己注册的,但账号“本田一郎”是由其父亲注册并使用的,易趣不能单凭两个账号填写的个人资料指向自己就认定两个账号都归自己所有。另外,被告称易趣的“服务协议”冗长,连同附录共有15页之多,大部分用户通常不会阅读而直接选择“同意”,故主张不应受该协议的约束。

■ 在本案中,刘某不交纳平台使用费的行为是否构成违约?

■ 账号“本田一郎”拖欠使用费的责任应当由谁承担?为什么?

3.4.1 电子合同的履行概述

合同的履行是指债务人全面、适当地完成合同义务,使债权人的合同债权得以完全实现。合同履行是合同法律效力最集中的体现。我国《合同法》第60条第1款规定:“当事人应当按照约定全面履行自己的义务。”这是法律对于合同履行的基本要求。电子合同因标的不同分为信息产品合同和非信息产品合同。非信息产品由于有一定的物理载体,仍可依传统《合同法》的履行规则,而信息产品的履行则存在较强的特殊性。

3.4.1.1 电子合同履行的原则

我国《合同法》虽然没有明确规定合同履行的原则,但是,通常认为,合同的履行原则主要有适当履行原则和协作履行原则,这些基本原则仍然适用于电子合同的履行。

(1)适当履行原则。适当履行原则是指当事人应依合同约定的标的、质量、数量,由适当主体在适当的期限、地点,以适当的方式,全面完成合同义务的原则。对于电子合同而言,如果是离线交付,债务人必须依约发货或者由债权人自提;如果是在线交付,交付方应给予对方合理检验的机会,并应保证交付的质量。

(2)协作履行原则。协作履行原则是指在合同履行过程中,双方当事人应互助合作共同完成合同义务的原则。协作履行原则是诚实信用原则在合同履行方面的具体体现,它往往是对债权人所提出的要求。具体而言,协作履行包括:债务人履行合同债务时,债权人应适当受领给付;债务人履行合同债务时,债权人应给予适当的便利条件;债务人因故不能履行或不能完全履行合同义务时,债权人应积极采取措施,防止损失扩大。电子合同履行中,为便于债务人发货,其有权要求债权人告知其地址和身份信息,债权人不得拒绝。在线交付信息产品时,债权人应使其信息系统处于开放、适于接受的状态。

3.4.1.2 电子合同履行的方式

从现有的电子商务开展情况进行考察,电子合同主要有三种履行方式:第一种是在线付款,在线交货,此类合同的标的一般是信息产品,如计算机软件、音像产品的付费下载等;第二种是在线付款,离线交货;第三种是离线付款,离线交货。后两种电子合同的标的可以是信息产品也可以是非信息产品。

电子合同中非信息产品的交付完全适用传统合同法的履行规则,而信息产品因可以附着于有形载体,离线交货,也可以以数据信息的方式在线交付。在线交付情形下,因数据信息传输的特殊性,信息产品履行的时间、地点、产品验收、风险转移等问题都有其特殊性。

3.4.2 信息产品合同的履行

3.4.2.1 信息产品的交付

(1)信息产品交付的地点。当信息产品以有形载体为媒介时,它与传统的动产买卖的交付地点与交付方式基本相同。我国《合同法》规定,当事人对合同履行地点无约定、不能协议补充且无法依照相关条款和交易习惯确定时,“给付货币的,在接受货币一方所在地履行;交付不动产的,在不动产所在地履行;其他标的,在履行义务一方所在地履行”。[①] 有形载体的信息产品交付可以完全适用此规定。

以数据信息的方式在线交付信息产品,这是电子交易独具特点的方式。当在线交付信息产品时,如果仍然适用传统形式的义务履行方所在地原则,显然不符合数据信息的传输规律。理论界和立法实践倾向于以信息系统作为参照标准,来确定合同的履行地。例如,美国《统一计算机信息交易法》规定,以电子方式交付信息产品的地点,为许可方指定或使用的信息系统。至于交付完成的标准,则是使对方当事人能够有效地支配该信息产品。[②]

(2)信息产品交付的附随义务。为了使交付的信息产品达到商业适用性,即实现信息产品的有效交付,在交付之中往往附随有其他义务。如同有形货物买卖中必须提供使用说明书一样,信息产品的交付应将如何控制及访问该信息产品的资料交给买方,使之能够有效地支配所接受的信息。这些义务对于信息产品的使用而言,是必不可少的。例如,在网上交付某一格式的文件,一般应同时提供打开该文件的工具,或指示如何获得打开文件的工具。

(3)许可方的电子控制权。信息产品的提供者可以依照合同条款对交付后的信息保留一定的电子控制权,[③]如用户认证程序、软件使用次数限制、信息访问范围与时间限制等。信息产品的特性使得许可方往往很难控制信息产品不被滥用,因此,许可方保留一定的信息控制权是必要的。电子控制权当属一种合同约定权,它来源于合同条款的约

---

① 美国《统一计算机信息交易法》作为调整信息产品交易的专门立法,第606条(a)(1)作了相同的规定。

② 参见美国《统一计算机信息交易法》,第606条。

③ 电子控制,是指为控制信息使用而设置的程序、密码、设施,或者类似的电子的或物理的限制。电子控制权的行使一般发生在信息产品合同的履行中,也有发生于合同终止之时。

定。信息许可方行使电子控制权,必须满足以下条件:

一是电子控制权必须是合同条款约定保留或法律规定保留的。

二是电子控制权行使的目的是阻止被许可方对信息产品超出合同约定范围的使用。

三是许可方在行使电子控制权之前必须向被许可方发出通知。

3.4.2.2　信息产品的验收

(1)信息产品的检验。产品检验对买受人而言既是权利也是义务,是合同履行的重要环节。我国《合同法》第158条规定:"当事人约定检验期间的,买受人应当在检验期间内将标的物的数量或者质量不符合约定的情形通知出卖人。当事人没有约定检验期间的,买受人应当在发现或者应当发现标的物的数量或者质量不符合约定的合理时间内通知出卖人。"

对于面向大众市场的信息产品的交易,即向市场大批量出售标准信息版本的情况,其合同履行可能是交付有形拷贝,也可以是在线交付。由于此种信息产品质量性能的定型化,一般可以根据通常的业务、贸易或行业标准来确定当事人的权利。交付有形拷贝的,可以从包装、标志等方面检验是否为正版。在线交付的,可以检验该信息产品的许可证使用说明、规格、版本等事项。检验无误,则接受交付或按照合同约定付款。

对于非面向大众市场的信息产品(一般是度身定制的软件),如果根据合同约定或法律规定接收人有权检验,那么只有当事人有合理的机会检验信息产品后,该信息产品才能被接收。例如,美国法律规定,信息产品的接收方有权在付款或者接收前合理的时间与地点,以合理的方式,对信息产品进行检验,以确定信息产品是否与合同相符。并且推定当事人约定的检验地点、方法、接收标准具有排他性。当然,一方的检验权不得违反既有的保密义务。①

(2)信息产品的接收。信息产品的接收是合同履行的重要阶段,它标志着买方认可了合同标的,同时也解除了对方当事人交付信息产品的义务。接收实际上是当事人对电子合同标的的质量、数量的一种同意的表示,它既可以由当事人以明示方式作出,也可以从

---

① 美国《统一计算机信息交易法》,第608条(a)规定:如果信息产品合同需要交付一份副本,应适用以下规则:

(1)除非法律另有规定,副本的接收方有权在支付或接收前合理的时间与地点,以合理的方式,对副本进行检验,以确定是否与合同相符。

(2)检验一方应负担检验的费用。

(3)当事人确定的检验的地点、方法或接受标准推定为具有排他性。但是,地点、方法或标准的确定,并不改变合同的一致性,或改变交付的地点以及所有权和风险转移的地点。如果关于地点和方法的约定已不可能遵守,则应按照本条规定进行检验。除非双方所确定的地点或方法是不可或缺的条件,条件不成就将导致合同无效。

(4)一方的检验权不得违反既有的保密义务。

其行为推定。

信息产品的接收分为整体接收和部分接收。整体接收是指买方表示认可标的物符合合同,完全接受合同标的。部分接收是与整体接收相对而言的,一般发生在由多个文件构成的一套信息产品的接收情形之中。由于整套电子文件必须协同使用,虽然形式上多个文件分离,但实质上应将之视为一个整体。这些电子文件在法律上,应属于不可分物。美国相关立法规定,如果合同约定需分阶段交付,而各部分结合起来才能构成信息产品的整体,则每一阶段的交付都需全部信息已被接收后才能生效。①

如果信息产品是有形载体的交付,则买方应在合同约定或法律规定的交付地点接收该标的物。如果信息产品是在线交付,则买方有义务使其信息系统处于可接受交付的状态,并给卖方适当的通知。如果电子合同的一方当事人拒绝受领信息产品,但又处于占有该信息产品的状态时,须承担以下义务:

一是妥善保管义务。拒绝受领人不得使用该信息产品或者使他人使用该信息产品或者复制该信息产品。

二是及时通知义务。拒绝受领人应将信息产品与约定不符的消息,在合理时间内告知对方。

三是交回义务。拒绝受领人应当在合理期间内或遵照对方当事人的指示,将所有信息产品、复件、相关资料退还给对方当事人。

拒绝受领人因履行上述义务而发生的费用,由对方当事人承担。

3.4.2.3 信息产品合同履行中的风险承担

(1)风险转移的时间。按照我国《合同法》的规定,买卖合同中标的物毁损、灭失的风险原则上采用"交付"主义,即交付之前由出卖人承担,交付之后由买受人承担。在信息产品合同中,有形载体的信息产品交付时间易于确定,而在线交付信息产品的时间,则需专门澄清。

如果许可方采用电子邮件方式向被许可方发送信息产品的,自被许可方收到该电子邮件时,风险责任发生转移。

如果信息产品许可方采用许可下载的方式来交付,则应在被许可方完全下载完毕后,风险责任转移给被许可方。此处的交付是指整体交付,在下载的过程中,不论是何种原因发生中断的,许可方应当允许被许可方重新下载。

如果该信息产品为第三方所持有,并且可以在无需移动的情况下被交付或复制,或

---

① 参见美国《统一计算机信息交易法》,第609条(c)。

该信息产品可以通过授权被许可方以访问第三方资源的方式交付,那么当被许可方获得访问该资源的授权凭证或权限时,风险责任转移给被许可方。

(2)风险责任的承担原则。信息产品的风险有灭失的风险和遭受破坏的风险,灭失的风险较易区分是发生在交付之前还是交付之后;而遭受破坏的风险,如信息产品感染病毒,则很难确定染毒时间,因此,有必要确立以下风险承担原则:

一是当灭失或破坏的时间确定时,根据信息产品的交付时间确定。灭失或破坏发生在交付之前的,由许可方承担;灭失或破坏发生在交付之后的,由被许可方承担。

二是如果灭失或破坏发生的时间难以确定,则满足下列条件时,推定灭失或破坏发生在交付之前:一是被许可方能证明其信息系统具有符合标准的安全防护措施的;二是信息产品存在明显的安全漏洞或未采用安全的传输方式的。这里的安全标准指相关法律和法规的规定,没有法律、法规规定的,根据行业的一般标准或商业惯例确定。

3.4.3 电子合同的违约救济

3.4.3.1 违约责任的归责原则

违约责任的归责原则,是指基于一定的归责事由确定违约责任承担的法律原则。合同违约责任的归责原则有两种:过错责任原则和严格责任原则。过错责任原则是指一方违反合同的义务,不履行或不适当履行合同时,应以过错作为承担责任的要件和确定责任范围的依据。严格责任是指在违约发生以后,确定违约当事人的责任,应当主要考虑违约的结果是否因被告的行为造成,而不是被告的故意或者过失。一般认为,将严格责任作为违约责任的归责原则,其宗旨在于合理补偿债权人的损失,从而能够根据公平观念分担损失。我国《合同法》总则中将严格责任确定为违约责任的一般归责原则,与合同法理论和国际立法趋势相一致。

电子合同只是合同的一种特殊形式,其合同的性质并未改变。因此,按照《合同法》的规定,严格责任仍是我国电子合同违约责任的一般归责原则。

3.4.3.2 免责事由

合同违约的免责事由包括不可抗力、约定免责、债权人过错和法律的特殊规定等。电子商务环境中不可避免存在网络故障、病毒感染、黑客攻击等问题,这些因素是否构成不可抗力要根据具体情况来考察下面只介绍前两种免责事由。

(1)不可抗力,是指不能预见、不能避免并且不能克服的客观情况。当不可抗力致使物品灭失或给付不能时,债务人可以免责;当不可抗力致使合同部分不能履行或迟延履

行时,则免除部分责任或迟延履行责任。多数学者认为,在电子商务环境中,下述情形可认定为不可抗力:

一是文件感染病毒。如果许可方采取了合理与必要的措施防止文件遭受攻击,例如给自己的信息系统安装了符合标准或业界认可的安全设施、防火墙,在安全人员尽职工作的情形下,仍然感染病毒,造成合同无法履行,应认定为不可抗力,许可方因此不能履行合同的,可以免责。当然,这并不排除许可方返还对方价款的义务。

二是非因自己原因造成的网络中断。网络传输中断可因传输线路的物理损害引起,也可由病毒或攻击造成。如,2006 年底台湾地震导致海底电缆损坏,中国与国外绝大部分网络连接不畅,造成文件无法传输,国外电子邮箱服务无法使用等。当事人对此无法预见和控制,应属不可抗力。

三是非因自己原因造成的电子错误。例如,消费者通过网络支付平台向商家付款,但由于信息系统的错误未能将价款转移到商家的账户。

(2)约定免责,是指当事人在合同中约定的,旨在限制或免除其将来可能发生的违约责任的条款。在法律对网络中断、病毒感染、电子错误等问题作明确规定的情形下,免责条款是当今电子商家、互联网服务商等降低法律风险的最有效手段。当然,免责条款的约定不得违反法律和社会公共利益,不得排除当事人的基本义务或排除故意或重大过失责任。

3.4.3.3 违约救济

按照我国《合同法》规定,合同违约责任的承担方式主要包括支付违约金、采取补救措施、赔偿损失和实际履行。上述责任形式皆可适用于电子合同的违约救济。当合同的标的为信息产品时,违约救济方式有支付违约金、采取补救措施、赔偿损失、实际履行、继续使用、停止使用和中止访问等。考虑到信息产品独有的特点,上述实际履行、继续使用、停止使用和中止访问等四种救济方式需专门说明。

(1)实际履行。实际履行也称继续履行或特定履行,是违约方不履行合同债务或履行合同债务不符合约定时,由法院强制违约方依照合同的规定继续履行的责任方式。

对于信息产品而言,实际履行具有重要的现实意义。首先,信息产品本身的易复制性使得它不易灭失,违约方在违约后仍然有条件继续履行。其次,信息产品多数具有较高的技术含量,其使用需要相关软件、硬件配套设施的投入,如果守约方另寻其他代替品,显然成本很高。再次,对于信息访问合同而言,被许可方的目的就是获得有关信息,只要不是因为信息内容上的原因而违约的,进行实际履行对当事人双方都是最容易实现的。最后，一般而言，信息产品销售、许可与服务是浑然一体的，这使得信息产品合同当事人的权利义务比其他合同更复杂，涉及当事人的多种利益，实际履行有利于减少当事人尤其是被许可方的利益损失。[①]

实际履行给守约方较大的选择权，守约方可以在权衡利弊的基础上选择接受实际履行或者其他补救措施。

(2)继续使用。对于信息许可使用合同和信息访问合同而言，继续使用是指在许可方违反合同时，未撤销合同的被许可方可以继续使用合同项下的信息和信息权。当然，如果被许可方选择继续使用，则该方仍应受合同条款的约束。

(3)停止使用。停止使用是指在被许可方违约时，许可方可以在撤销许可或解除合同时，请求对方停止使用并交回有关信息。由于信息产品的可复制性，被许可方交回信息的载体或拷贝意义并不大，唯有停止使用才能保护许可方的利益。在特殊情况下，被许可方也可以使用电子自助[②]措施停止信息继续被利用。

(4)中止访问。信息许可访问合同中，当被许可方有严重违约行为时，许可方可以中止其获取信息。中止访问不是违约责任的一种形式，而是许可方对被许可方的一种抗辩行为，是履行中的抗辩。

作为一种抗辩，中止访问必须符合一定的条件：①信息许可访问合同必须是双务合同，当事人双方具有对待给付义务；②合同约定的义务已到履行期；③被许可方未按照合同的约定履行，如被许可方未按照约定的时间交付使用费等；④在许可方采取中止措施之前，应通知被许可方。如果被许可方在通知规定的合理时间内消除了违约行为，则中止访问的抗辩不应采用。

开阔视野——还有你所不知道的

2000年9月29日，美国统一州法委员会(NCCUSL)发布了《统一计算机信息交易法》(Uniform Computer Information Transaction Act，以下简称UCITA)。该法着眼于电子商务的核心——计算机信息或信息产品的交易，在电子商务立法领域具有开创性意义。UCITA为计算机信息和信息产品的交易建立了详尽的规则，涉及合同的订立、履行和违约救济的各个环节。该法还创立了电子商务时代一些全新的法律概念与法律规则，包括信息权、归属程序、电子自救以及网上格式合同的规范等等，为解决信息产品交易带来的新问题

---

① 杨坚争.经济法与电子商务法[M].北京:高等教育出版社,2004:429.

② 电子自助，是在被许可方侵权或违约的情形下，许可方依照法律规定的条件，采取相应控制措施进行自我保护的行为。

提供了很好的解决方案。但是,UCITA 发布以来争议颇多,批评者认为 UCITA 给予软件制造者过多自由去限制软件的使用,有偏袒制造者而忽视消费者之嫌,导致该法发布后的很长时间内只有马里兰州和弗吉尼亚州通过了此法案。

2002 年,统一州法委员会针对争议点作了专门修订。例如,该修订案禁止一项实务上的惯例——电子自救(Electronic Self - help),此惯例允许业者在察觉有违约情形时可以以电子方式行使授权者之权利。此外,修订案允许地方的消费者保护法在有冲突时优先于 UCITA 之效力,免费开放源代码软件以免受该法律的规范。统一州法委员会希望该修订能平息争议,从而使 UCITA 能更广泛地被各州采用。

案例学习——看看你的分析能力

案例一

KV300L + +软件是国内著名的反病毒软件商家——北京江民新技术有限责任公司(以下简称"江民公司")的 KV300 杀毒系列软件之一,KV300 系列杀毒软件因其出色的杀毒效果在国内占有极高的市场份额,但也因此引发了许多不法商家千方百计破解其注册密码,利用解密盘进行软件盗版的行为。

1997 年,江民公司出于保护其正版软件版权、防止遭受侵权的目的,在其 KV300L + +版本中加入了一段自我保护程序,当用户使用相应的盗版软件进行安装或采用不法商家制作的解密盘进行解密时,该程序将自动激活并锁定用户的硬盘,从而锁住用户的操作系统。只有在用户向江民公司承认了盗版行为并告知有关盗版软件来源后才能使用江民公司提供的密码进行解锁,恢复硬盘操作。

江民公司于 1997 年 6 月发布了这款 KV300L + +杀毒软件,之后,有大量用户因使用解密盘或解密文件安装该软件而造成计算机硬盘被锁,系统无法运行。事发后,用户、媒体和各大软件厂商反应强烈,在互联网引发激烈论战,最终由公安部门对江民公司施以行政处罚而结束。

案例二

2001 年 10 月 25 日,世界第一大软件操作系统制造商微软公司正式发布 Windows XP 视窗操作系统,微软公司为防止软件盗版而在该操作系统加入了最新的用户限制技术 MPA,即"微软产品激活"(Microsoft Product Activation)。MPA 的原理是,当用户安装 XP 软件时,系统会对其计算机硬件配置自动进行记录,当该计算机的内存、显卡、处理器等硬件配置发生改变(包括使用盗版或者升级硬件等情况),导致检测结果与系统记录不符时,XP 系统将自动激活 MPA 功能锁定操作系统,用户必须从微软公司代理处获得一个特定密码，才能恢复系统运行。

2001 年 11 月 9 日，微软公司正式在中国发行 Windows XP 操作系统中文版，将其 MPA 功能引入中国，在国内引发了关于微软 Windows XP 操作系统 MPA 功能合法性的激烈争论。

■ 你认为江民公司、微软公司为打击盗版而在其软件中设置的电子自助措施是否合法？

■ 试结合本案分析电子自救措施的使用限度。

班级讨论——加深你的知识理解

一、消费者在网上购物时应怎样保护自己的权益？

二、为了保护消费者的合法权益，经营者在网络经营活动中应承担哪些义务？

自己动手——锻炼你的实践能力

搜集国际、国内有关 C2C 交易平台法律责任问题的相关案例，分析这些案例中法院对 C2C 交易平台法律性质的定位。你是否同意法院的判决？请说明理由。

小节复习——牢记本节主要内容

一、解释概念

合同的履行　电子控制

二、简答

1. 简述电子合同履行的原则。

2. 简述电子合同违约责任的免责事由。

4

电子签名与电子认证法律制度

【本章概要】

电子签名与电子认证作为电子商务的安全保障手段，既是一个将电子商务法律主体的身份与其电子记录联系起来的技术性问题，又是一个全新的法律问题。电子签名侧重于解决身份辨别与文件归属问题，而电子认证解决的是密匙及其持有人的可信度问题。本章主要涉及电子签名的概念、种类及法律效力，数据电文的概念，电子签名法的意义，电子认证机构的设立和管理制度，以及电子认证的法律关系等内容。

【关键术语】

电子签名　数据电文　立法模式　电子认证　认证机构　证书业务规范

4.1 电子签名法律制度

引导案例——打开知识的大门

联合国国际贸易法委员会《电子商务示范法》规定："如果法律要求某些文件、记录或者信息须予以留存，则此种要求可以通过留存数据电文的方式予以满足，但要符合下述条件：1. 其中所含信息可以调取，以备日后查用；2. 按照其生成、发送或者接收时的格式留存了该数据电文，或可以证明能使生成、发送或接收的信息以准确重现的格式留存了该数据电文；3. 如果有的话，留存可据以查明数据电文的来源和目的地以及该电文被发送或接收的日期和时间的任何信息。"有关国家和地区的《电子商务法》或《电子签名法》一般也有类似规定。

■ 什么是数据电文？

■ 数据电文在现代诉讼中有哪些作用？应符合哪些要求？

4.1.1 电子签名概论

4.1.1.1 电子签名的概念和种类

(1)传统签名的概念和功能。传统意义上讲,签名本身就是一个广泛而有分歧的概念,东西方各有不同理解。在我国,《辞海》对“签名”的解释是:“在文件上亲笔署名或画押”。[①]《现代汉语词典》的解释是:“签名”是指“写上自己的名字”。[②] 如果这样理解则签名必须写上自己的真实名字。在《英格兰法》上,签名可以仅签姓名的各起首字母,也可以是符号、橡皮章或代理签名。有些情况下,在印有当事人名字的纸上写下便条就足够被认定为签名。在立遗嘱、契据和某些种类的合同时,必须签名确认。而在苏格兰,签名不包括符号、橡皮图章、代签或者印在纸上的姓名,除非有法律授权的情形。[③] 由此可以看出东西方在对签名概念的理解上有很大差异。此外,签名、签字、签章在汉语中也有细微差别,这就更加剧了实践中立法用语的混淆。

传统的手写签名主要具有三项功能:一是能表明文件的来源,即识别签名人;二是表明签名人对文件内容的确认;三是能够构成签名人对文件内容正确性和完整性负责的依据。

(2)电子签名。电子签名是传统签名在信息化时代的发展,电子签名并非是书面签名的数字化扫描图像,而是附加于一项数据电讯之中或之后的,或与之有逻辑上联系的电子数据信息。它可用来证明数据电讯发出者的身份,确定签名人与数据信息的联系并表明签署者承认该数据电讯中所包含的信息内容。目前国际上并没有统一的定义,根据目前电子签名的技术方案,综合各国立法,可以归为以下几类:

第一,广义的电子签名。所谓广义的电子签名,是指包括数字技术、生物特征技术、电子录音、电传等各种电子技术手段在内的电子签名。关于广义电子签名的概念,主要是以联合国国际贸易法委员会于 1996 年 12 月 16 日第 85 次全体大会以 51/162 号决议通过的《电子商务示范法》第 7 条“签名”条款为蓝本而制定的。

《电子商务示范法》第 7 条规定:“(1)如法律要求要有一个人签名,则对于一项数据电文而言,倘若情况如下,即满足了该项要求:(a)使用了一种方法,鉴定了该人的身份,并且表明该人认可了数据电文内含的信息;和(b)从所有各种情况看来,包括根据任何相

---

① 夏征农.辞海.缩印本[M].上海:上海辞书出版社,1989:2122.

② 中国社会科学院语言研究所词典编辑室.现代汉语词典[M].北京:商务印书馆,1983:908.

③ Walker M.牛津法律大辞典[M].李双元,等,译.北京:法律出版社,2003:1036.

关协议,所用方法是可靠的,对生成或传递数据电文的目的来说也是恰当的。(2)无论本条第(1)款所述要求是否采取一项义务的形式,也无论法律是不是仅仅规定了无签名时的后果,该款均将适用。(3)本条的规定不适用于下述情况:……”

联合国国际贸易法委员会电子商务工作组第38次会议通过的《电子签名示范法》第2条中重新给出了电子签名的定义:“电子签名是指在数据电文中,以电子形式所含、所附或在逻辑上与数据电文有联系的数据,它可用于鉴别与数据电文有关的签名人和表明此人认可数据电文所含信息。”

上述联合国国际贸易法委员会对电子签名概念的法律界定着重阐明了电子签名的目的和作用,而对电子签名所应用的技术手段几乎没有规定,凡是具有一定鉴别目的、数据电讯中附加的、或与之有逻辑上联系的电子形式的数据,都可成为电子签名的方式。因此,上述定义是广义电子签名概念的典型代表。采用广义电子签名概念的国家目前还有美国1999年的《统一电子交易法》,澳大利亚1999年的《电子交易法案》,加拿大1999年的《统一电子商务法》,英国2000年的《电子通信法》等。

第二,狭义的电子签名。有人认为电子签名就是数字签名,严格来说这是不准确的。数字签名属于电子签名中的一种,是指以非对称密钥技术为基础的签名,而电子签名还可以包括口令、密钥以及生物特征鉴别法等。不过数字签名是目前广泛使用且技术最为成熟的一种。新加坡《电子交易法》第2条规定:“数字签名(Digital Signature)是指经由非对称加密系统和赫许(Hash)函数变换的电子记录组成的电子签名,某人拥有初始未经变换的电子记录和签署者的公钥,就能精确地确定:(a)该变换是否是用与签署者公钥对应的私钥生成的;以及(b)初始电子记录在变换后是否被改变过。”该定义对数字签名的技术原理进行了全面总结。

第三,折中式概念——可靠电子签名。在广义和狭义电子签名概念间有一个折中的概念,称为可靠电子签名或者强化电子签名(Enhanced Signature),也称为高级电子签名(Advanced Electronic Signature,见欧盟《电子签名共同框架指令》)或者安全电子签名(Secure Electronic Signature,见新加坡1998年《电子交易法》)。2000年2月联合国国际贸易法委员会电子商务工作组第36届会议在纽约通过的《电子签名统一规则草案》(Draft Uniform Rule on Electronic Signature)第二条第二项明确定义了“强化电子签名”(Enhanced Electronic Signature),以区别于电子签名,并赋予特定的法律效力。该签名是指经由安全程序和方法所显示的签名,其定义是:“强化电子签名”系指一个电子签名,就该电子签名而言,通过使用一种安全程序,能够表明:①该签名就其使用的目的而言对签名持有人是唯一的;②该签名系由签名持有人或者由签名人使用一种处于签名持有人唯一控制之下的方式生成并附着于该数据电文;③该签名以对电文的完整性提供可靠保证的方式生成并与数据电文相联系。

(3)电子签名与电子签章。纵观世界各国电子商务立法,与电子签名类似的法律概念还有电子签章。电子签名与电子签章所指代的对象相同,只是电子签章的表述显得更为全面,包容性更强,包括签名和盖章。我国台湾于2001年通过的这方面法律即采用了电子签章的概念,命名为《电子签章法》。我国《电子签名法》采用电子签名这一概念,对电子印章没有作出规定,留下了空白地带,在司法实践中存在的一些问题还有待探讨。

4.1.1.2 电子签名法的立法原则

(1)"技术中立"原则。"技术中立"原则也称"不歧视(平等对待)原则"或"媒介中立"原则,它是电子签名法所特有的法律原则。其含义包括不应歧视不同的通信技术,如数字签名技术或生物识别技术(区别不同的指纹、声纹、视网膜扫描结果,或DNA对比等)应在法律上享受同等待遇;不应歧视不同的媒介,如纸张文件和电子记录应享受平等待遇。在联合国的《电子商务示范法》、美国的《电子交易法案》、澳大利亚的《电子交易法案》、加拿大的《统一电子商务法》等立法中都有体现。我国《电子签名法》第3条规定:"当事人约定使用电子签名、数据电文的文书,不得仅因为其采用电子签名、数据电文的形式而否定其法律效力。"此外,《电子签名法》第7条关于数据电文的证据力规定如下:"数据电文不得仅因为其是以电子、光学、磁或者类似手段生成、发送、接收或者储存的而被拒绝作为证据使用。"这些都是技术中立原则的体现。

(2)功能等同原则。功能等同原则是联合国《电子商务法示范法》所确立、并为各国电子商务立法所普遍遵循的一项基本原则。人们通过分析传统书面文件要求的目的和作用,试图确定如何通过电子商业技术来达到同样的目的或作用。例如,书面文件可供大家阅读;文件可长时间保存不变;文件可复制,以便每一当事方掌握同样一份文本;可通过签字核证文件内容;书面文件还可采用公共当局和法院可接受的形式等。当然,对于上述书面文件的所有功能,电子记录也可提供同样的功能,并且具有同样的安全性。许多情况下,特别是就查明数据的来源和内容而言,后者的可靠程度和速度甚至要比前者高得多。但是,就电子记录本身而言,不能将其视为等同的书面文件,因为电子记录具有不同的性质,不一定能起到书面文件所能起到的全部作用。功能等同原则,由三项等同内容构成:一是一项数据电文所含信息可以调取以备日后查用,即满足书面要求(书面等同);二是只要使用一种方法来鉴别数据电文的发端人并证实该发端人认可了该数据电文的内容,即可达到签字的基本法律功能,也就是说,电子签字在法律效力上可等同于传统的签字；三是数据电文首次以最终形式形成后要保持完整性且可视读，即满足原件标准。

我国《电子签名法》第14条规定："可靠的电子签名与手写签名或者盖章具有同等的法律效力。"此外，《电子签名法》第4~7条关于书面、原件、文件保存、证据等方面也体现了功能等同原则。只要达到同样的功能，符合一定要求，就可以承认其效力，符合法律规定的要求。

(3)当事人自治原则。意思自治是传统民法的基本原则，即当事人双方只要意思表示真实，且符合法律规定的，都会受到法律的保护，法律尊重当事人之间的真实意思表示。传统商务中，当事人有权选择合同成立的时间、地点和合同形式等。电子商务是传统商业的延伸，有必要赋予交易双方一定的选择权，以便体现其自由意志。这在各国电子签名法中也有所体现。我国《电子签名法》第3条规定："民事活动中的合同或者其他文件、单证等文书，当事人可以约定使用或者不使用电子签名、数据电文。当事人约定使用电子签名、数据电文的文书，不得仅因为其采用电子签名、数据电文的形式而否定其法律效力。"由此可见，当事人可以约定使用或者不使用电子签名、数据电文。

除此之外，我国《电子签名法》第9条规定："数据电文有下列情形之一的，视为发件人发送：(一)经发件人授权发送的；(二)发件人的信息系统自动发送的；(三)收件人按照发件人认可的方法对数据电文进行验证后结果相符的。当事人对前款规定的事项另有约定的，从其约定。"第11条规定："当事人对数据电文的发送时间、接收时间另有约定的，从其约定。"第12条规定："当事人对数据电文的发送地点、接收地点另有约定的，从其约定。"第13条规定："当事人也可以选择使用符合其约定的可靠条件的电子签名。"

4.1.1.3 电子签名法的立法模式

关于电子签名法的立法模式，根据不同的技术方案，综合世界各国几十部电子商务法，大致可以分为三种类型的解决方案：以联合国贸易法委员会为代表的技术非特定化方案；源于美国犹他州的技术特定化方案；以新加坡为代表的折中方案技术中立型。

(1)"最低要求方案"(Minalist Approach)。"最低要求方案"也称"技术非特定化方案"。它确立了技术的"中立"(Technology - neutral)地位，认为电子签名存在多种技术手段，应由市场和消费者去作出判断和选择，立法者只需要提出原则性要求，政府不应对具体技术作出选择。对该方案具有示范性作用的是1996年联合国国际贸易法委员会制定的《电子商务示范法》(UNCITRAL Model Law on Electronic Commerce)。"技术非特定化方案”的理由相对简单：电子签名技术手段的优劣，理应由市场和用户作出判断，立法者只需规定出原则性的标准，而不应越俎代庖。政府直接对技术作出选定，风险过大，不仅自身难以承担，而且还可能导致电子商务市场的萎缩。反对者则以为，电子签名的技术已趋于成熟，而要使电子商务大众化、市场化，并被消费者普遍接受，关键是建立起信心，这就需要政府出面以法律手段消除各种不确定因素，以利于电子商务市场的成长。

(2)“数字签名方案”(The Digital Approach)。“数字签名方案”也称“技术特定化方案”。它确定以不对称的加密技术为基础的数字签名作为合法的电子签名技术，对认证机构提出了一些技术和财务的条件要求，规定钥匙持有人的责任并明确了判别电子签名可靠性的条件。一种是坚持技术特定主义，即只承认以特定技术所为的电子签名的法律效力，目前主要代表就是一些国家和地区只承认数字签名的法律地位或以数字签名作为立法基础。德国的《信息和通信服务规范法》、意大利的《数字签名法》、我国香港地区的《电子交易条例》等法规均采纳此种立法例。

技术特定化方案的理由是：在现行的电子辨别技术中，计算机口令的安全系数不足，对称密钥加密不适应开放型市场的需要，而眼虹膜网辨别法等技术应用成本过高，唯有公开密钥加密(也叫数字签名)方法，既安全可靠，又能适应开放型市场密钥分发的需要，而且成本也相对较低，是较为理想的电子签名技术方案，因而应作为法定的电子签名技术予以确定。只有用公开密钥加密术做出的电子签名，才具有如同手书签名一样的法律效力。而反对者则认为：其一，在电子签名问题上的技术特定化，限制了其他同类技术的发展，是技术开发与应用上的不正当竞争；其二，采用公开密钥加密，将密钥被冒用的责任风险全部推到了持有人(通常为消费者)身上，既不利于消费者权益的保护，也不利于电子商务市场的大众化，最终将阻碍电子商务的发展；其三，技术的进步性是相对的，用更先进的技术武装起来的黑客，将轻而易举地破译此种密钥；其四，在电子商务市场开始形成、尚不成熟的情况下，就将某种技术标准化，为时过早。所以，公开密钥加密技术的特定化，无论从技术上，还是从公平理念上，抑或从时机上讲，都是站不住脚的。有的法律专家还论证了生物笔迹法的优越性，期望以该方法取代公开密钥加密法。

(3)“双轨制方案”(Two - tier Approach)。这是一种“混合型”(Hybrid)的折中方案，解决了上述立法模式上的两难问题。新加坡《电子商务法》便采取了折中的办法，一方面，规定了电子签名的一般效力，保持技术中立性，适用于以任何技术为基础的电子签名；另一方面，又对所谓“安全电子签名”(即以公共密钥技术为基础的电子签名)作出了特别规定，并建立了配套认证机制。新加坡《电子商务法》这样做的结果是：既保持了法律规范的技术中立性，不拘泥于公共密钥技术，使法律规定具有开放性和前瞻性，又不失现实性，以公共密钥技术为基础作出了具体的规定。这一方案符合立法潮流，兼顾了技术的发展，又肯定了可靠的电子签名，为越来越多的国家所采用。我国《电子签名法》采用的是折中型的立法模式：一方面规定了电子签名的一般效力，保持技术中立性，适用于以任何技术为基础的电子签名；另一方面，又对“可靠电子签名”作出了特别规定，对符合特定条件的电子签名赋予其明确的法律地位——“可靠的电子签名与手写签名或者盖章具有同等的法律效力。”（第 14 条）这样既保持了法案的技术中立性，不拘泥于某种特定的技术，使法律规定具有开放性和前瞻性，同时又不失现实性，法律可以全面支持业已成熟的或正在被普遍接受的非对称性公开密钥加密技术的使用，应该说是符合世界潮流并具有前瞻性的。

4.1.2 电子签名的法律效力

随着电子商务的发展，电子签名的法律效力成为人们关注的焦点，甚至成为制约电子商务发展的瓶颈。如何从法律上肯定电子签名的效力，成为世界各国电子商务立法面临的问题。确立电子签名的法律效力，关键在于解决两个问题：一是通过立法确认电子签名的合法性、有效性；二是明确满足什么条件的电子签名才是合法的、有效的。自 1995 年美国犹他州颁布世界上第一部电子签名的法律文件以来，各国纷纷立法，以不同形式肯定了电子签名的法律效力。电子签名的法律效力已在许多立法中得到明确确认。从国际规则看，《联合国国际复合运输条约》（1980）、《汉堡规则》（1978）、《国际贸易术语解释通则》（1990）、《国际商会跟单信用证统一规则》（1993）、《联合国贸法会电子商务示范法》等均承认电子签名的效力；从各国家或地区现有立法看，也基本对电子签名的法律效力予以承认。

4.1.2.1 电子签名的法律效力范围

电子签名法的作用就是通过确立电子签名的法律效力，消除电子商务发展中的法律障碍，保护电子商务交易方的合法权益，保障交易安全，为电子商务与电子政务的发展创造有利的法律环境。法律应有一定的前瞻性和包容性，不仅应该考虑到目前电子签名所适用的主要领域，而且应该考虑到随着社会经济的发展和技术的进步，电子签名可能适用的其他领域。电子交易是一种新兴的交易方式，电子签名、数据电文并未在社会活动中获得广泛应用，广大民众的认知度不高；同时，电子签名、数据电文的应用需要借助于一定的技术手段，因此，物质条件也会限制一部分民众使用这种交易方式。由于上述原因，并基于交易安全因素的考虑，一些国家和地区的电子签名法或电子商务法规定某些领域不适用这种交易方式。

我国《电子签名法》参考外国的立法例，并结合我国的实际情况，在该法第 3 条第 3 款规定了《电子签名法》的适用除外，包括：①涉及婚姻、收养继承等人身关系的文书；②涉及土地、房屋等不动产权益转让的文书；③涉及停止供水、供热、供气、供电等公用事业服务的文书。为了使电子签名法在实施过程中具有更大的灵活性，还规定了一个兜底条款，即法律、行政法规可以对其他不适用电子文书的情形作出规定。同时，考虑到经济、社会等方面的行政管理活动中使用电子签名、数据电文的特殊情况，需要授权国务院依据电子签名法制定政务活动和其他社会活动中使用电子签名、数据电文的具体办法。因此，第 35 条规定："国务院或者国务院规定的部门可以依据本法制定政务活动和其他社会活动中使用电子签名、数据电文的具体办法。"由此看来，按照《电子签名法》的规定，电子签名、数据电文主要适用于商务活动，但又不限于商务活动，也可以相应地使用在电子政务中，国务院如果认为哪些政务活动不适用电子签名，可以另行制定行政规章。目前，电子签名主要是在电子商务活动中使用。随着信息化水平的不断提高，在政府部门对一些经济、社会事务的管理中，也开始采用电子手段，如电子报关、电子报税、电子年检以及行政许可法规定的可以采用数据电文方式提出行政许可申请等，这些也都涉及电子签名的法律效力问题，同样需要适用电子签名的有关规定。自从我国推行政府信息化和电子政务以来，公民和法人对电子政务的需求日益强烈，而电子签名和身份认证正是电子政务的基础条件。因此，电子签名法在电子政务方面的使用已显得尤为必要，需要相关立法的进一步明确。

4.1.2.2 可靠电子签名的法律效力

我国《电子签名法》明确规定，可靠的电子签名与手写签名或者盖章具有同等的法律效力。如果签名人按照法律要求合法使用了电子签名，该电子签名将依法产生法律效力，具体说明如下。

(1)对签名人的效力。对签名人的效力而言，电子签名具有与传统签名相同的功能：一是能表明文件的来源，即签名人承认其为文件的签署者，在签名人和文件之间建立起联系；二是表明签名人对文件内容的确认；三是表明签名人对文件内容正确性和完整性负责的根据。

(2)对数据电讯内容的效力。电子签名和数据电文紧密联系，经过电子签名的数据电文即表明其得到了签名人的认可，在符合证据客观性、关联性、合法性等要求的条件下，可以作为证据使用。数据电文作为证据使用涉及电子证据的问题，本书有专章讲述。

(3)对法律行为的效力。当法律规定某种法律行为必须以书面签名形式作出时,以电子签名对数据电文的签署,就充分地满足了这一要求。当然,某一电子签名签署的具体的法律行为,是否成立或生效,最终要以调整该法律行为的特别法来衡量。譬如,要以合同法规范对电子签名签署的要约、承诺的生效与否进行判断,而其合同法上的效力,不是强化电子签名本身所能决定的。但是,无论如何,电子签名对法律行为的成立与生效,起着极其重要的作用。当以电子签名签署的要约、承诺本身符合合同法的基本规范时,那么对该要约或承诺的电子签名,就决定着合同成立与生效的时间、地点等重要的法律行为因素。

4.1.3 数据电文

4.1.3.1 数据电文的概念

数据电文(Data Message)也称为电子信息、电子通信、电子数据、电子记录、电子文件等。数据电文一词最早在国际法律文件中出现是在1986年联合国欧洲经济委员会和国际标准化组织共同制定的《行政、商业和运输、电子数据交换规则》中。该规则规定,贸易数据电文是指当事人之间为缔结或履行贸易交易而交换的贸易数据。

根据我国《电子签名法》的规定,数据电文的概念包含两层意思:①数据电文使用的是电子、光、磁手段或者其他具有类似功能的手段;②数据电文的实质是各种形式的信息。

根据联合国《电子商务示范法》,利用数据电文进行的各种信息传输是有效的,不得仅仅以某项信息采用了数据电文形式为理由而否定其法律效力、有效性或可执行性。我国《合同法》已将数据电文列为可以有形地表现所载内容的形式之一。

联合国《电子商务示范法》第9条规定:“在任何法律诉讼中,证据规则的适用在任何方面均不得以下述任何理由否定一项数据电文作为证据的可接受性:①仅仅以它是一项数据电文为由;或②如果它是举证人按合理预期所能得到的最佳证据,以它并不是原样为由。”

4.1.3.2 数据电文符合法定书面形式要求的规定

在传统的民商法律中,合同的签订与履行以及交易中的文件、单据等无不涉及书面形式要求。据统计,在我国法律、行政法规和部门规章中,涉及书面形式要求的有5 000多件。联合国国际贸易法委员会《电子商业示范法及其颁布指南》列举的书面形式的功能包括:确保有可以看得见的证据;引起当事人的注意;保证所有利益相关人都可读到该文件;提供一份永久记录;便于复制;使之可以通过签字方式进行验证;等等。但是,电子交易中的文件是通过数据电文的发送、交换、传输、储存来形成的,没有书面载体。从传统法律的角度来看,电子文件显然不能满足书面形式的要求,这无疑限制了电子商务对某些商务领域的进入,阻碍了电子商务的发展。

我国《电子签名法》借鉴了联合国《电子商务示范法》。根据该法规定,视为满足法律、法规要求的书面形式的数据电文应当具备以下两个条件。

(1)能够有形地表现所载内容,即数据电文所要表达的内容能够通过某种形式表现出来,这种表现形式对于所有人都可以识读,也就是说,数据电文应当具有可读性。这是对符合书面形式要求的数据电文的最基本要求。

(2)可以随时调取查用,即数据电文的内容应当是固定的,并能够在一定的时间内稳定存续,在需要的时候可以重复展示,供当事人随时查阅。

此外,数据电文是以电子形式存在的,这种特殊的存在形式决定了数据电文的易更改性。但是,关于数据电文的书面形式规定并未对数据电文是否"不可更改"作出要求,一项数据电文只要能够有效地表现所载内容并可供随时调取查用,就认为其符合书面形式要求。至于其是否是不可更改的或是否具有证据效力,则还需要依据本法的其他规定进行判断。

4.1.3.3 数据电文符合法定原件形式要求的规定

原件,即原始文件、原始资料,一般是指信息内容首次以书写、印刷等形式固定于其上的纸质或其他有形的媒介物。原件形式要求,主要是在诉讼法中提出的。我国《民事诉讼法》第68条规定:"书证应当提交原件。物证应当提交原物。提交原件或者原物确有困难的,可以提交复制品、照片、副本、节录本。"此外,原件还与物权凭证和流通票据有关,因为原件的独一无二概念对这种单据特别重要。涉及"原件"要求的文件还有:贸易文件,如重量证书、农产品证书、质量或数量证书、检查报告、保险证书等。原件形式要求是构成电子商务的一个主要障碍。

在这一问题上,联合国《电子商务示范法》同样采用了"功能等同法"。从文书原件所要达到的功能出发,找到实现"原件"功能的基本要求,然后再规定符合这一要求的数据电文就视为符合原件的形式要求。我国《电子签名法》借鉴了联合国《电子商务示范法》和有关国家、地区的规定。根据本条规定,视为符合法律、法规规定的原件形式要求的数据电文,应当符合下列条件。

(1)能够有效地表现所载内容并可供随时调取查用,即该数据电文应当符合法律规定的书面形式要求。

(2)能够可靠地保证自最终形成时起,内容保持完整、未被更改。但是,在数据电文上增加背书以及数据交换、储存和显示过程中发生的形式变化并不影响数据电文的完整性。

传统民商事法律中的背书,是指当事人在票据、单证等的背面记载有关事项并签字的行为。数据电文以电子形式存在,并无正面、背面之分,本条所讲的背书实际是指达到传统民商事法律背书行为的等同功效的一种技术手段。如果采取某种技术手段可以在数据电文上达到与传统背书行为同样的功能,造成同样的法律后果,我们就可以将其视为"在数据电文上背书",并且不影响数据电文内容的完整性。

4.1.3.4 数据电文符合法定文件保存要求的规定

文件保存的要求通常是为审计或者税收目的提出的。在一些法律中,为了使某一文书所含信息在一定时间内均可以调取查用,会对其保存提出要求。《中华人民共和国税收征收管理法》规定,从事生产、经营的纳税人,以及扣缴义务人必须按照国务院财政、税务主管部门规定的保管期限保管账簿、记账凭证及其他有关资料。一项文书如果要达到法律规定的保存要求,一般要满足以下条件:①该文书能够被随时调取查用;②该文书所载内容能够被准确地重视,即每次调取查用时,所呈现的文书内容同该文书最初形成时的内容是完全一致的;③对文书原始性的要求,即最好能够保存与原始文书有关的各种信息。

传统法律对文件保存的要求主要是针对纸质书面文书提出的,但是如果数据电文能够提供文件保存的功能,那么就应视为满足了法律规定的文件保存要求。我国《电子签名法》借鉴了《联合国电子商务示范法》和有关国家、地区的法律,规定符合下列条件的数据电文视为满足法律、法规所规定的文件保存要求。

(1)能够有效地表现所载内容并可供随时调取查用,即数据电文应满足法律规定的书面形式要求。

(2)数据电文的格式与其生成、发送或者接收时的格式相同,或者格式不相同但是能够准确表现原来生成、发送或者接收的内容。该项条件是要求数据电文能够准确表现出其原始内容,为此,一般要求数据电文按照其原始格式保存。但是,在电子环境下,要求数据电文毫无变动地保存,有时并没有必要,因为有些文件可以通过压缩、加密的形式保存,这种保存方式也不会影响文件内容的准确重现。因此本项规定,数据电文保存的格式也可以与其生成、发送或者接收时的格式不相同,但必须能够准确地表现原来生成、发送或者接收的内容。

(3)能够识别数据电文的发件人、收件人以及发送、接收的时间。这一项条件所设定的标准实际上高于对文件保存所作的一般要求。它规定除了保存数据电文本身外,还能识别数据电文的来源,包括发件人、收件人以及发送、接收的时间等信息。这样规定是为了涵盖所有可能需要保存的信息。满足了这三项条件,即可视为满足了文件保存的要求。

4.1.3.5 数据电文归属与确定

(1)发送主体的确认。数据电文的归属,即如何认定数据电文的发出者或者其主体的问题。它是数据电文的法律后果的先决条件。电子签名是对数据电文效力的确认,并建立起数据电文与签名者之间的联系。在这种情况下如何确定数据电文的效力,就是数据电文归属的推定规则,这些规则是电子签名法律效力的补充。在一定情况下,数据电文可以视为发件人发送。这样,可以使法律关系变得稳定,有利于保护交易对方当事人的合理信赖。

第一,代理。发件人如果明确授权他人发送一项数据电文,则成立一种代理关系。发件人为被代理人,被授权者为代理人,具体按我国《民法通则》和《合同法》等相关规定处理。

第二,自动交易。在电子交易中,有些合同的订立和履行是通过计算机程控的数据电文自动完成的。发件人的信息系统自动发送数据电文。这种信息系统被称为“电子代理人”。在电子数据交换(EDI)中,这种情况很常见。

第三,收件人按照发件人认可的方法对数据电文进行验证后结果相符的。发件人与收件人可以事先约定:如果收件人采用某种验证程序对所收到的数据电文进行验证后,验证结果表明该数据电文是发件人发出的,则收件人可以认定该数据电文归属于发件人。发件人也可以单方面认可该种验证程序,或者经过与中间人(如认证机构)的协议确定该验证程序,并同意凡符合该程序要求条件的数据电文,均承担受其约束的义务。在有些情况下,可能有人盗用发件人的系统或签名生成数据等信息来发送数据电文。收到数据电文后,只要正确地使用了事先经发件人同意的验证程序来进行验证,收件人即有权视该数据电文为发件人发送的,因为发件人有义务防止自己的系统或者有关信息被盗用。发件人一旦疏于这项义务,即应为其疏忽行为负责。当然,根据民法一般原则,如果收件人明知或应知所收到的数据电文不是发件人发送的,则收件人无权将该数据电文视为发件人发送的。如果发件人在知道他人冒用了自己的系统或有关信息后,立即对收件人发出通知告知,则收件人自知悉这一情况时起,不应继续将该数据电文归属于发件人。

我国《电子签名法》第9条对数据电文的归属作出了规定："数据电文有下列情形之一的，视为发件人发送：（一）经发件人授权发送的；（二）发件人的信息系统自动发送的；（三）收件人按照发件人认可的方法对数据电文进行验证后结果相符的。"

（2）数据电文的接收确认。对于传统书面文件的接收，一般由接受人签字或盖章，即表明接受人收到了该书面文件，同时产生相应的法律效力。如何确认接受方是否接收到数据电文，这就是数据电文接收要确认的问题。根据我国《电子签名法》第10条规定："法律、行政法规规定或者当事人约定数据电文需要确认收讫的，应当确认收讫。发件人收到收件人的收讫确认时，数据电文视为已经收到。"

（3）发送和接收的时间和地点。数据电文何时发出，又是何时收到，在法律上有着重要意义：数据电文发出的要约、承诺是否生效，合同是否已经成立，文件是否已按时递交给有关政府机构，一宗贸易是什么时候完成的，诸如此类的问题，都与时间因素相关。

通常数据电文的发送时间为该数据电文进入发件人控制之外的某个信息系统的时间。所谓"发件人控制之外的某个信息系统"，既可以是收件人的信息系统，也可以是某一中间人的信息系统。收件人指定特定系统接收数据电文的，数据电文进入该特定系统的时间，视为该数据电文的接收时间。收件人指定的系统不一定就是本人的系统，一切以指定为准。如果数据电文实际上到达的是收件人的系统但并非所指定的那个系统，一般以收件人检索到数据电文的时间为收到时间。收件人未指定特定系统的，数据电文进入收件人的任何系统的首次时间，视为该数据电文的接收时间。"进入"时间，是指在该信息系统内可加以处理的时间，至于收件人是否已经检索、读取该数据电文，不产生任何影响。正如邮件投入收信人邮箱时即认为已经送达，而不论收信人是否开封阅知一样。如果数据电文未能进入收件人信息系统，则不能认为该数据电文已经到达。

同发送和接收时间一样，发送和接收地点也有很重要的法律意义。《合同法》规定，承诺的生效地点为合同成立的地点；《民事诉讼法》第25条规定："合同的双方当事人可以在书面合同中协议选择被告住所地、合同履行地、合同签订地、原告住所地、标的物所在地人民法院管辖。"在冲突法中，地点还影响到准据法的选择。

法律倾向于赋予那些与交易有密切联系的地点以法律意义。因此，一般规定发件人的主营业地为数据电文的发送地点，收件人的主营业地为数据电文的接收地点，没有主营业地的，其经常居住地为发送或者接收地点。至于数据电文的实际发送和接收地点，即信息系统所在地，并不具有法律意义。基于当事人意思自治原则，当事人对数据电文的发送地点和接收地点另有约定的，从其约定。

根据我国《电子签名法》，对于数据电文发送和接收时间与地点作如下规定。

关于发送时间的规定:数据电文进入发件人控制之外的某个信息系统的时间,视为该数据电文的发送时间。收件人指定特定系统接收数据电文的,数据电文进入该特定系统的时间,视为该数据电文的接收时间;未指定特定系统的,数据电文进入收件人的任何系统的首次时间,视为该数据电文的接收时间。当事人对数据电文的发送时间、接收时间另有约定的,从其约定。

关于接收地点的规定:发件人的主营业地为数据电文的发送地点,收件人的主营业地为数据电文的接收地点。没有主营业地的,其经常居住地为发送或者接收地点。当事人对数据电文的发送地点、接收地点另有约定的,从其约定。

综上所述,对于电子签名发送和接收的时间和地点,应首先遵循当事人意思自治原则,可以自行约定。如果没有约定,按照法律规定来确定。

开阔视野——还有你所不知道的

数字化签名

在数字签名技术出现之前,曾经出现过一种"数字化签名"技术,或者称为"手写签名"或"图章的模式识别"。简单地说就是在手写板上签名,然后将图像传输到电子文档中,这种"数字化签名"可以被剪切,然后粘贴到任意文档上。数字签名技术与"数字化签名"技术是两种截然不同的安全技术,数字签名与用户的姓名和手写签名形式毫无关系。

案例学习——看看你的分析能力

某日,苏凤美发短信给赵刚称想借 10 000 元钱,由于是多年好友,赵刚没让苏凤美写欠条就把钱存到了苏凤美的农行账户。过了一段时间,赵刚催要借款,苏凤美屡次搪塞,赵刚遂将苏凤美告上法庭。法院经过查证两人的手机历史通信记录及赵刚给苏凤美存款的单证,确定了苏凤美向赵刚借款未还,最终判定苏凤美归还赵刚欠款并承担诉讼费等费用。

- 分析这个案例中作为证据的手机通信记录是否属于电子签名?
- 在本案中作为证据使用的两人的短信都有哪些法律效力?

班级讨论——加深你的知识理解

一、谈谈你对电子签名法律效力的看法。

二、我国《电子签名法》的出台对我国电子商务的发展有哪些意义?

三、谈谈你对我国电子签名法立法模式的看法。

自己动手——锻炼你的实践能力

一、如果你的账户被别人盗用，并进行了交易，你应如何保障自己的权益？

二、查找相关资料，并借鉴外国电子签名法的立法原则，思考我国《电子签名法》的立法原则。

小节复习——牢记本节主要内容

一、解释概念

电子签名　可靠的电子签名　最低要求方案　数字签名方案　双轨制方案　数据电文

二、简答

1. 电子签名法的立法原则有哪些？
2. 电子签名法的立法原则中的功能等同原则是什么？其内容包括哪些？
3. 电子签名法的立法模式有哪些？
4. 电子签名法的作用是什么？
5. 可靠电子签名的法律效力有哪些？
6. 数据电文应符合哪些规定？

4.2 电子认证法律制度

引导案例——打开知识的大门

张晓明是一家贸易公司的总经理，经常会通过互联网签订交易合同，需要进行网上签名，但是他总是担心其签名被假冒，使公司遭受不必要的损失。为此，他询问了一些电子认证服务机构后，认为有必要在交易过程中进行电子认证，最后选择了一家认证机构，获得了数字证书。

- 你知道什么是电子认证吗？
- 你知道上述案例中的张晓明在电子认证中有哪些义务吗？

4.2.1 电子认证概述

4.2.1.1 电子认证的概念

作为第三方的数字签名认证机构通过给从事交易活动的各方主体颁发数字证书、提供证书验证服务等手段来保证交易过程中各方主体电子签名的真实性和可靠性。电子认证的目的是把电子签名和交易联系起来,以确保对方得到的电子签名不是其他人假冒的。

具体说来,电子认证是指通过一个国家承认的认证机构颁发数字证书和管理公共密匙来检验带有电子签名的文件所有人及其内容的真实性。

4.2.1.2 电子认证的性质

电子认证服务,是指为电子签名相关各方提供真实性、可靠性验证的公众服务活动。电子认证是一种信用服务,认证机构并不向在线当事人出售任何有形商品,也不提供资金或劳动力资源。它所提供的服务成果,只是一种无形的信息,包括交易相对人的身份、公共密钥、信用状况等情报。

4.2.1.3 电子认证的具体操作程序

电子认证的具体操作程序为:发件人在做电子签名前,签署者必须将他的公共密钥送到一个经合法注册并具有从事电子认证服务许可证的第三方,即认证机构,登记并由该认证中心签发电子印鉴证明(Certification)。之后,发件人将电子签名文件同电子印鉴证明一并发送给对方,收件方经由电子印鉴佐证及电子签名的验证,即可确信电子签名文件的真实性和可信性。

4.2.1.4 认证机构的风险

认证机构在提供认证服务的过程中会面临许多潜在风险。其风险的种类主要有:①运用技术过失致使数字记录丢失;②对信息未进行严格审查致使证书含虚假陈述,第三人信赖其陈述,并基于证书的等级进行交易,这样将损坏认证机构的可信度;③未经过合理适当的辨别而终止或撤销证书;④由于服务器故障或周期性离线修整而造成认证服务中断;⑤内部人员即认证机构有权访问证书数据库的雇员制作虚假证书或涂改证书记录;⑥外部人员使用多种方法改造认证机构的通用协议;⑦作为网络机构随着技术更新其淘汰率高,服务可能难以长期维持,但是某些长期证书的管理又需要服务一直持续下去不能中断;等等。

4.2.2 认证机构的设立与管理

4.2.2.1 认证机构概述

认证机构的英文为 Certification Authority，简称 CA，亦称为认证中心、验证机构或凭证管理中心等。为了保证电子签名的真实性，保障交易安全，发件人在做电子签名前，必须将他的公共密钥送到经合法注册、具有从事电子认证服务许可证的第三方，即电子认证机构（CA）登记，并由该认证中心签发电子印鉴证明。可见，CA 起到一个具有权威性公证第三人的作用。电子认证的目的就是通过 CA 对公共密钥进行辨别和认证（包括跨国认证），以防止或减少因密钥的丢失、损毁或解密等原因造成电子文件环境交易的不确定因素及不安全性等风险。

电子认证机构的主要功能是接受注册请求，处理和批准请求及颁发和管理数字证书，保管公共密钥，应有关当事人的申请进行身份认证。根据我国《电子认证服务管理办法》第 17 条规定："电子认证服务机构应当保证提供下列服务：（一）制作、签发、管理电子签名认证证书；（二）确认签发的电子签名认证证书的真实性；（三）提供电子签名认证证书目录信息查询服务；（四）提供电子签名认证证书状态信息查询服务。"

4.2.2.2 设立模式与条件

综合世界各国电子商务立法，各国对认证机构的管理各有其模式，总的来说，可分为以下类别。

（1）行业自律型。这种模式即政府完全不介入、不干预，认证机构通过市场竞争建立信誉，以求生存和发展。采用这一管理模式的多为拥有雄厚的技术和资金优势、市场发育成熟、社会信用制度健全、民间认证体系已趋完善的国家或地区。澳大利亚、美国的加利福尼亚州是采用这种方法的典型代表。这种自由宽松的交易环境，有利于电子商务企业施展才华，却不利于广大消费者的参与。

（2）政府监管与市场培育相结合型。采用这种方式管理认证机构的国家多数规定了自愿认可制度，即法律规定认证机构并不一定取得许可，但是经过政府许可的认证机构可享受责任限额等优惠条件。政府对认证机构管理只实行有限介入，不进行全面干预，如新加坡、英国、奥地利等国家。

（3）政府集中管理型。多数发展中国家，由于技术资金处于劣势、市场发育不完善，同时又要加快发展，因而多采用政府干预，以发展本国认证体系，如马来西亚。但是，一些发达国家也保留了浓厚的政府介入特色，规定由信息通信部或者相关大臣发放许可，如韩国、日本都属于对认证机构实施许可、审批的国家。其具体做法大致如下:①以法律授权政府相关的机构(通常为商务署),对认证机构进行管理、颁发许可证;②规定认证机构所必须具备的可靠条件,包括硬件、软件、业务人员等方面;③政府允许符合法定条件的认证机构承担有限责任;④法律上推定经认证机构核实的电子签名具有证据力。该种方法充分显示了政府的行政力量,其目的是让安全数字签名完全成为手书签名的替代品,进而促使广大的消费者进入电子商务领域。①

我国依照电子签名法执行的是一种通过登记许可的政府集中管理的模式,我们认为这是在目前我国市场经济体系不够完善、有效的信用制度及第三方认证体系尚未建立、电子商务与信息化发展很不均衡及安全性有待提高的大环境下作出的明智选择,是符合我国目前电子商务与信息化发展环境的。《电子认证服务管理办法》第5条规定了电子认证服务机构应当具备的条件;第6条规定了申请电子认证服务许可的,应当向信息产业部提出;第10条规定信息产业部自接到申请之日起45日内作出是否许可的书面决定。

4.2.2.3 证书业务规范

在电子认证中,认证机构的主要职责是证书的颁发与公布、管理、中止和撤销及保存等,统称为认证机构的证书业务规范。新加坡的《电子交易法》规定:“证书(Certification)是指为支持数字签名而签发的记录,该数字签名,能够确定持有独有密钥的人的身份,以及其他一些重要的特征。”根据我国《电子签名法》的定义,电子签名认证证书,是指可证实电子签名人与电子签名制作数据有联系的数据电文或者其他电子记录。

(1)证书的颁发。申请人申请电子签名认证证书,认证机构对申请人身份进行检验,并对有关材料审查,如果符合证书颁发条件,将颁发给申请人认证证书。

根据我国《电子签名法》第20条规定:“电子签名人向电子认证服务提供者申请电子签名认证证书,应当提供真实、完整和准确的信息。电子认证服务提供者收到电子签名认证证书申请后,应当对申请人的身份进行查验,并对有关材料进行审查。”认证机构向申请人颁发认证证书后还有义务通过信息公告栏向社会公布。

(2)证书的管理。认证机构发布证书后,持有人申请更新证书、撤销证书,证书由于有效期届满而失效,以及私钥泄密或其他原因而作废等情况,认证机构有责任对此一系列情况做记录,以便社会公众及时了解认证证书的效力情况,维护电子签名和电子认证的公信力,保障交易安全。关于证书的管理,我国《电子认证服务管理办法》第30条规定:“有下列情况之一的,电子认证服务机构应当对申请人提供的证明身份的有关材料进

① 田凤常.电子签名与认证提供者的法律责任[J].信息与安全,2006(10).

行查验,并对有关材料进行审查:(一)申请人申请电子签名认证证书;(二)证书持有人申请更新证书;(三)证书持有人申请撤销证书。”

(3)证书的中止与撤销。证书颁布后,由于特殊情况的出现,如用户申请、个人用户死亡、法人用户不在存续、用户私钥泄密等等,证书可能被中止或撤销。中止是指证书效力的暂时中止,当法定事由消除后,证书重新恢复效力。撤销是指证书的彻底无效。

我国《电子认证服务管理办法》第29条规定:“有下列情况之一的,电子认证服务机构可以撤销其签发的电子签名认证证书:(一)证书持有人申请撤销证书;(二)证书持有人提供的信息不真实;(三)证书持有人没有履行双方合同规定的义务;(四)证书的安全性不能得到保证;(五)法律、行政法规规定的其他情况。”

我国相关法律没有关于证书效力中止的规定。电子认证服务机构更新或者撤销电子签名认证证书时,应当予以公告。

(4)认证信息的保存。认证机构的书证业务规范还包括保存与认证相关的信息,我国《电子签名法》第24条规定:“电子认证服务提供者应当妥善保存与认证相关的信息,信息保存期限至少为电子签名认证证书失效后五年。”

(5)电子认证国外证书认证问题。电子商务具有跨国界、开放性的特点,世界各国共享电子商务的技术成果,同时也分享相同或类似的电子商务法律规范。关于电子认证,国外的认证证书是否可以得到国内的承认?目前国际上对外国认证机构和认证证书的承认主要有以下三种方式:①通过国际条约或双边协定来处理,凡是加入条约或协定的国家,均可承认对方国家认证机构在本国颁发的证书的效力;②行政核准方式,即符合本国规定的认证政策和可信性条件标准的境外认证机构,在获得境内行政部门的许可后,可在境内开展认证活动,其颁发的证书与境内认证机构颁发的证书具有同等效力;③认证担保方式,即境外认证机构寻求境内认证机构提供担保,由后者承担前者在国内发放证书所产生的风险。

我国《电子签名法》第26条规定:“经国务院信息产业主管部门根据有关协议或者对等原则核准后,中华人民共和国境外的电子认证服务提供者在境外签发的电子签名认证证书与依照本法设立的电子认证服务提供者签发的电子签名认证证书具有同等的法律效力。”作为配套规定,《电子认证服务管理办法》第42条明确指出:“经信息产业部根据有关协议或者对等原则核准后,中华人民共和国境外的电子认证服务机构在境外签发的电子签名认证证书与依照本办法设立的电子认证服务机构签发的电子签名认证证书具有同等的法律效力。”但究竟境外的电子认证服务提供者在境外签发的电子签名认证证书如何与依照本法设立的电子认证服务提供者签发的电子签名认证证书取得同等的法律效力,应按照什么样的程序操作,应提交哪些材料等,还是一些尚未明确的问题,亟须在相关规定中进一步得到明确。

4.2.2.4 认证服务的暂停、终止和接受

电子认证服务机构拟在《电子认证服务许可证》的有效期内终止电子认证服务的,应该在60日内向主管部门报告,申请办理证书注销手续,并向工商行政管理机关申请办理注销登记或变更登记;电子认证服务机构拟暂停或者终止电子认证服务的,应在暂停或者终止电子认证服务90日前,就业务承接及其他有关事项通知有关各方;未能就业务承接事项与其他电子认证服务机构达成协议的,应当申请信息产业部安排其他电子认证服务机构承接其业务;电子认证服务机构被依法吊销电子认证服务许可的,其业务承接事项的处理按照信息产业部的规定进行。电子认证服务机构有根据信息产业部的安排承接其他机构开展的电子认证服务业务的义务。

4.2.3 电子认证法律关系

电子认证通常由多方当事人参加,包括证书申请人(通常也是电子签名人)、证书信赖人、还有电子认证服务提供者,即为电子签名人和电子签名依赖方提供电子认证服务的第三方机构。同时由于国家行政机关对电子认证的监管,特定国家行政机关,如我国信息产业部对电子认证服务者提供监管,在电子认证过程中,他们各方享有一定的权利,履行一定的义务,形成电子认证法律关系。其中认证机构和用户之间是典型的合同关系,这点在我国《电子认证管理办法》中已得到了肯定。《电子认证管理办法》第22条规定:"电子认证服务机构受理电子签名认证申请后,应当与证书申请人签订合同,明确双方的权利义务。"关于信赖方和认证机构的关系,学理上有不同说法,我们认为不存在合同上的权利义务关系,而属于根据法律规定产生的一种信赖利益关系。

电子签名与电子认证政策法律用以调整认证中心、证书用户、国家行政机关与不特定的社会公众之间在认证电子交易过程中所发生的法律关系,调整对象主要包括平等主体之间民商事法律关系和非平等主体之间的行政法律关系。

4.2.3.1 电子签名人(证书拥有人)的义务

在认证关系中,证书拥有人(亦称签署者)是认证机构的客户,是接受认证服务的一方。它除了应履行一般的支付服务费用义务外,还应履行一些与认证服务关系的特性相应的义务。这些义务主要包括两点:真实陈述义务和私密钥控制义务。

(1)真实陈述义务。真实陈述是指认证机构要求其客户提供的事项与资料,是证书

用户在申请证书时所应履行的基本义务。因为就其身份、地址、营业范围、证书信赖等级的真实陈述,是证书可信赖性产生的前提,否则,将构成对证书体系信赖性的损害,并因此而承担一定的法律责任。

(2)私密钥控制义务。当证书颁发并接收之后,用户就在真实陈述义务之外,又增加了一项私密钥控制义务。它是证书用户所应负的针对任何人的义务,实际上是一种与认证机构的公正发布信息的义务相并列的社会责任。根据联合国国际贸易法委员会的《电子签名示范法》第8条规定,签名人有如下义务:

"第一,签名制作数据可用于制作具有法律效力签名的,各签名人应当做到如下:

(a)采取合理的谨慎措施,避免他人未经授权使用其签名制作数据;

(b)在发生下列情况时,毫无不应有的迟延,利用认证服务提供人依照本法第9条提供的手段,或作出合理的努力,向签名人可以合理预计的依赖电子签名或提供支持电子签名服务的任何人发出通知:(一)签名人知悉签名制作数据已经失密;或(二)签名人知悉导致签名制作数据可能已经失密的重大风险情况;

(c)在使用证书支持电子签名时,采取合理的谨慎措施,确保签名人作出的关于证书整个寿命周期的或需要列入证书内容的所有实质性表述均精确无误和完整无缺。

第二,签名人应当对其未能满足第1款的要求承担法律后果。我国的《电子签名法》中,对上述两方在数字签名使用和认证上应各负有的义务的规定是较为一致的,并规定了各自应负的法律责任,电子签名人应履行以下义务:

(1)提供真实、完整、准确信息的义务。电子签名人向电子认证服务提供者申请电子签名认证证书,应当提供真实、完整和准确的信息。(第20条)

(2)妥善保管电子签名制作数据的义务。电子签名人应当妥善保管电子签名制作数据。(第15条)

(3)及时告知的义务。电子签名人知悉电子签名制作数据已经失密或者可能已经失密时,应当及时告知有关各方,并终止使用该电子签名制作数据。(第15条)

不履行义务就要承担相应的责任,对此我国《电子签名法》第27条有明确规定:"电子签名人知悉电子签名制作数据已经失密或者可能已经失密未及时告知有关各方、并终止使用电子签名制作数据,未向电子认证服务提供者提供真实、完整和准确的信息,或者有其他过错,给电子签名依赖方、电子认证服务提供者造成损失的,承担赔偿责任。"

4.2.3.2 电子签名依赖方(证书信赖方)的义务责任

电子签名依赖方,是指基于对电子签名认证证书或者电子签名的信赖从事有关活动的人。不一定事先与认证机构存在合同关系，但他是认证关系的受益方之一。要求其承担相应的义务，是保障其利益的前提条件。联合国《电子签名统一规则》第11条规定，相对方（即证书信赖人）如不能履行下列行为，应承担法律责任：①采取合理的步骤核查签名的可靠性；②在电子签名有证书证明的情况下，采取合理的步骤；③核查证书的有效性或证书的吊销或撤销；④遵守任何有关证书的限制。

对于电子签名依赖方的责任与义务，《电子签名法》未作规定。这是较为被动的一方面，它应以合理方式对电子签名进行验证。电子签名人与电子签名依赖方之间一般表现为商务合同关系，主要受《合同法》的调整，一般要求其作为善意的谨慎商人尽到合理的注意义务即可。

4.2.3.3 认证机构的义务

电子认证服务提供者，处于整个电子签名认证法律关系的中心地位。数据电文和数字签名的真实性、完整性和不可否认性，都基于对电子签名的有效认证，其依据就是认证人颁发的电子签名认证证书。认证人的工作就是通过颁发证书用以证明证书上所载公钥与签名人之间的关系，并以其专业能力和执业资格使依赖方据以验证数字签名的真实性和完整性。

我国《电子签名法》规定其义务如下。

(1)依法申请许可资格，遵守国务院信息产业部的管理规则，并接受信息产业部的监督。(第18条)

(2)公开义务或信息披露义务，即公开其名称、许可证号、电子认证业务规则，包括责任范围、作业操作规范、信息安全保障措施。

(3)谨慎审核义务，即以合法的手段，审查签名人的身份及相关情况。根据我国《电子签名法》第20条第2款规定，电子认证服务提供者收到电子签名认证证书申请后，应当对申请人的身份进行查验，并对有关材料进行审查。

(4)电子认证服务提供者有关的保证义务，即保证认证证书内容在有效期内完整、准确，并保证依赖方能够证实或者了解认证证书所载内容及其他有关事项。根据我国《电子签名法》第22条规定："电子认证服务提供者应当保证电子签名认证证书内容在有效期内完整、准确，并保证电子签名依赖方能够证实或者了解电子签名认证证书所载内容及其他有关事项。"

(5)妥善保存与认证相关的信息义务。电子签名人向电子认证服务提供者申请电子签名认证证书，应当提供真实、完整和准确的信息。这些信息涉及的面比较广，既可能包括申请人的个人隐私,也可能涉及申请人的商业秘密,如果这些信息被泄露,可能会损害电子签名人的利益。

(6)妥善解决认证人暂停或终止服务后续工作的义务。根据我国《电子签名法》第23条规定:“应当在暂停或者终止服务九十日前,就业务承接及其他有关事项通知有关各方。”此外,电子认证服务提供者拟暂停或者终止电子认证服务的,还应当履行以下义务:

一是报告。电子认证服务提供者应当在暂停或者终止服务60日前向国务院信息产业主管部门报告,使其了解情况。

二是协商承接。电子认证服务提供者除在法定期限内向国务院信息产业主管部门报告外,还要与其他电子认证服务提供者就业务承接进行协商,协商达成一致意见的,对业务承接事项作出妥善安排。

三是指定承接。电子认证服务提供者未能就业务承接事项与其他电子认证服务提供者达成协议的,应当申请国务院信息产业主管部门安排其他电子认证服务提供者承接其业务。

4.2.3.4 认证机构的责任

(1)民事责任。总体来说,电子认证服务提供者承担过错推定责任。我国《电子签名法》第28条规定:“电子签名人或者电子签名依赖方因依据电子认证服务提供者提供的电子签名认证服务从事民事活动遭受损失,电子认证服务提供者不能证明自己无过错的,承担赔偿责任。”这里《电子签名法》规定了较为严格的过错推定责任认定制度。但民事活动损失包括直接损失和间接损失,可预见损失和不可预见损失等,可能数额相当巨大,同时由于电子认证服务的特殊性质及业务风险,对认证机构的风险责任加以限制也是有必要的,以促进电子认证服务市场的发展,而这需要在我国立法中进一步明确。

(2)行政责任。电子认证服务提供者未在暂停或者终止服务前向国务院信息产业主管部门报告的责任。《电子签名法》第30条规定:“电子认证服务提供者暂停或者终止电子认证服务,未在暂停或者终止服务六十日前向国务院信息产业主管部门报告的,由国务院信息产业主管部门对其直接负责的主管人员处一万元以上五万元以下的罚款。”

未经许可提供电子认证服务的责任。《电子签名法》第29条规定:“未经许可提供电子认证服务的,由国务院信息产业主管部门责令停止违法行为;有违法所得的,没收违法所得;违法所得三十万元以上的,处违法所得一倍以上三倍以下的罚款;没有违法所得或者违法所得不足三十万元的,处十万元以上三十万元以下的罚款。”

此条使我国电子认证服务市场的准入制度更加严密,旨在保证市场的有序活动,防止其因未经许可的认证提供者的非法经营活动受到影响。

(3)刑事责任。《电子签名法》第31条规定:“电子认证服务提供者不遵守认证业务规则、未妥善保存与认证相关的信息,或者有其他违法行为的,由国务院信息产业主管部门责令限期改正;逾期未改正的,吊销电子认证许可证书,其直接负责的主管人员和其他直接责任人员十年内不得从事电子认证服务。吊销电子认证许可证书的,应当予以公告并通知工商行政管理部门。”

《电子签名法》对负责电子认证服务业监督管理工作部门的工作人员违法行为的处罚也作了规定:伪造、冒用、盗用他人的电子签名,构成犯罪的,依法追究刑事责任;给他人造成损失的,依法承担民事责任。依照本法负责电子认证服务业监督管理工作的部门的工作人员,不依法履行行政许可、监督管理职责的,依法给予行政处分;构成犯罪的,依法追究刑事责任。

开阔视野——
还有你所不知道的

PKI 体系

PKI 是“Public Key Infrastructure”的缩写,意为“公钥基础设施”。简单地说,PKI 技术就是利用公钥理论和技术建立的提供信息安全服务的基础设施。公钥体制是目前应用最广泛的一种加密体制,在这一体制中,加密密钥与解密密钥各不相同,发送信息的人利用接收者的公钥发送加密信息,接收者再利用自己专有的私钥进行解密。这种方式既保证了信息的机密性,又能保证信息具有不可抵赖性。目前,公钥体制广泛地应用于CA、数字签名和密钥交换等领域。

PKI 是信息安全基础设施的一个重要组成部分,是一种普遍适用的网络安全基础设施。它是20世纪80年代由美国学者提出的,实际上,授权管理基础设施、可信时间戳服务系统、安全保密管理系统、统一的安全电子政务平台等的构筑都离不开它的支持。数字证书认证中心(CA)、审核注册中心(RA)、密钥管理中心(KM)都是组成 PKI 的关键组件。作为提供信息安全服务的公共基础设施,PKI 是目前公认的保障网络社会安全的最佳体系。

案例学习——
看看你的分析能力

家安装饰公司与鼎美家装用品公司谈妥了一笔生意,但是由于地处两地,遂决定通过网上银行汇款。于是,家安装饰公司向一家电子认证服务机构进行了注册,家安公司将电子签名文件同电子印鉴证明一并发送给了鼎美家装用品公司,该公司对其进行了验证。但是,由于该电子认证机构被计算机病毒感染,导致家安公司所存购物款全部被盗。

■ 请简述在上述案例中家安装饰公司在电子认证过程中应履行哪些义务？

■ 上述案例中的电子认证机构在购物款被盗事件中应承担哪些责任？

班级讨论——加深你的知识理解

一、你认为什么样的电子认证机构设立模式更适合我国国情，并说明你的理由。

二、电子认证法律关系中的各方都享有什么权利？

三、我国法律法规应如何加强对电子认证机构的规制以使其更好地发挥作用？

自己动手——锻炼你的实践能力

一、查询证书申请有关法律法规并熟悉相关操作程序。

二、尝试上网申请电子签名认证证书，熟悉证书审批查询及证书下载。

小节复习——牢记本节主要内容

一、解释概念

电子认证　电子认证服务　CA　电子认证法律关系

二、简答

1. 作为第三方的数字签名认证机构的作用是什么？

2. 电子认证的性质是什么？简述电子认证的具体操作程序及认证机构的风险。

3. 电子认证机构的主要功能是什么？

4. 简述电子认证机构的设立模式及条件。

5. 简述电子认证法律关系各方的义务。

5

电子支付法律制度

【本章概要】

电子支付作为一种资金划拨方式,是电子商务发展的重要支撑。电子支付的安全性一直是制约电子商务发展的最大障碍,而目前其安全性的解决急需的是法律上的完善。电子支付法律制度既是电子商务法的重要内容,也是金融法的重要内容。本章从电子支付的定义和种类着手,阐述电子资金划拨法律关系、电子货币法律制度和网络银行法律制度等电子支付法的三大内容,同时也涉及虚拟货币、第三方支付平台等电子支付领域出现的新兴法律问题。

【关键术语】

电子支付　电子资金划拨　电子货币　虚拟货币　网络银行

5.1　电子支付概述

引导案例——打开知识的大门

小张在淘宝网上找到一款自己喜欢的MP4,他在网页上点击“立即购买”,输入购买的数量、选择运送方式、校验代码、选择收货地址,确认无误后点击“确认无误,购买”。经核对确认拍下的宝贝的信息后,选择用支付宝付款。此时出卖人杨斌看到该商品的交易状态为“等待买家付款”。小张只需付款到支付宝,系统就会通知杨斌发货。杨斌发货后,输入承运公司名称和承运单号码,点击“确认发货”。很快小张收到系统发送的一封包含发货相关物流信息的邮件。3天后,小张收到了他向往已久的MP4。在他确认收到货后,交易状态显示为“交易成功”,支付宝将钱打入杨斌的“支付宝账户”。一次交易即告完成,买卖双方都很满意。

- 你认为小张与杨斌在交易中所使用的支付方式有什么优点?
- 你还知道哪些电子支付方式?

5.1.1 电子支付的定义和种类

支付是为了清偿债权债务关系而将资金从债务人账户转移到债权人账户的过程。支付工具和支付系统随着人类社会的进步而逐步演变。20 世纪 50 年代末，当计算机在银行业务中得到应用后，全球利用计算机、终端机、电子信息网络等电子通信设备建立起高速划拨资金的电子支付系统。

5.1.1.1 电子支付的定义

电子支付(Electronic Payment)是指“单位、个人直接或授权他人通过电子终端发出支付指令，实现货币支付与资金转移的行为。”①这一定义相比以往电子支付的定义，具有以下两个特别之处。

(1)电子支付的工具是电子终端，即电子通信设备，这不仅仅包括电子计算机和网络，还包括所有的电子终端，如电话、自动柜员机(ATM)等。

(2)电子支付的资金来源并不局限于商业银行。美国《统一商法典》给电子支付所下的定义是：“电子支付是支付命令发送方将存放于商业银行的资金，通过传输线路划入收益方开户银行，以支付收益方的一系列过程。”随着电子商务的发展和越来越多的第三方支付平台②的出现，人们电子支付的资金来源不仅仅是商业银行了，还有第三方支付公司等非金融机构。

5.1.1.2 电子支付的种类

电子支付按照不同的分类标准可以作不同的分类。

(1)依据支付指令发起方式的不同，电子支付可分为网上支付、电话支付、移动支付、销售点终端交易、自动柜员机交易和其他电子支付。《电子支付指引(第 1 号)》即采用了该种分类方法。

(2)依据支付金额的大小及客户对象范围，电子支付可分为小额电子支付(消费性电子支付)和大额电子支付(商业性电子支付)。前者主要应用于 B2C 电子商务，服务对象主要是广大的个人消费者、从事商品和劳务交换的工商企业③，交易发生频繁，交易金额

---

① 见中国人民银行 2005 年颁布的《电子支付指引(第 1 号)》第 2 条。

② 目前对第三方支付还没有准确的定义，但是一般认为第三方支付是在电子商务买卖双方之间建立的一个中立的支付平台，为网上购物提供资金划拨渠道和服务的企业。在交易中，买方选购商品后，使用第三方支付平台提供的账户进行货款支付，由第三方支付平台通知卖家货款到达、进行发货；买方检验物品后，就可以通知付款给卖家，第三方支付平台再将款项转至卖家账户。目前，我国第三方支付平台的代表有支付宝、财付通等等。

③ 刘颖.电子资金划拨法律问题研究[M].北京：法律出版社，2001：63.

相对较小;后者则是B2B电子商务的重要手段,服务对象主要包括货币、黄金、外汇、商品市场的经纪商和交易商,在金融市场从事交易活动的商业银行以及从事国际贸易的工商企业[①],这些交易支付资金量大。

(3)根据支付系统处理划拨的类型不同,电子支付可分为贷记划拨和借记划拨。借记划拨是指债权人向银行发出支付指令,以向债务人收款的划拨;贷记划拨是指债务人向银行发出支付指令向债权人付款的划拨,债务人银行借记债务人账户,使在同一银行或另一银行中的收款人账户得到贷记。

除此之外,依据支付系统的封闭性程度,电子支付还可分为在专用网络(银行POS、ATM)上支付和在开放网络(互联网)上支付。

5.1.1.3 电子支付工具

电子支付工具包括电子支付系统和接入设备两个方面。

(1)电子支付系统。电子支付系统是指一系列交易主体参与的,以计算机网络系统为依托,由一系列支付工具、程序和设备组成的,用于实现电子货币转账的体系。[②] 常见的电子支付系统包括自动结算所系统(ACH)、电汇系统、自动柜员机系统(ATM)、销售点系统(POS)和电子银行系统。[③]

(2)接入设备。常见的电子支付接入设备包括信用卡、借记卡和智能卡等[④]。信用卡(Credit Card)是指由商业银行或者其他金融机构发行的具有消费支付、信用贷款、转账结算、存取现金等全部功能或者部分功能的电子支付卡[⑤];借记卡(Debit Card)是指先存款后消费(或取现),没有透支功能的银行卡,按其功能不同,又可分为转账卡(含储蓄卡)、专用卡及储值卡;智能卡(Smart Card),又称"集成电路卡",这种卡片是在大小和普通信用卡相同的塑料卡片上嵌置一个或多个集成电路构成的。

5.1.2 电子支付立法概况

在全球范围内,美国1978年颁布的《电子资金传输法》标志着电子支付法的产生。但由于该法仅仅调整消费性电子资金传输,因而美国1989年制定的《统一商法典》第4A

① 刘颖.电子资金划拨法律问题研究[M].北京:法律出版社,2001:126.

② 齐爱民,崔聪聪.电子金融法[M].北京:北京大学出版社,2007:149.

③ 陈健.电子支付法研究[M].北京:中国政法大学出版社,2006:60~95.

④ 陈健.电子支付法研究[M].北京:中国政法大学出版社,2006:95~120.

⑤ 此为《全国人民代表大会常务委员会关于<中华人民共和国刑法>有关信用卡规定的解释》中对刑法中信用卡的定义。

编(Article 4A of Uniform Commercial Code)成为世界上第一部专门调整大额电子资金划拨的法律。到1996年2月,美国《统一商法典》第4A编已被美国所有的州以及哥伦比亚特区采用,成为美国《统一商法典》中被采用范围最广的一编。而美国《统一商法典》第4A编所确立的大部分概念和规则亦被国际组织及世界其他国家在电子支付立法中所采用。美国国会在2003年10月制定的《21世纪支票结算法》于2004年10月28日生效,赋予了"替代支票"(Substitute Checks)与纸质支票相同的法律效力,是一部支票电子化的立法。

联合国国际贸易法委员会于1992年5月15日通过《国际贷记划拨示范法》(UNCITRAL Model Law on International Credit Transfers)(以下简称《示范法》)。该《示范法》处理的业务起初由发端人向银行下达指令,将特定金额资金划归受益人支配,涉及的事项包括:指令发送人和接收银行的义务,接收银行的付款时间以及划拨推迟或出现差错时银行对发送人或发端人的赔偿责任限制等。

欧盟在20世纪90年代中期就开始对电子支付进行监管。1998年7月发布了《欧盟电子货币指令(草案)》,2000年10月正式发布了《电子货币机构指令》(EMI Directive),这些法律的颁布标志着欧盟关于电子货币的法律框架正式形成。

除了国际组织与各国政府制定的法律文件之外,国际组织及各国际金融自治组织的规则及银行业务惯例,也将在调整电子支付关系中起到重要作用。国际标准化组织(ISO)银行业委员会制定的电子资金划拨《标准术语》、国际商会银行委员会正在拟定的《银行间支付规则(草案)》等,均属国际组织制定的自治规范。而英国银行协会的《银行惯例守则》,则是国内金融自治规范。

我国在电子支付领域迄今最主要的立法是中国人民银行于2005年10月制定的《电子支付指引(第一号)》。这种"指引"性规范性文件的法律效力层次低于部门规章,这样做是为了给电子支付业务的创新和发展创造较为宽松的制度环境,用以引导和规范电子支付行为,待条件成熟后再上升至相应的部门规章或法律法规。《电子支付指引(第一号)》重点调整银行及其客户在电子支付活动中的权利义务关系,界定了电子支付的概念、类型和业务原则;统一了电子支付业务申请的条件和程序;规范了电子支付指令的发起和接收;强调了电子支付风险的防范与控制;明确了电子支付业务差错处理的原则和要求。除此之外,我国在电子支付领域的相关立法还包括中国人民银行在1996年颁布的《信用卡业务管理办法》和1999年颁布的《银行卡管理办法》,以及中国银行业监督管理委员会2006年颁布的《电子银行业务管理办法》等。

5.1.3 电子支付法律基本原则

电子支付法律基本原则是贯穿于整个电子支付法律制度和规范中的根本规则，是电子支付立法、司法和实践活动所必须遵守的带有普遍指导意义的基本行为准则，是制定电子支付法律制度的立法准则，虽然不提供具体的、可操作的行为模式，但在电子支付法律规范对具体的电子支付法律关系缺乏规定时，则能发挥行为规范和裁判规范的功能。电子支付法律制度作为电子商务法的重要内容之一，电子商务法的基本原则对电子支付仍然适用，但是这些基本原则在电子支付法律领域的内涵又不尽相同。

5.1.3.1 安全原则

对于电子支付来说，安全是首要的。由于媒介的变化，电子支付相比传统的支付活动，效率已经大大提高，但是安全性问题也更加突出。网络的技术性和开放性决定了电子支付系统容易受到攻击，使电子资金账户的安全性难以得到保证，这就要求电子支付法律制度不得不更多地考虑安全问题。从目前全球电子商务产业的发展情况来看，电子支付的安全已经不再是一个技术问题，更多的是法律问题。电子支付法律制度一方面能够提高交易者身份的确定性，防止交易者的抵赖，这主要是通过电子签名和电子认证来实现；另一方面通过明确电子支付的安全风险法律责任的分担，严格制裁危害电子支付安全的各种违法行为。

5.1.3.2 功能等同原则

功能等同原则是指除法律另有规定外，在电子支付中，对与传统支付活动功能相同的行为赋予同等的法律效力。电子支付极大地提高了资金流转的速度，节约了交易成本，因此，电子支付的使用需要进一步推广。但是电子支付应用范围的扩大遭遇到了其行为的法律效力的限制，使得交易者不敢贸然使用电子支付。我国《电子签名法》采用功能等同原则，《电子支付指引(第一号)》客观上也在鼓励电子支付领域中电子签名的使用。

5.1.3.3 技术中立原则

技术中立原则是指电子支付法律制度对于各种电子支付的技术、软件和媒体等采取中立的态度，不歧视任何一种技术、软件和媒体，鼓励新技术的采用和推广。依据技术中立原则，为了提高支付安全，网络银行所采取的每一种支付技术都会得到同等对待。

5.1.4 电子支付法律关系

电子支付法律关系是电子支付法律所调整的电子支付当事人之间的权利义务关系。

与其他法律关系一样，电子支付法律关系也主要是由主体、内容和客体三个要素构成。

5.1.4.1 电子支付法律关系的主体

电子支付涉及的当事人主要包括发端人、受益人、银行和认证机构。①

(1)发端人，即电子支付中的付款人，根据其与发端人银行所订立的服务协议，向发端人银行发出付款的指示。

(2)受益人，即电子支付中的收款人，根据其与受益人银行的服务协议，要求受益人银行妥当接收划拨来的资金。

(3)银行，包括发端人银行、受益人银行和中间银行。银行是电子支付中的信用机构、支付中介和结算中介，其提供电子支付服务的依据是银行与电子支付客户所订立的金融服务协议。

(4)认证机构(CA)，即在网上建立的一种权威的、可信赖的、公正的第三方信任机构，为参与电子商务各方的各种认证要求提供证书服务，确认用户身份。

5.1.4.2 电子支付法律关系的内容

电子支付法律关系的内容比较复杂，各方当事人相互之间都形成合同关系，这些合同关系共同构成电子支付法律关系的内容。

(1)发端人与受益人之间的合同关系。发端人与受益人订立的合同关系，可以是买卖合同或其他合同关系，合同所确立的一项重要内容是发端人向受益人支付一定的价款。

(2)发端人、受益人与银行之间的金融服务合同关系。发端人与受益人分别与银行订立的金融服务合同，可以是在同一家银行，也可以是在不同的银行。作为发端人银行，在整个资金划拨的传送链中，承担着如约执行资金划拨指示的责任，一旦资金划拨失误或失败，应向客户进行赔偿。作为受益人银行，一方面受益人银行与客户的服务协议要求它妥当地接收划拨来的资金，即它一接收到发端人银行送来的资金划拨指示，便立即履行义务，如有失误或延误，则应按受益人银行与其客户的服务协议来处理；另一方面，发端人银行与受益人银行一般都是某一电子资金划拨系统的成员，相互负有合同义务，如受益人银行未能妥当执行资金划拨指示的，则应同时向发端人银行和受益人承担责任。

---

① 关于电子支付法律关系主体，众说纷纭："电子支付涉及的当事人主要包括消费者、商家、银行和认证中心等"(见张楚. 电子商务法教程[M]. 北京：清华大学出版社，2005：189.)；电子支付法律关系的主体一般有8个，包括"发端人、发端人银行、受益人、受益人银行、中间银行、网络在线服务商、认证机构和支付系统等"(见齐爱民，崔聪聪. 电子金融法研究[M]. 北京：北京大学出版社，2007：155.)。

(3)认证机构与用户之间的认证服务合同关系。在电子支付活动中,发端人、受益人都有可能成为证书用户,其相对方则成为证书信赖方。

5.1.4.3 电子支付法律关系的客体

电子支付法律关系的客体是电子支付行为。交易双方通过电子支付行为,实现资金从发端人银行账户到受益人银行账户的划拨。

开阔视野——还有你所不知道的

国内主要存在5种电子支付模式

据赛迪顾问股份有限公司(CCID CONSULTING)《2005～2006年中国电子商务市场及投资机会年度研究报告》显示,2005年我国电子商务交易额达到7 400亿元人民币,较2004年增长了54.2%,而近几年来,电子支付市场每年也都以高于30%的速度增长。尽管如此,与我国电子商务产业对电子支付的需求相比,与国外电子支付市场相比,国内的电子支付市场只能算是刚刚起步,亟待发展。

目前国内主要存在5种电子支付模式。

(1)充值卡支付:其优势是用户可以用钱直接购买到实物,用户容易接受,弊端是充值卡主要通过网吧或固定网点销售,用户群体有限,而且渠道建设周期长、成本高。

(2)银行与邮政汇款支付:其优势是渠道成本几乎为零,任何用户均可采用,缺点是对最终用户极其烦琐、不便,且用户不能立即使用,而商家核对汇款及向用户返回支付也需要人力支持。

(3)网上银行:其优势是快捷、方便,费用实时划扣,基本不存在坏账风险,支付成本也较为低廉,但其最大问题是支付过程不能保证百分之百的安全,且大多数银行使用网络支付需要用户到柜台办理申请手续,因此,用户普及程度较低。

(4)第三方支付:其作为第三方支付平台解决了银行无法解决的信用问题,这种服务消除了买卖双方的担忧,是得到市场认可的安全模式,但基本只限于在其自己的网站上使用,没有被推广和普及。

(5)电话支付:这是固定电话和小灵通用户通过拨打当地声讯支付热线获得电子账号,然后凭电子账号到相应网站购买其收费产品的支付方式。其特点是普及程度高、支付快捷方便、渠道建设快,非常适合互联网小额产品的支付,缺点是不适合大额产品支付。

案例学习——看看你的分析能力

上海试行第二代手机支付

据报道，自2008年1月9日起，上海市民在陆家嘴、五角场、四川北路等地的一些商场购物时，除了用现金、刷卡外，还可以用手机付款。只要在支持手机支付的POS机上轻轻一照，市民就可以轻松完成购物支付。

该项业务是由中国银联携手工行、中行、交行、深发展、兴业等银行，以及诺基亚、万惠通(Payzy)、瀚银科技等企业，在上海正式启动的新一代移动支付的商用试验。

据中国银联有关负责人介绍，客户只需要将银行卡账户信息下载到手机中，便可以进行支付，同时还可以查询绑定银行卡的账户余额、方便地进行公共事业缴费。而一部手机可以捆绑的银行账户则多达10个，且贷记卡、借记卡、准贷记卡均支持。

由于该手机支付业务是利用集成在移动终端上的具有非接触功能的IC卡芯片来实现的，因此对手机也有一定的要求。目前，支持该支付功能的手机是诺基亚的320和6131i两款手机。银联相关负责人表示，今后还将不断拓展支持该芯片技术的手机种类。

在备受关注的安全问题上，中国银联助理总裁戚跃民表示，当用户把账户信息植入手机后，系统就将采取加密方式自我保护，而且在支付过程中，还需要使用密码。而一旦手机遗失，客户注销手机号后，芯片也将立刻失效。此外，银联还计划开通银联服务热线95516，为手机支付提供即时帮助，当手机遗失时，可以实现快速挂失。

据了解，目前支持此类业务的手机已经售出800多台，银联在沪上布放的此类支持手机支付的POS机也达300台，已成交交易上千笔。

——案例来源：解放日报

- 分析这个案例中介绍的手机支付是电子支付的哪一种？
- 该支付方式需要借助哪些支付工具？
- 你认为应如何保证该种支付方式的安全性？

班级讨论——加深你的知识理解

一、你认为电子支付方式存在哪些风险？

二、你认为电子支付法律关系各方的权利义务有哪些？

三、你认为电子支付产业需要从哪些方面进行规范？

自己动手——锻炼你的实践能力

一、在易趣网或淘宝网上购买或拍卖一次商品，记录下交易的每一个过程，体会使用 PayPal 或支付宝支付的感觉，并与同学们交流。

二、通过在网上查找资料，了解目前国内外有哪些影响较大的电子支付工具。

小节复习——牢记本节主要内容

一、解释概念

电子支付　电子支付法律关系

二、简答

1. 简述电子支付的种类。

2. 电子支付法律的基本原则有哪些？

5.2　电子资金划拨关系与规范

引导案例——打开知识的大门

卡尔拥有一张某银行的借记卡。他在某家家电城购买了一台液晶电视，用借记卡刷卡支付了 1 500 美元。电视买回家后，卡尔却发现其无法工作，且在调试过程中电视里面的电子元件烧坏了。卡尔马上通知发卡银行不要向家电城划拨电视货款，并向银行说明了原因。

- 此时银行应该怎样处理？
- 你认为该笔电子划拨是否已经完成？

5.2.1　电子资金划拨的概念

电子资金划拨与电子支付的概念几乎是同时出现的，可以等同。只不过在实践中，电子资金划拨偏重的是实质性，强调支付结算的内在实质是资金结算双方账户内资金的借记或贷记划拨，而电子支付更注重形象性，强调支付结算的外在过程是由一方通过电子媒介向另一方完成资金交付。[①] 因此,本节不再给电子资金划拨一个概括性定义。

联合国国际贸易法委员会在1986年制定的《电子资金划拨法律指南》中,给电子资金划拨的定位是"指在资金划拨过程中的一个或更多环节,以前是通过传统纸质方式完成的而现在是通过电子方式完成的。"美国1978年的《电子资金划拨法》则把电子资金划拨定义为"除发端于支票、期票以及其他类似的纸质凭证的交易以外,通过电子终端、电话、电传设施、计算机、磁盘等命令、指示或委托金融机构借记或贷记账户的任何资金划拨。"

5.2.2 电子资金划拨关系的当事人

《电子资金划拨法律指南》将电子资金划拨关系的双方当事人定义为资金的"划拨人"(Transferor)和资金的"受拨人"(Transferee)。现行电子资金划拨多为贷方划拨,即债务人作为发端人,向其代理行发出支付指令,发端人代理行通过中介银行或直接向受益人代理行发出支付指令,直至款项最终到达受益人。电子资金划拨关系中的当事人最多可有五方:①资金划拨人(或称发端人);②划拨人代理银行;③受拨人(或称受益人);④受拨人代理银行;⑤其他参与电子资金划拨的银行(或称中介银行)。

5.2.3 电子资金划拨的立法模式

目前世界上的电子资金划拨立法有两种类型:一种是以大陆法系国家,如法国、德国、日本等为代表的"一般法律调整",即不专门就电子支付立法,而是适用于一般的法律,或以合同、惯例对之进行调整;另一种是以美国为代表的"专门立法调整"。1978年美国的《电子资金划拨法》是专门调整小额电子资金划拨的法律;而美国《统一商法典》(UCC)第4A编全面调整大额电子资金划拨中产生的法律关系。

为使国际电子资金划拨统一化,一些国际组织已采取了相应措施。如,国际标准化组织(ISO)银行业委员会制定的电子资金划拨《标准术语》,已为国际认同。联合国国际贸易法委员会第二十五届会议于1992年5月15日通过了《国际贷记划拨示范法》,联合国大会于1992年11月25日批准实施。《国际贷记划拨示范法》采纳了美国《统一商法典》第4A编的大部分概念和规则,并向全世界推荐。

5.2.4 大额电子资金划拨的法律问题

大额电子资金划拨通常涉及以下法律问题。

---

① 张德芬.小额电子资金划拨法研究[M].郑州:郑州大学出版社,2006:5.

5.2.4.1 支付指令的接收及认证问题

(1)银行对支付指令的接受或拒绝。电子资金划拨中的支付指令,是指发端人通过互联网向其代理银行发出指令,要求该行向特定的受益人支付一笔固定或可确定数量的资金。美国 UCC 4A 编规定:支付指令指发送人对接收银行的一项指令,这项指令以口头方式、电子方式或书面形式发送,是支付或使另一家银行支付固定的或可确定的货币金额给受益人的指令,必须符合以下主要条件:

一是除规定资金划拨的时间以外,支付指令不得附有任何其他条件。

二是指令必须由发送方通过互联网直接向特定的接收银行或其代理人的电子资金划拨接收系统发出。

三是指令中的金额必须是固定的或可确定的。

四是支付的受益人为特定的对象。

五是要求接收银行无条件付款的指令。

银行应与客户在服务协议中,对上述支付指令的形式要件作出明确约定。若银行收到不符合上述要求的支付指令,或支付金额超出了客户在银行的存款额,应及时通知指令人不予执行并说明原因。除上述两种情形外,据美国 UCC 4A 编和联合国贸法会《划拨示范法》的规定,接收银行有权拒绝任何支付指令,除非双方事先另行订有协议。但是,银行若拒绝一项支付指令,需以最合理的方式通知指令发送方。

(2)支付指令的认证问题。当发端人代理行接收到一项支付指令时,除了需审查该项支付指令是否具备形式要件,以及客户是否存有足够的资金外,还须对该指令予以认证。认证,即指银行为了确认发出支付指令的客户身份所采取的鉴别措施,以防止未经银行客户授权者伪装成客户,向其代理银行发出支付指令,骗取划拨资金。

盗用资金所有人的密码及相关信息进行诈骗是网上银行面临的主要风险。由此产生的损失应由银行承担还是客户自身承担?对此,美国 UCC 4A 编中的"安全程序"规则值得借鉴。所谓"安全程序",是指客户与银行约定使用的密码或其他有效的身份认证手段。一般而言,客户只对经过其授权的支付指令负责。如果银行和客户通过协议建立了安全程序,在电子资金划拨中因欺诈所造成的损失分担依照 UCC 4A 编的规定来解决;如果银行和客户未通过协议建立安全程序,在电子资金划拨中出现欺诈所造成的损失的分担,则应通过 UCC 4A 编以外的原则,特别是代理法的原则处理。[1]

UCC 4A 编规定,若银行收到的指令经过了安全程序的证实,那么由这一指令所产生

---

① Bruce J S. The Payment System – Design, Management, and Supervision. IMF, 1994:67.

的后果，应由客户承担。一般规则下，未经授权的支付命令造成损失的风险由银行承担。客户承担未经授权的支付指令造成的损失，必须满足以下四个条件：一是代理银行与其客户达成协议，约定客户输入的支付指令必须经安全程序确认；二是该安全程序必须具备商业上的合理性；三是银行出于诚实及善意接受支付指令；四是银行遵守了安全程序。如果银行遵从了以上条件，则客户应当承担支付指令引起的相应后果。倘若银行未能满足以上要求，则需对该支付指令的后果负责。

5.2.4.2 电子资金划拨的完成

一笔电子划拨于何时可认定为业已完成，十分关键。因为资金划拨参与行一旦按照发端人的支付指令完成了划拨，其行为就不能撤回。

UCC 4A 编规定："受益人的账户被贷记后，即使受益人尚未提取贷记的款项，其对贷记款项的权利也不可剥夺。一旦受益人银行支付了受益人，该支付即具有终结性和不可撤销性。"这就是接受人终结原则。对何时认可发端人代理行已完成了划拨指令的问题，联合国国际贸易法委员会《电子资金划拨指南》提出了六种方案：①发端人在其代理行账户被借记时，视为划拨的终结点；②受益人银行接受划拨指令的时间；③受益人在其代理行账户被贷记的时间；④受益人代理行向受益人发出其账户已被贷记的通知时；⑤划拨资金到达受益人账户时。其中，第①种方案对发端人代理行较为有利，第②、③种对受益人代理行较为有利。银行在作为发端人代理行时，一般将第一种方案纳入与客户签订的《网上银行服务协议》中。这样，当客户向其代理行发出支付指令后，一旦代理行借记了发端人的账户，其执行即告完结，发端人从此时起无权要求撤销其支付指令，也无权要求退回划拨的资金。

5.2.4.3 支付指令有误时的责任承担问题

支付指令有误包括以下情况。

(1)支付指令表述有误。即指支付指令中存在表述与实际不一致的信息，如受益人名称有误、受益人名称和账号不符等。此类错误在电子划拨中时有出现。UCC 4A 编规定，当存在对受益人情况误述，不能确定受益人时，任何人无权作为受益人。受益人代理行有权不接受发端人代理行的支付指令，发端人代理行应将款项退回发端人。由此造成利息及其他损失，由发端人自行承担。

(2)支付指令错误。即指支付指令的内容本身存在错误，或在传输过程中产生了错误。该错误并非欺诈，关键在于明确损失责任如何分担，即应由指令发送人承担，还是由指令接收人承担。

UCC 4A 编规定，指令发送人应对其支付指令的正确性负责。若因支付指令有误导致了损失，该损失应由发送人承担。但是，若发送人能够证明以下三点，则损失应由指令接收人承担：①发送人完全按照其与接收人约定的错误检测安全程序发送了支付指令；②接收指令人未遵循约定的安全程序；③若接收指令人完全按照安全程序行事，损失不会发生。发送人不能证明以上三点之一的，均应承担因支付指令错误造成的损失。

对于支付指令在传输过程中出现的错误，即所谓的“转换错误”，指既非发送人亦非接收人造成，而是由于电子划拨系统故障致使支付指令出现的错误。据 UCC 规定，亦应由发端人承担由此造成的损失。我国对此尚未有明确的法律规定，所以，对于传输过程中出现的由于支付指令错误造成的损失承担问题，最好以协议的方式予以明确约定。

(3) 支付指令执行错误问题。即指支付指令本身并无差错，但是接收指令的一方却在执行过程中出现了差错。对此支付指令发出人本身并无过错，故不应承担责任。而指令接收人错误执行指令，存在过错，应对由此造成的损失负责。因此，当出现超额或重复付款时，代理银行仅能要求发端人支付其指令范围内的金额，对超额部分，应按不当得利规则要求受益人返还；当出现支付短款的情况时，代理银行除应补足短款外，还应赔偿支付延迟的利息。

5.2.4.4 退款保证与间接损失

当支付指令接收人不当履行支付指令造成划拨未能完成时，应适用退款保证原则。其内容是：在资金划拨未能完成的情况下，该划拨行为所涉及的每一个指令发送方，均有权得到相当于支付指令本金及其应计利息的退款。

根据 UCC 规定，银行迟延执行、不当执行或根本未执行支付指令，其应承担的责任仅限于返还相当于划拨资金本金和利息以及划拨费用的款项。除非另有约定，银行不承担划拨未能完成造成的间接损失，如划拨人预期可得的利润。因为电子划拨的优越性在于其迅捷与价廉，若要求银行因其低微的划拨服务费而承担巨额间接损失赔偿，则有失公平。而且，要求银行在接收划拨指令之前，判断该项划拨的重要程度，不仅十分困难，而且也会大大降低资金划拨的速度。只有划拨发端人自身最清楚该项支付的重要性，应为重大划拨事项投保并明确告知其代理银行。所以，除非当事人另有约定，银行不对间接损失承担赔偿责任。

5.2.5 小额电子资金划拨的法律问题

小额电子资金划拨主要涉及以下的法律问题。

5.2.5.1 卡或其他存取工具的发行

卡或其他存取工具是客户用以发动小额电子资金划拨的工具,由金融机构应客户请求而发行,并与客户账户相对应。美国《电子资金划拨法》规定:“除以下情况外,任何人都不得向消费者发行以发动电子资金划拨为目的的该消费者账户的任何卡、密码或其他存取工具:(1)应以发动电子资金划拨为目的之要求或申请发行;(2)作为更新或替换已接收的卡、密码或其他存取工具而发行,不论该存取工具是初始发行者发行还是继任者发行。”①

5.2.5.2 未经授权的划拨的责任归属

美国《电子资金划拨法》与《E 条例》将“未经授权的电子资金划拨”定义为:“消费者以外的人未经实际授权启动的从消费者账户划出资金而消费者本人并未获得任何利益的电子资金划拨。它不包括以下任何一种电子资金划拨:(1)由消费者提供了与其账户相对应的卡、密码或其他存取工具的其他人启动的,除非消费者已通知金融机构该人不再被授权启动该电子资金划拨;(2)由消费者或与其共谋的任何人为欺诈目的而启动的;(3)由金融机构错误启动的。”

对于未经授权的电子资金划拨的风险责任,一般来说,只有在满足下列先决条件的前提下,消费者才对其承担责任:①该划拨是通过使用一个消费者已接收的卡或存取工具发动的;②金融机构已提供一种方法,以确定持有存取工具者的消费者身份;③金融机构已向消费者进行了关于消费者对未经授权划拨的责任的披露;④已向消费者提供在消费者认为已经发生或可能发生未经授权的划拨情况时接收通知的人员或办公室的电话号码或地址,以及金融机构的营业日。②

开阔视野——还有你所不知道的

电子资金划拨的无因性

电子资金划拨执行过程与票据交易类似,具有无因性,即无论某笔资金交易基础法律关系成立与否、合法与否,银行在按照客户以正常程序输入的指令操作后,一经支付即发生法律效力,而无论交易的原因是什么,是否完成,有无瑕疵,发端人不得以其支付指令有误或支付的原因不合法为由要求银行撤销已完成的支付行为。

① EFTA 15 U. S. C 1093i(a). 转引自齐爱民,刘颖. 网络法研究[M]. 北京:法律出版社,2003:220.

② 齐爱民,刘颖. 网络法研究[M]. 北京:法律出版社,2003:222~223.

案例学习——看看你的分析能力

未授权的电子资金划拨

王女士在某银行办了一张借记卡，由于害怕忘记设定的密码，她将密码记在一张纸片上，并将纸片和卡一起放在钱包里。某日，王女士的钱包不幸遗失，被阿飞拾到，阿飞立即用钱包里面的卡和密码从银行取出了1 000元现金。

■ 阿飞与银行的交易是笔未授权的电子资金划拨吗？

■ 如果阿飞去商场刷卡买了一套价值1 000元的名牌西装，这是笔未授权的划拨吗？

■ 如果王女士将密码写在卡上呢？

班级讨论——加深你的知识理解

一、假设你是某银行电子业务部门的负责人，该如何拟定电子资金划拨服务协议以防范风险？

二、电子资金划拨关系的各当事人之间存在什么法律关系？

自己动手——锻炼你的实践能力

一、查找资料，分析美国《电子资金划拨法》和UCC对电子资金划拨的调整有何可供借鉴之处，并与同学交流。

二、分工合作，搜集各家网上银行的“服务协议”，进行比较，看看实践中各家银行的电子资金划拨协议有何异同。

小节复习——牢记本节主要内容

简答

1. 电子资金划拨关系的当事人有哪些？
2. 电子资金划拨中，支付指令的接收及认证应遵循什么规则？
3. 支付指令有误时的责任应如何承担？

5.3 电子货币的法律问题

引导案例——打开知识的大门

电子货币是一个新生事物，目前全球还没有一个国家的法律对电子货币给予准确定义，只有少数的国际金融组织及美国等国的金融组织在一些文件报告中对电子货币进行了定义。

欧洲中央银行1998年8月发布的《电子货币》报告中将“电子货币”定义为“以电子方式存储在技术设备中的货币价值，是一种预付价值的无记名支付工具，被广泛用于向除电子货币发行人以外的其他人的支付，但在交易中并不一定涉及银行账户。”①

国际清算银行巴赛尔银行监督委员会在1996年8月《电子货币的安全》报告中将“电子货币”称为“预付价值产品”，是“预付价值的支付工具，消费者所有的或可以得到的资金被存储在电子设备中，并由消费者占有，当消费者使用该设备从事交易时，所存储的价值数额随之增加或减少”，包括“储值卡或电子钱包”。

欧盟2000年9月18日发布的《关于电子货币机构业务开办、经营与审慎监管的2000/46/EC指令》第1条第3款对“电子货币”的定义为“电子货币乃指一种存储于电子设备上的货币价值，它表现为对发行人所享有的请求权。”②

- 由以上定义你可知电子货币有什么特点？
- 试列举你所知道的电子货币。
- 试给出你对电子货币的定义。

5.3.1 电子货币的概念和特征

按照马克思主义政治经济学原理，货币本质上是充当一般等价物的商品。历史上，货币经历了从实物货币到金属货币再到纸币的发展过程。伴随着经济全球化与电子通信技术的迅猛发展，银行的转账与结算技术已经使货币电子化成为可能。

我国学者对电子货币的理论定义中，代表性的有四种：①“电子货币的使用者以一定的现金或存款，从发行者处兑换并获得代表相同金额的数据，并以可读写的电子信息方式储存起来，需清偿债务时，使用者可通过某些电子化媒介或方法，将该电子数据直接转

---

① Report on Electronic Money European Central Bank August 1998.

② 张德芬.小额电子资金划拨法研究[M].郑州：郑州大学出版社，2006：6.

移给支付对象,此种电子数据便称为电子货币”[①];②电子货币即“通过电子信息的交换来完成债务清偿的支付工具”[②];③“电子货币是货币价值的电子化形式,是以数字化数据形式存储在计算机等一定的电子设备中,并能通过该电子设备而使用的资金,通过对它的交换或者增减就能完成资金的划拨”[③];④“电子货币可以被认为是由消费者占有的,存储在一定电子装置之中的,代表一定的货币价值的‘储值’或‘预付价值’的产品”。[④]

上述四种对电子货币的定义大同小异,从中可以总结出电子货币所具有的特征:首先,电子货币的存在形式是电子数据,如“电子信息”、“数字化数据”、“存储在一定电子装置中”等;其次,电子货币是一种支付手段;最后,电子货币是货币价值的电子化,依附于实体货币,并非独立于现金货币或存款货币之外的一种新的货币形式,因此,更多的被称为“预付价值”产品。

5.3.2 电子货币的法律地位

电子货币是在传统货币基础上发展起来的。电子货币主要被设计用来替代流通中的通货。与传统货币在本质、职能及作用等方面是相同的,本质上都是充当一般等价物的特殊商品,具有价值尺度、流通手段、支付手段、储藏手段和世界货币五种职能,而且,与传统货币相比,它具有巨大的优越性。但是,电子货币虽被冠以“货币”之名,但并不是真正的货币。首先,电子货币虽然具有交易媒介功能,但是其作用还不充分,多数电子货币的收受者不能直接将此电子货币用于另一交易的支付,它还不是被社会大众广泛接受的交换中介,不能完全地自由流通;其次,电子货币的价值是以既有的现金、存款为前提的,是其发行者将既有货币的价值电子化的产物,其本身并不构成独立的记账单位,没有独立的信用,不是最终的清偿手段,而且需要通过结算来进行;最后,各国的法律都对货币实行严格管制,对货币形态都以法律形式作出明确的规定,即只有法定货币才是真正的货币。电子货币目前还不是国家法律规定的法定货币,它的流通取决于发行者和一定范围内的使用者间的合同安排,对订约范围外的使用者而言,电子货币不具有偿付功能和流通性,故可以拒收。总之,目前电子货币不是一种新的货币品种,也不会替代现有的实体货币。它只是基于实体货币而诞生的应用于电子支付体系的一种新的支付方式。

---

① 张楚.电子商务法[M].北京:中国人民大学出版社,2001:268.

② 张庆麟.电子货币的法律性质初探[J].武汉大学学报社会科学版,2001(5).

③ 张德芬.小额电子资金划拨法研究[M].郑州:郑州大学出版社,2006:7.

④ 唐应茂.电子货币与法律[M].北京:法律出版社,2002:13.

5.3.3 电子货币的种类

目前对电子货币最为常见的分类是以电子货币价值的储存载体为标准，将电子货币分为以卡类为基础的电子货币、以计算机为基础的电子货币和混合型的电子货币。以卡类为基础的电子货币，又称"以硬件为基础的电子货币"，是指将电子货币的价值储存在银行或财务机构发行的信用卡、借记卡或智能卡中，从而实现以卡片的芯片或磁条的计算、存储等功能来完成货币转移的支付工具；以计算机为基础的电子货币，又称"以软件为基础的电子货币"或"以网络为基础的电子货币"，是指将电子货币的价值储存在计算机中的某个特殊软件中，借助互联网来实现货币转移的支付工具；混合型的电子货币则是将两者结合起来，电子货币的价值储存在银行卡上，可以借助互联网来实现货币转移。

此外，依储值卡应用的广泛程度，可以将电子货币分为封闭式和开放式两种类型；依交易时是否需要同中央数据库相联系，进行联机授权，可以把电子货币分为联机型和脱机型电子货币；根据电子货币发行人数目，可以将电子货币分为只有单一发行人的电子货币和有多个发行人的电子货币；根据使用寿命的长短，可以将电子货币分为一次性的和可重复使用的电子货币等。①

5.3.4 电子货币的回赎

电子货币一般都具有可回赎性。电子货币的回赎是指电子货币持有人在电子货币的有效期内可以要求发行者将其未用完的余额兑换成现实中的法定货币。"电子货币实际上都是赋予了购买人回赎的权利"。② 欧盟的《关于电子货币机构业务开办、经营与审慎监管的2000/46/EC指令》第3条明确规定："电子货币持有人在有效期内，可要求发行人按硬币或钞票面值回赎电子货币，或通过要求发行人除收取办理该操作所严格必需之费用外免费划账而回赎电子货币。"同时，该条款还要求发行人与持有人之间的合同必须清楚地说明回赎的条件，且可以约定一个回赎的最低门槛，只要该门槛不超过10欧元。

5.3.5 电子货币的风险分析

电子货币在给经济发展带来高效率和积极作用的同时，也给我们带来潜在的风险，

① 唐应茂. 电子货币与法律[M]. 北京：法律出版社，2002：29－35.

② 唐应茂. 电子货币与法律[M]. 北京：法律出版社，2002：129.

尤其是对金融业发展的挑战与威胁。

5.3.5.1 **技术安全风险**

在网络金融环境中电子货币的大量风险控制工作是由计算机程序和软件系统完成的,所以,电子信息系统的技术性和管理性安全就成为电子货币的最为重要的技术风险。这种风险来自三个方面。

(1)计算机系统硬件、数据库和应用程序的设计缺陷等不确定因素。根据发达国家的经验,系统停机对金融业造成的损失最大。数据通信线路异常中断的现象时有发生,已成为制约电子货币发展的重要因素之一。金融机构一级法人采用计算机系统数据大集中模式是必然的发展趋势,但在数据集中的同时也伴随着风险的集中,数据中心所采用的数据库系统能否支持海量数据处理,以及应用程序设计是否科学完善同样会产生风险。

(2)一旦遭攻击将严重影响客户对电子货币的接受程度,甚至导致信誉危机。电子货币无法通过物理方式防伪,只能依赖于加密算法、数字签名等手段,因此,一旦关键数据和密码被攻破,伪造的电子货币足以摧毁整个交易与支付系统。更为严重的是,在电子货币和网络金融的背景下,支付、清算风险的波及速度加快、范围变大,风险的发生与传递可能就在同一时间内进行,这就使得纠正错误的回旋余地减少,补救成本加大。

(3)计算机病毒破坏等因素。计算机网络病毒可通过网络进行扩散,传播速度是单机的几十倍,一旦某个程序被感染,则整台机器、整个网络也将很快被感染,破坏力极大。另外,当计算机系统及网络通信发生故障,或病毒破坏造成支付系统不能正常运转时,还会影响正常的支付行为,降低货币的流动性,甚至会导致整个网络的瘫痪,是一种系统性风险。

5.3.5.2 **流动性风险**

流动性风险是指网络金融机构没有足够的资金满足客户兑现电子货币需求的风险。风险的大小与电子货币的发行规模和余额有关。发行的规模越大,用于结算的余额越大,发行者不能等值赎回其发行的电子货币或清算资金不足的可能性越大。因为目前的电子货币是发行者以既有货币(现行纸币等信用货币)所代表的现有价值为前提发行的,是电子化、信息化了的交易媒介,尚不是一种独立的货币。交易者收取电子货币后,并未最终完成支付,还需要从发行电子货币的机构换取实际货币,相应地,电子货币发行者就需要满足这种流动性要求。当发行者实际货币储备不足时,就会产生流动性危机。流动性风险也可由网络系统的安全因素引起。另外,当计算机系统及网络通信发生故障,或病毒破坏造成支付系统不能正常运行时，也会影响正常的支付行为，降低货币的流动性。

5.3.5.3 电子货币规模的扩大将可能带来更庞大的国际游资

电子货币出现后，各种市场主体可利用其便捷的电子化手段和较低的交易成本经常性地调整货币的持有结构，减少手持现金和活期存款的比例，增加以追逐高额短期回报为目标的金融资产比例，从而可形成更大数量的国际游资。同时，电子货币的“无形性”使其活动失去了时间和地域的限制，交易过程更加不透明，导致国际投机资本的运作更具隐蔽性和复杂性，其与金融监管当局之间的信息不对称程度趋于严重，增加了金融当局对其进行控制的难度。大量国际游资的突发性转移无疑将引致金融市场的波动，而电子货币的快速传播特征又会使这种波动迅速蔓延，进而造成整个金融体系的不稳定。

5.3.5.4 法律风险

法律风险是指由于网络金融立法相对落后和模糊而导致的交易风险。电子货币在我国还处于起步阶段，许多法律法规尚未明确，如在电子货币的市场准入、交易者的身份认证、电子合同的有效性确认等方面尚无完备的法律规范。因此，在网络金融条件下利用电子货币提供或接受金融服务，签订经济合同就会面临有关权利与义务等方面的相当大的法律风险，容易陷入不应有的纠纷之中，使交易者面临关于交易行为及其结果的更大的不确定性，增加电子货币的交易费用，甚至影响到电子货币的健康发展。

综上所述，由于电子货币是基于网络信息技术产生的，这使得电子货币在延续、融合传统货币风险的同时，也更新、扩充了传统货币风险的内涵和表现形式。因此，电子货币会使传统货币风险在发生程度和作用范围上产生放大效应，如市场价格波动风险和国际风险发生的突然性、传染性都增强了，危害也更大。因此，在电子货币风险的监管和控制上也就应该具有不同于传统货币风险管理的手段和方式。

5.3.6 虚拟货币的法律问题

5.3.6.1 虚拟货币的概念

随着网络社会的崛起，网络服务商为了满足其交易便利性和安全性的需求，开始发行虚拟货币。目前网络发行虚拟货币的行为已大量存在，并且已经滋生诸多社会问题，迫切需要法律予以规范调整。

虚拟货币是指网络服务商发行的能够在互联网上存在可以购买自己或者签约服务商所提供的商品或服务的一种电子数据。这与电子货币不属于同一概念。“以 Q 币为代表的虚拟币并不是货币,不属于虚拟货币或电子货币的范畴”①,“由于功能单一,使用范围有限,发行人兼为商品或服务的提供人,或局限在某个地域范围内,因而不具有电子货币的性质。”②根据欧盟委员会对电子货币的定义,电子货币机构是以发行电子货币为主要业务的主体,而网络服务商发行货币主要是用于消费自己的商品或服务,二者之间存在本质上的区别。因为业务范围不同,所带来的这些主体在经营风险上的不同,也带来回赎性及存款性质的不同。

5.3.6.2 虚拟货币的种类

通过对虚拟货币产生的根源分析,并按照其产生的来源不同,可以把网络社会中所存在的虚拟货币分为两种。

(1)消费者通过接受网络服务所挣取的虚拟货币。例如,用户在游戏中的财富通过游戏币的形式表现出来,可以用游戏币在游戏中购买各种虚拟物品。其实不少网络服务商还提供这类虚拟货币与其发行的某种与现实货币等价的虚拟货币的互换,③于是此类虚拟货币也一样可以购买到普通虚拟货币所能够购买的商品或服务。

(2)消费者以现实货币购买的虚拟货币。消费者在虚拟货币发行人处以在线支付或者购买实物卡充值的形式,一般等价地购买数额相同的虚拟货币。④ 消费者可以拿这种虚拟货币直接去购买发行人或其他网络服务商所提供的商品或服务,也可以将这种虚拟货币兑换成第一种虚拟货币,在各种网络服务中使用。

现实货币与上述两种虚拟货币之间的关系如图 5 - 1 所示。值得注意的是,虽然目前我国对这两种虚拟货币都未提供回赎机制,但是消费者可以将这两种货币通过私下交易的途径兑换成为现实货币。这两种虚拟货币风险的法律防范不同,“消费者通过接受网络服务所挣取的虚拟货币”更多层面上是一种虚拟财产保护的法律问题,而“消费者以现实货币购买的虚拟货币”更多层面上是一种电子支付方式的法律问题。

5.3.6.3 虚拟货币与电子货币的异同点

(1)虚拟货币与电子货币的相同点。虚拟货币作为网络服务商发行的,用来购买自

---

① 付竹. 以 Q 币为视角探析虚拟币对现行货币体系的影响[J]. 金融经济,2007(4).

② 张德芬. 小额电子资金划拨法研究[M]. 郑州:郑州大学出版社,2006:16 ~ 17.

③ 如腾讯就提供过网络游戏中所挣取的游戏币与其所发行的 Q 币的互换,1Q 币 = 10 000 游戏币。在 2007 年 2 月底在国家十四部委下发《关于进一步加强网吧及网络游戏管理工作的通知》之后,腾讯宣布关闭了游戏币与 Q 币的互换。

④ 如腾讯的 Q 币购买的价格就是 1 元人民币购买 1Q 币。

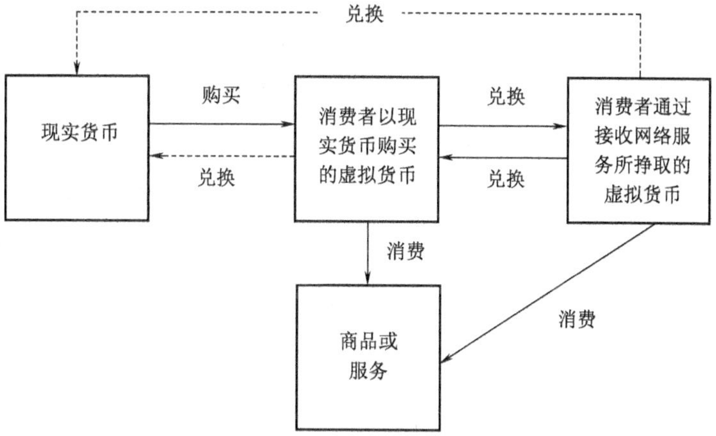

图 5－1　现实货币、虚拟货币、游戏币三者的关系

己所提供的商品或服务的电子数据，在本质上也是一种支付工具，与电子货币有着非常多的相同之处。具体有：

第一，两者都以电子数据的形式存在。一般认为电子货币在形态上包括以 IC 卡为媒质的智能卡，以及以计算机为基础的电子货币两种，无论哪一种，都是以电子数据形式存在。虚拟货币被众人划入以计算机为基础的电子货币范畴，以电子数据形式在计算机系统内存在并通过网络传输。

第二，两者都是一种支付工具。两者都是为适应现代社会的发展，满足人们对非现金支付工具的需求而产生的。同时电子货币和虚拟货币都是无记名的支付工具。虚拟货币或许与一定的账户相捆绑，这类账户具有一定的网络 ID，但这类 ID 是虚拟的，与现实社会中的记名完全不同，它仍然是一种无记名形式。①

(2)虚拟货币与电子货币的不同点。虚拟货币与电子货币也存在着明显的不同，主要表现在以下几个方面：

第一，虚拟货币的发行主体是网络服务商，即非金融机构。如前面所述，电子货币的发行机构包括银行、非银行金融机构和非金融机构。网络社会中，为了提高交易效率及安全度，诸多“类金融”行为开始出现。“类金融”行为就是一种具有金融性质的行为，但是国家法律法规并没有将其作为金融行为来进行监管，虚拟货币及第三方支付等都属于此列。这些虚拟货币的发行主体主体都是以提供某种互联网服务为主营业务，虚拟货币的发行是为了辅助主营业务的推进而开展的，而电子货币的发行主体都是以发行电子货

① 目前实名制在多项网络管制中使用，如 BBS，但我国并没有实行彻底的网络实名制，网络 ID 与真实身份是无法等同起来的。

币为主营业务的。

第二,虚拟货币的回赎性完全受限。虚拟货币持有人,即消费者,一旦购买虚拟货币,一般不能要求发行人回赎虚拟货币。这在我国所有的虚拟货币发行人的服务条款中都有明确规定。现实货币可以自由地兑换虚拟货币,作为一种"预付价值产品"存在。但从网络服务商处是无法把虚拟货币兑换成现实货币的,也就是回赎成为现实货币,只能通过私下与其他用户之间的交易来实现,甚至在有些国家严禁这种交易。① 当然在虚拟货币发行人面临破产时,消费者享有回赎请求权。相比之下一般的电子货币与现实货币之间的兑换完全自由,即具有可回赎性。

第三,虚拟货币并非完全意义上的"预付价值产品"。电子支付是通过现实货币兑换得来的,这种兑换实际上就是一种预付价值的行为。消费者用现实货币兑换得来的电子货币或者虚拟货币被储存在电子设备或计算机账户中,由消费者占有,交易被体现为所存储的价值数额随之增加或减少。在对虚拟货币的分类中,第一类虚拟货币——"消费者通过接受网络服务所挣取的虚拟货币"并非一种"预付价值产品",这并非消费者用现实货币兑换得来,而是依靠自己的"劳动"在接收网络服务过程中创造的。

5.3.6.4 虚拟货币的法律规范

韩国网络游戏产业的发达,也使其较早地面临了虚拟财产和虚拟货币所带来的诸多问题。韩国已经立法承认网络游戏玩家对虚拟财产的所有权,但是面对虚拟货币带来的利用游戏虚拟货币和物品兑换成现金进行赌博的现象猖獗,韩国于 2006 年 12 月底通过了《游戏产业振兴法修正案》,其中禁止虚拟货币交易,不允许将游戏里的虚拟物品、游戏币兑换成现金,对于已经开展此类服务的 eBay 等电子商务网站将禁止提供这种现金交易的服务。违者将处以 5 年以下有期徒刑或给予 5 000 万韩元以下的罚款。②

我国目前有关对虚拟货币的直接规范,来自于中国人民银行等 14 个部委在 2007 年 2 月 15 日发布的《关于进一步加强网吧及网络游戏管理工作的通知》中为打击利用网络游戏赌博行为中所涉及虚拟货币的规定。中国人民银行开始着手于网络游戏中的虚拟货币的规范和管理,以防范虚拟货币冲击现实经济金融秩序。在该通知中规定:"要严格限制网络游戏经营单位发行虚拟货币的总量以及单个网络游戏消费者的购买额;严格区分虚拟交易和电子商务的实物交易,网络游戏经营单位发行的虚拟货币不能用于购买实

---

① 韩国禁止玩家交易虚拟货币[N]. 人民邮电报,2007-1-17.

② 韩国禁止玩家交易虚拟货币[N]. 人民邮电报,2007-1-17.

物产品,只能用于购买自身提供的网络游戏等虚拟产品和服务;消费者如需将虚拟货币赎回为法定货币,其金额不得超过原购买金额;严禁倒卖虚拟货币。违反以上规定的,由中国人民银行按照《中华人民共和国中国人民银行法》第三十二条、第四十六条的规定予以处罚。"

《中国人民银行法》第三十二条规定了中国人民银行对各种金融行为的检查监督权力,第四十六条规定的是罚则。由此可见,央行注意到虚拟货币对金融监管体系的威胁,一旦形成威胁,将对虚拟货币的发行按照金融行为来进行管理。

开阔视野——还有你所不知道的

电子货币的发行主体

欧盟的《关于电子货币机构业务开办、经营与审慎监管的2000/46/EC指令》(以下简称《2000/46/EC指令》)和《修改<关于信用机构业务开办与经营的2000/12/EC指令>的2000/28/EC指令》将电子货币的发行权赋予了信用机构,同时对电子货币机构进行审慎监管,限定了电子货币机构的业务范围,规定其只能涉及电子货币发行业务与发行以外的其他业务两大类。电子货币发行以外的业务,一般只局限于提供与电子货币密切关联的金融与非金融服务和代表其他企业或公共机构在电子设备上存储数据两种。美国目前也没有将电子货币的发行权限制在银行。

因此,电子货币的发行主体一般来说包括两类:第一类是银行等金融机构;第二类是非金融机构。我国尚没有建立起对电子货币发行的监管法律体系,电子货币的发行主体资格问题还存在争议。越来越多的非金融机构介入到电子货币的发行中去,滋生了诸多问题,给消费者权益带来了损害,也冲击了我国的金融管理秩序。目前我国中国人民银行关于电子货币规范的行政规章正在起草中。

案例学习——看看你的分析能力

香港"八达通":令生活更轻松

八达通是香港通用的电子收费系统。芯片内置在信用卡大小的塑胶卡片中,卡片充值后放在接收器上即能完成付款过程。八达通在1997年9月1日开始使用,最初只应用在巴士、铁路等公共交通工具上,后来陆续扩展至其他行业,目前可用于香港绝大部分的公共交通及484间服务供应商,使用范围包括停车场、快餐店、饼店、便利店、超级市场、个人护理商店、自动售卖机、公众收费电话、影印机、戏院以至学校及预订康乐设施等。只需看见八达通标志,即可享有"一触即可"的消费便利。充值的方法也由最初的充值机,扩展至商店付款处和以信用卡、银行账户自动转账。

八达通是世界上最早也是最成功的电子货币之一，普及程度世界最高，并成为全球各国发展电子货币系统的重要案例。截至2007年1月，共有1 475万张八达通卡在香港市面流通。通过八达通进行的交易次数每日超过1 000万宗，每年交易额达282万亿港元。2006年12月10日起，澳门开始接受香港八达通付款，这是继深圳于2006年8月3日率先引入八达通付款服务后，第二个可使用八达通的香港境外地区。

使用八达通付款时，使用者只需将八达通卡靠近阅读器，款项会自动扣除。交易时间平均只需0.3秒。

每张八达通卡最多可储值港币1 000元。另外，就算交易金额比卡内余额大，只要差额不大于35港元，仍然可以在无需充值的情况下，进行该次交易。换言之，八达通卡最大负数储值金额是港币35元。这容许持卡人在储值金额不足的情况下，仍能乘搭香港大部分交通工具或购买商品。

除了一般八达通的基本功能外，个人八达通亦可作为一张锁匙卡，用于进入住宅及商业大厦等设施。而香港城市大学和超过50家中学都使用个人八达通作为点名记录出席率及学校图书馆借书的工具。

非卡类八达通：八达通公司由1999年起，出产融合八达通功能的“八达通手表”。这类腕表镶嵌了八达通的芯片。使用者在使用八达通付款时，只需将手表扫过读卡器便可。这些手表可于香港地铁的客户服务中心及部分便利店购买。截至2003年5月31日，总共有11 482只八达通手表流通于市面。诺基亚也于2002年推出了“八达通诺基亚手机电池盖”，使一部手提电话成为八达通。这款电池盖专为NOKIA 33××手提电话而设，其中就有较热门的NOKIA 3310。

——案例来源：八达通官方网页网站

■ 试述八达通系统成功的原因。

■ 八达通可能存在哪些风险？

班级讨论——加深你的知识理解

一、思考电子货币对中央银行货币体系的影响。

二、你认为电子货币在未来能否取代纸币或现金？这种取代面临哪些法律问题？

自己动手——锻炼你的实践能力

一、查找货币的产生和发展的相关资料，分析电子货币是否具备货币的职能。

二、通过在网上查找资料，看一看目前有哪些比较成熟的电子货币系统。

三、搜索腾讯的 Q 币有哪些用途，并指出其与电子货币的异同。

小节复习——牢记本节主要内容

一、解释概念

电子货币　虚拟货币

二、简答

1. 简述电子货币在现阶段的法律地位？

2. 简述电子货币的可回赎性。

3. 电子货币面临哪些风险？

4. 虚拟货币与电子货币有何异同？

5.4 网络银行的法律制度

引导案例——打开知识的大门

1995 年 10 月，全球第一家网络银行“安全第一网络银行”(Security First Network Bank，以下简称 SFNB)在美国诞生，总部设在亚特兰大市。这家银行没有总部大楼，没有营业部，只有网址，员工也只有 10 人。营业厅就是计算机画面，所有交易都是通过互联网进行的。SFNB 没有传统的分支营业厅或自动柜员机(ATM)，但既可提供存款、信用卡等基本业务，也可以提供网上支票账户、网上支票异地结算、网上货币数据传输、网上互助服务、网上个人信贷等服务。所有金融服务完全通过网络进行。在 SFNB 开业的短短几个月内，就有近千万人次上网浏览，虽然其存款额在全美银行界还是微不足道的，但它的存在却证明了一种理想的实现，给全球金融界带来了极大的震撼。

■ 从这个案例中你看出网络银行与传统银行有什么异同？

■ 你知道国内的哪些网络银行？它们与 SFNB 有什么不同？

5.4.1 网络银行的概念和分类

5.4.1.1 概念

所谓网络银行(Internet Bank),又被称为“电子银行”或“虚拟银行”(Virtual Bank)。网络银行有狭义和广义之分。狭义上的网络银行专指利用互联网为客户提供服务的银行;广义上的网络银行不局限于利用互联网公开提供服务,还包括局域网(Intranet)、GSM网、有线电视网等。与传统银行相比,网络银行的经营成本低,信息化技术和手段的要求高,服务空间和时间不受任何限制。

5.4.1.2 分类

根据网络银行是否独立于传统银行,可以将网络银行分为两类:独立型网络银行和依存型网络银行。独立型网络银行,是指银行的设立和各项业务的提供均通过互联网进行,没有与之相对应的传统银行的网络银行①;而依存型网络银行是传统银行利用互联网提供网上服务而设立的网络银行,实质上是传统银行的一个业务部门。目前,我国的网络银行都属于依存型网络银行。

5.4.2 网络银行的市场准入问题

目前,包括美国、英国、法国和新加坡等国,以及我国香港地区在内都建立了网络银行的市场准入制度,基本上都是从现有银行从事网络银行业务和设立网络银行机构两个方面来对网络银行进行市场准入管理的。

5.4.2.1 我国网络银行的市场准入要求

根据《中国人民银行法》的规定,银行和非银行金融机构的设立、变更、终止及其业务范围都必须经过中国人民银行的审批。网络银行作为银行的一种,虽然它的经营方式、业务范围和传统的商业银行相比有所变化,但是,它的营业性质仍属于金融服务,因此,网络银行的设立、变更及经营行为都要受《中国人民银行法》的调整,以确保我国金融业的健康发展。

传统银行的设立,根据我国商业银行法的规定,应当具备五个基本条件:一是具备符合《商业银行法》和《公司法》的章程;二是有一定限额的注册资本金;三是有符合专业和专业要求的管理人员;四是有健全的组织机构和管理制度;五是有符合要求的营业场所、

① 1995年10月18日在美国诞生的全球第一家网上银行“安全第一网络银行”就是独立型网络银行。

设施和安全防范措施等。由于网络银行运营环境的特殊性,独立型网络银行的设立,除了应当具备以上基本要求外,对其市场准入的相关法律要求应当更高。具体可以考虑以下几个方面:

第一,网络银行的设立必须首先符合网络管理方面的法律法规。

第二,有支持网络银行运营的安全、可靠的软硬件系统。

第三,有保障网络银行运营所必需的专业管理人员和技术人员。

第四,有符合网络银行运营所需的最低限额注册资本。

2006 年 3 月 1 日中国银行业监督管理委员会颁布的《电子银行业务管理办法》正式实施,其对我国网络银行的市场准入作了明确规定。

我国对金融机构开办申请电子银行业务的,根据电子银行业务的不同类型,分别适用审批制和报告制:利用互联网等开放性网络或无线网络开办的电子银行业务,包括网上银行、手机银行和利用 PDA 等个人数据辅助设备开办的电子银行业务,适用审批制;利用境内或地区性电信网络、有线网络等开办的电子银行业务,适用报告制;利用银行为特定自助服务设施或与客户建立的专用网络开办的电子银行业务,法律法规和行政规章另有规定的遵照其规定,没有规定的适用报告制。金融机构开办电子银行业务后,与其特定客户建立直接网络连接提供相关服务,属于电子银行日常服务,不属于开办电子银行业务申请的类型。

5.4.2.2 我国金融机构开办电子银行业务的条件

我国金融机构开办电子银行业务,应当具备下列条件。

(1)金融机构的经营活动正常,建立了较为完善的风险管理体系和内部控制制度,在申请开办电子银行业务的前一年内,金融机构的主要信息管理系统和业务处理系统没有发生过重大事故。

(2)制定了电子银行业务的总体发展战略、发展规划和电子银行安全策略,建立了电子银行业务风险管理的组织体系和制度体系。

(3)按照电子银行业务发展规划和安全策略,建立了电子银行业务运营的基础设施和系统,并对相关设施和系统进行了必要的安全检测和业务测试。

(4)对电子银行业务风险管理情况和业务运营设施与系统等,进行了符合监管要求的安全评估。

(5)建立了明确的电子银行业务管理部门,配备了合格的管理人员和技术人员。

(6)中国银监会要求的其他条件。

金融机构开办以互联网为媒介的网上银行业务、手机银行业务等电子银行业务,除了具备上述条件之外还应具备以下特殊条件:

一是电子银行基础设施设备能够保障电子银行的正常运行。

二是电子银行系统具备必要的业务处理能力,能够满足客户适时业务处理的需要。

三是建立了有效的外部攻击侦测机制。

四是中资银行业金融机构的电子银行业务运营系统和业务处理服务器设置在中华人民共和国境内。

五是外资金融机构的电子银行业务运营系统和业务处理服务器可以设置在中华人民共和国境内或境外。设置在境外时,应在中华人民共和国境内设置可以记录和保存业务交易数据的设施或设备,能够满足金融监管部门现场检查的要求,在出现法律纠纷时,能够满足中国司法机构调查取证的要求。

外资金融机构开办电子银行业务,除应具备上述所列两个条件外,还应当按照法律、行政法规的有关规定,在中华人民共和国境内设有营业性机构,同时,其所在国家(地区)监管当局应当具备对电子银行业务进行监管的法律框架和监管能力。

5.4.3 网络银行的风险

网络银行的发展导致了货币电子化、银行机构虚拟化、银行业务全球化和金融产品个性化,这决定了其引发风险的因素与传统银行很不相同。网络银行除具有传统银行经营中存在的信用风险、流动性风险、市场风险和利率风险外,其自身特有的风险主要集中表现在以下四个方面。

5.4.3.1 操作风险

操作风险主要包括以下几种情况:一是系统被非法侵入,即黑客侵入系统内部,客户保密信息被第三方非法截获,系统被带入病毒,导致银行系统数据崩溃;二是电子货币被伪造,即罪犯在并未进行预先支付的情况下偷换或复制电子货币以获得物品和资金,而银行必须对这种假币造成的损失负责;三是系统技术失效,系统交易处理出现故障,数据完整性和可靠性出现问题,导致公众负面反应和造成交易损失;四是外部供应商风险,银行网络技术的服务供应商可能并未提供预期技术,存在系统缺陷和可靠性风险,而银行必须对此造成的损失负责。此外,操作风险还可能由于银行内部职员欺诈或篡改账户数据、截留电子货币卡等违法犯罪造成。

5.4.3.2 信誉风险

网络银行的信誉风险主要集中在三个方面:一是因系统存在广泛的技术缺陷,例如客户无法登录系统或者账户信息受损，客户停用该银行产品和服务，信息传播后可能产生挤提、挤兑现象；二是系统存在重大的安全缺陷，黑客侵入或者一种病毒被植入银行系统，造成数据被破坏，事故发生后可能导致大批客户突然逃离该行；三是当利用与其他机构相同或相似的系统或产品时，如果一家机构出现问题，客户就会认为其他机构也将随之出现问题，从而导致客户流失。

5.4.3.3 法律风险

网络银行的法律风险主要表现在以下几方面：一是法律法规不明确，如银行与有关商客或客户的关系，以及签名有效性等不明确，包括因对客户信息披露不足，客户不清楚纠纷解决程序，对客户隐私未能采取有效保密措施，以及在银行与链接网站之间关系不清，责权利不明等造成纠纷，客户可能上诉法庭，使银行可能招致司法、监管惩罚，或者造成声誉上的不良影响；二是犯罪分子洗钱，犯罪分子可能利用银行的电子银行业务和电子货币系统从事洗钱等犯罪活动，银行可能因此违反反洗钱等有关法律；三是证书授权风险，犯罪分子利用伪造的证书以银行的名义销售给客户，受骗的客户可能起诉银行。此外，在国际上也可能造成国外司法管辖风险，即银行通过国际互联网吸引国外客户，发售的电子货币也可能在注册地以外流通，若银行未能遵守该国法律，可能造成意想不到的法律纠纷。

5.4.3.4 市场信号风险

网络银行的市场信号风险主要是指由于信息不对称而导致网络银行面临的不利选择和道德风险引发的业务风险。例如，由于网络银行无法在网上鉴别客户的风险程度而处于不利地位。在虚拟金融服务市场上，网上客户由于不了解每家银行提供的服务质量情况，而导致客户按照他们对网络银行提供服务的平均质量来确定预期的购买价格，这个价格将低于提供高质量服务的网络银行能够接受的价格，其结果有可能导致保护低质量银行而将高质量银行挤出市场。

5.4.4 网络银行的市场监督与管理

银监会是我国对网络银行业务实施市场监督与管理的机构。银监会对网络银行的监管主要表现在对网络银行业务实施非现场监管、现场检查和安全监测，对电子银行安全评估实施管理，以及对网络银行的行业自律组织进行指导和监督。

5.4.4.1 网络银行的自我评估

依照《电子银行业务管理办法》，金融机构应定期对网络银行业务的发展与管理情况进行自我评估,并应每年编制《网络银行年度评估报告》。金融机构的《网络银行年度评估报告》应至少包括以下几方面内容。

(1)本年度网络银行业务的发展计划与实际发展情况,以及对本年度网络银行发展状况的分析评价。

(2)本年度电子银行业务经营效益的分析、比较与评价,以及主要业务收入和主要业务的服务价格。

(3)网络银行业务风险管理状况的分析与评估,以及本年度网络银行面临的主要风险。

(4)其他需要说明的重要事项。

5.4.4.2 重大安全事故和风险事件的报告制度

《电子银行业务管理办法》规定,金融机构应当建立网络银行业务重大安全事故和风险事件的报告制度,并保持与监管部门的经常性沟通。对于网络银行系统被恶意攻破并已出现客户或银行损失,网络银行被病毒感染并导致机密资料外泄,以及可能会引发其他金融机构网络银行系统风险的事件,金融机构应在事件发生后48小时内向中国银监会报告。

5.4.4.3 网络银行安全评估

网络银行安全评估是金融机构开办或持续经营网络银行业务的必要条件,也是对金融机构网络银行业务风险管理与监管的重要手段。金融机构应按照中国银监会的有关规定,定期对网络银行系统进行安全评估,并将其作为网络银行风险管理的重要组成部分。

金融机构网络银行的安全评估工作,应当由符合一定资质条件、具备相应评估能力的评估机构实施。评估机构开展网络银行安全评估业务的资质条件和网络银行安全评估的相关制度由银监会制定,同时银监会负责对评估机构参与网络银行安全评估的业务资质进行认定。

开阔视野——还有你所不知道的

香港地区关于网络银行市场准入问题的规定

我国香港地区现行法律规定,银行开办网络银行业务无需得到金融管理局的批准,但事前应就有关风险管理事宜与金融管理局进行"商讨"。银行需提供独立第三方出具的安全评估报告。独立的网络银行机构(不包括现有银行向客户提供网络银行服务)的设立条件,根据《虚拟银行的认可》的规定,分为所有虚拟银行(网络银行)均须满足的条件和香港本地注册与境外注册虚拟银行的具体条件。依照规定,所有虚拟银行须满足的条件包括:虚拟银行应符合《银行条例》附件7规定的最低条件;必须在香港设有实体办事处;虚拟银行必须设置与其计划经营的业务相适应的安全系统;虚拟银行必须分析其承受风险类别的性质并制定适当政策、程序规则,以及控制措施来处理这些风险;虚拟银行必须能提出适当的业务计划,能够在扩展市场占有率的期望与为资产及资本赚取合理回报的需要两者间取得合理平衡;虚拟银行必须在其服务章程及条款内列明客户的权利义务;虚拟银行可把其电脑操作业务外包给第三方服务供应商,但须遵守金融管理专员发出的有关外包工作指引规定的条件。在本地注册成立的虚拟银行必须满足的特殊条件是:按照现行的认可政策,本地注册成立的虚拟银行不得是新成立的机构,只可以通过将现有的本地注册成立的认可机构转型而设立;由基础稳固的银行或在金融界信誉良好及具备适当经验的受监管金融机构持有最少50%的股本。海外注册虚拟银行须具备的特殊条件是:希望以分行形式在香港经营的虚拟银行必须来自具备电子银行监管制度的国家;海外注册虚拟银行的总资产必须超过160亿美元;海外注册虚拟银行须遵守"三家分行"规定,但此项规定只适用于其实体办事处,并不适用于其电子分行网络。①

案例学习——看看你的分析能力

国内首例网银被盗案

2002年10月,浙江省永嘉县人洪荣尧在中国农业银行永嘉支行罗浮营业所申办了一张借记卡。2005年2月2日,洪荣尧的手机短信显示,其借记卡内少了102 500元,遂向警方报案。经调查,2004年11月22日,有人以"洪荣尧"的名义持假身份证到中国农业银行温州市分行开通了网上银行业务,获取了网上银行的客户证书及网上银行密码。注册成功后,此人于2005年2月2日通过网上银行成功将洪荣尧借记卡内的十万多元资金分两笔转划至他本人账户,之后领取了该款。另经查明,洪荣尧曾因业务需要将借记卡的密码告知过他人。该案是国内首例网银被盗案,目前该案尚未侦破,被冒领的款项也无从追回。

一审判决认为,银行未能认真核实验明办理网上银行注册人提供资料的真实性,违反了《中国农业银行网上银行业务章程》第6条的规定,导致犯罪嫌疑人成功冒领了本属于洪荣尧的存款,该违规失职行为与洪荣尧的存款被犯罪嫌疑人冒领有着直接因果关系。因此,银行在受理网上银行注册过程中存在严重过错。

同时,银行不能因自身违规操作导致错误支付而推诿自身责任,一概以"凡是凭客户证书和密码进行操作皆视为客户本人所为,银行不承担任何责任"这一格式条款作为银行的

① 齐爱民,崔聪聪. 电子金融法[M]. 北京:北京大学出版社,2007:115~118.

免责理由进行抗辩,把本属于银行承担的责任也推向储户。这无疑有违公平的原则。

永嘉县人民法院据此一审判决:中国农业银行永嘉县支行赔偿储户洪荣尧存款102 500元,并支付利息。

一审判决生效后,中国农业银行永嘉县支行向检察机关提起申诉,检察机关认为一审判决有误并提出抗诉,永嘉县人民法院随后对该案启动了再审程序。2006 年 7 月,浙江省永嘉县人民法院维持了被告中国农业银行永嘉县支行赔偿储户全部存款及利息的一审判决。

——案件来源:中财网

- 在本案例中,网络银行有何过错?应承担什么责任?
- 网络银行应如何防范风险?

班级讨论——加深你的知识理解

一、你知道现在国内的网络银行能够提供哪些业务吗?

二、你认为网络银行存在哪些方面的风险?

自己动手——锻炼你的实践能力

一、用自己的银行卡开通网上银行业务,看看不同的网络银行的开通需要哪些手续,它们各采取了哪些措施保障交易安全?

二、通过在网上查找资料,看一看目前国内外有哪些知名的网络银行?

小节复习——牢记本节主要内容

一、解释概念

网络银行　独立型网络银行　依存型网络银行

二、简答

1. 网络银行的设立需满足哪些条件?
2. 网络银行的风险有哪些?应如何防范?
3. 对网络银行的主要监管措施有哪些?

6 电子商务市场规制法律制度

6.1 网络广告

引导案例——打开知识的大门

■ 从腾讯网的(如图 6－1)网页中你看到了哪些形式的网络广告?

■ 除了这些广告,你还知道网络广告的哪些形式?

■ 你认为网络广告与传统广告相比有何特点与优势?

图 6－1 腾讯网的首页

6.1.1 网络广告及其形式

网络广告(Web Advertisement)是指利用互联网发布的广告,其形式主要分为两类:一是文字广告;二是图形广告。

6.1.1.1 文字广告

文字广告就是以文字的形式制作并发布的广告。这些文字广告可以放在网页上(通常是位于分类栏目中),一般是企业的名称,点击后链接到广告主的主页上;也可以通过电子邮件的形式定期传送给客户,或在新闻组或电子公告板上发布,这两种形式一般用来宣传新产品。

6.1.1.2 图形广告

依据具体的表现形式,图形广告又分为以下四种。

(1)图标广告(Button)。这种广告是出现在网页页面任何地方的一个图标。该图标可能是一个企业的标志,也可能是一个一般的象形图标,点击即可链接到广告主的站点上。按照 Internet 广告管理署(Internet Advertising Bureau,简称 IAB,这是国际上最为权威的 Internet 网络广告管理机构)的标准,图标广告的尺寸一般为 120 × 90,120 × 60,125 × 125,88 × 31 像素。

(2)网页上的静态旗帜/标题广告(Banner)。这种广告是在页面的顶端或底端出现的静态长条状图片,点击该图片可链接到广告主页的站点上。较之文字广告和图标广告,这种广告的效果稍好一些。

(3)网页上的动态旗帜/标题广告。动态旗帜广告是将前述的静态图片换成动画,使这条广告具有强烈的动感,以引起浏览者的注意。

(4)网页上的丰富图文旗帜广告(Rich Banner)。这种广告强调更高的互动性、更好的视觉和听觉效果,以及三维动画效果。①

6.1.2 网络广告的特点

网络被誉为继电视广播、报纸杂志和户外广告之后的第四大媒体,具有区别于传统媒体的独特性,因此,网络广告与平面媒体广告、电子媒体广告等传统的广告形式相比,其特点十分显著。

---

① 黄京华. 电子商务教程[M]. 北京:清华大学出版社,2000:213 ~ 215.

6.1.2.1 广泛性

互联网是一个没有地域和国界的虚拟世界,一个站点的广告通过互联网可以传遍世界各地。只要具备上网条件,任何人在任何地点都可以搜索到全球各个厂商的广告信息。同时,网络广告不受时间限制,可以实现全天候 24 小时不间断的服务,而且其传播速率也是任何一种传统媒体无法比拟的。

6.1.2.2 针对性

网站往往为用户提供多项服务,因此,一般都能建立比较完整的用户数据库,记录用户的资料信息。这些信息可以帮助广告业者分析市场和受众,根据对象的具体情况,有针对性地制作并发布广告,避免了传统广告由于盲目投放所导致的花费颇多却收效甚微的问题,从而达到事半功倍的效果。

6.1.2.3 便捷性

网络广告利用数字技术和多媒体技术制作而成,用户通过互联网可以随时随地浏览。而且较之传统广告一旦发布便难以更改,即使可以改动,也需支付高额费用的缺点,网络广告则能够按照需要及时变更,并且成本较低。

6.1.2.4 互动性

与传统媒体信息的单向传播不同,网络广告是一种信息互动传播。用户可以按自己的需要主动搜寻厂商的广告信息,并且可以借助网络与广告发布者进行直接交流,而广告发布者也可据此随时掌握大量的客户反馈信息,有助于厂商正确评估广告效果,制定营销策略。

6.1.2.5 开放性

传统广告媒体,如电视、广播、报刊、杂志等,虽然信息来源渠道多样且范围广泛,但在这些媒体上发布信息是可以进行事先控制的。而在网络的开放性条件之下,任何组织或个人,只要获得网络使用权,都可以按照自己的意愿选择内容和形式,随时随地在网络上发布各种广告或类似的商业信息。①

网络广告的上述特点使其与传统大众传播媒介的广告存在巨大差异,这对广告的法律调整与规范提出了前所未有的新课题。

---

① 高富平,张楚. 电子商务法[M]. 北京:北京大学出版社,2002:207.

6.1.3 网络广告的法律治理

1995年2月1日起施行的《广告法》是我国目前关于广告的最主要的单行法，其第2条对广告作出了明确界定："本法所称广告，是指商品经营者或者服务提供者承担费用，通过一定媒介和形式直接或者间接地介绍自己所推销的商品或者所提供的服务的商业广告。"由于该法使用了"一定媒介和形式"这一术语，而互联网显然是一种"媒介和形式"，因此，网络广告仍然属于现行法律框架规制下的"广告"范畴。具体而言，我国的法律规章包括《广告法》、《广告行业公平竞争自律条例》、《广告管理条例施行细则》、《反不正当竞争法》、《药品广告审查标准》、《房地产广告发布暂行规定》等。

然而，作为一个新生事物，网络广告具有区别于传统广告的诸多特性，因此，依据现有法律规定和现行管理模式去规范网络广告，势必存在难以克服的障碍。

6.1.3.1 网站广告经营主体资格的规制

我国现行法律框架对广告业的规制是通过对广告主、广告经营者和广告发布者的分别管理来实现的。《广告法》规定，以上三种主体，无论是法人、其他组织还是个人，只要从事广告业，就必须经过工商行政管理部门的核准注册，取得相应的法律资格，而且个人不得从事广告发布活动。但事实上，网络广告已经突破了这些限制：一方面，经营网络运营的ISP和提供信息服务的ICP既拥有传统媒体的传播平台——自己的主页，同时也往往集广告代理、制作和发布于一身，因而很难将之确切归入某个具体的广告经营主体范畴并适用相应的资格限制条件；另一方面，由于网络的开放性，任何组织或个人都可以登录某一个站点，自由发布广告或类似宣传信息，或者利用电子邮件直接向他人散发广告或含有广告内容的信件。我国近年来为支持信息产业的发展，没有过多干预网络广告的经营活动，在传统广告中已严格实行的主体资格限制制度尚未在网络广告中推行。这就使得无法从源头上对网络广告予以管理，造成目前广告行业的混乱现状。

对此，有些地方政府采取了相应的对策，对网络广告的主体资格认定作了规范。比如，北京市工商行政管理局率先于2000年5月18日发布了《关于对网络广告经营资格进行规范的通告》，明确规定，网络广告是指在北京市辖区内依法领取营业执照的从事网络信息服务的经营主体，利用互联网从事的以赢利为目的的广告活动。已经办理《广告经营许可证》的广告专营企业可从事网络广告的设计、制作、代理业务，也可在自办网站上开展广告发布业务。各类合法网络经济组织可以作为一种媒体在互联网上发布由广告专营企业代理的广告，但在发布广告前应向工商行政管理机关申请办理媒体发布广告的有关手续。网络经济组织在具备相应资质条件的情况下，也可直接承办各类广告，其承接广告业务前，应向工商行政管理机关申请办理企业登记事项的变更，增加广告经营范围，并办理《广告经营许可证》，取得网络广告经营资格。这项规定无疑填补了目前网站广告经营主体资格法律规制的空白，在现实生活中发挥了一定的积极作用。同年5月25日，全国20家知名度较高的网络公司在京首次获得国家工商行政管理局颁发的《广告经营许可证》，这是我国执法机关探索网络广告经营主体资格有效监管的成功开端，预示着我国将对网络广告实行全面规范。

6.1.3.2 隐性广告的规制

广告的目的是向消费者介绍厂商及其产品以顺利打开市场，理应具有可识别性，以免产生误解，损害消费者利益。我国《广告法》第13条规定："广告应当具有可识别性，能够使消费者辨明其为广告。大众传播媒介不得以新闻报道形式发布广告。通过大众传播媒介发布的广告应当有广告标记，与其他非广告信息相区别，不得使消费者产生误解。"隐性广告是指不以广告形式出现但包含广告内容并且客观上起到广告宣传作用的广告。识别传统媒体上出现的隐性广告本身就存在一定的难度，而由于网上传播方式的多样性，以及网上交易信息与广告信息的交叉性，更加造成了隐性广告的普遍存在并且更难以识别。例如，BBS中的隐性广告、关键词搜索中的隐性广告、超文本链接的广告、以网络新闻形式发布的隐性广告等，这些并不完全符合《广告法》第2条对广告作出的界定。一条信息中往往混杂有或隐含有广告的成分，这大大增加了广告管理的难度，无法对之进行有效审查，从而容易产生违法现象，最终导致广告市场的不公平竞争，破坏市场正常秩序。

6.1.3.3 网络广告内容的规制

(1)广告内容的一般管理。广告面向的是社会公众，传播范围广且社会影响大，因此，国家行政主管部门必须对广告内容的真实性、合法性和妥当性进行严格管理：一是广告不得具有违法内容。《广告法》第7条和第8条规定，广告内容应当有利于人民的身心健康，促进商品和服务质量的提高，保护消费者的合法权益，遵守社会公德和职业道德，维护国家的尊严和利益。广告不得有法律、行政法规规定禁止的情形。广告不得损害未成年人和残疾人的身心健康。二是广告信息必须真实准确。依据《广告法》第9条至第11条，广告中对商品的性能、产地、用途、质量、价格、生产者、有效期限、允诺或者对服务的内容、形式、质量、价格、允诺有表示的，应当清楚、明白。广告使用数据、统计资料、调查结果、文摘、引用语，应当真实、准确，并标明出处。广告中涉及专利产品或专利方法的,应当标明专利号和专利种类。未取得专利权的,不得在广告中谎称取得专利权。禁止使用未授予专利权的专利申请和已经终止、撤销、无效的专利做广告。三是广告宣传方式必须适当。依据《广告法》第 12 条和第 13 条的规定,广告不得贬低其他生产经营者的商品或者服务。广告应当具有可识别性,能够使消费者辨明其为广告。

对于一些关系到消费者人身财产安全的特殊商品,《广告法》及有关法规都作了更加严格的规定。例如,药品广告的内容必须以国务院或者省级卫生行政部门批准的说明书为准,并且不得有下列内容:①含有不科学的表示功效的断言或者保证的;②说明治愈率或者有效率的;③与其他药品、医疗器械的功效和安全性比较的;④利用医药科研单位、学术机构、医疗机构或专家、医生、患者的名义和形象作证明的;⑤法律、行政法规规定禁止的其他内容。食品、酒类、化妆品广告的内容必须符合卫生许可的事项,并不得使用医疗用语或者易与药品混淆的用语。房地产广告中不得出现各类乱评比、乱排序等对房地产项目进行综合评价的内容。这些规定也应同样适用于网络广告。

但是,鉴于网络的独特性,现行法律中的一些规定仍有待于进一步商榷。首先,《广告法》第 18 条规定:“禁止利用广播、电影、电视、报纸、期刊发布烟草广告。”由于该条款使用的是列举方式,而网络烟草广告显然不在其列举范围之内,这就可能造成烟草广告通过网络进行传播而执法机关却不能依法予以禁止。其次,《广告法》第 34 条规定:“利用广播、电影、电视、报纸、期刊以及其他媒介发布药品、医疗器械、农药、兽药等商品的广告和法律、行政法规规定应当进行审查的其他广告,必须在发布前依照有关法律、行政法规由有关行政主管部门对广告内容进行审查;未经审查,不得发布。”据此,在网络上发布上述需要审查的广告,必须进行审查,这是法律条文的应有之义。但是在电子商务环境下,现行的审查制度却很难有效地发挥作用。这是由于一方面,网络广告数量庞大并且形式复杂,以审查机关现有的技术能力,对浩如烟海的网络广告进行逐一审查并不现实。何况网络广告具有开放性,任何组织和个人都可以随心所欲地发布并修改广告和类似信息,因此,对网络广告在其发布前予以审查很难真正实现。另一方面,目前我国对特殊广告的事前审查分为中央和地方两级,地方一级的审查职能由各省相应的行政管理机关按照行政区域划分。但网络是超越地域国界的,因而网络广告的审查工作是否仍然可以依据传统的划分原则,确有必要重新研究。如果仍然采取地域划分方式,那么在现实中并不存在实体企业而仅有在网上设立销售平台的销售者发布广告的情况下,其审查机关应当如何确定?有学者认为,此时应以该网上商店的设立者住所地作为确定审查机关的依据,若其住所地无法确定,则为其提供网络连线服务的服务商的服务器所在地视为住所地。

(2)网络违法广告。广告是现代社会中吸引客户的主要方式。因此,在利益的驱动下,有的不法厂商为了推销其产品,往往会在广告活动中从事一些违法行为。而网络环境的开放性和目前管理上的困难加剧了网络广告违法现象的猖獗,其中尤为普遍的是网络虚假广告以及网络广告中的不正当竞争。

第一,网络虚假广告。虚假广告一直是近年来我国市场经济管理过程中的一个十分重要的问题,它不仅严重挫伤了消费者对于广告的信心,而且还扰乱了正常的市场竞争秩序,因此,必须要求广告对产品和服务进行忠实描述,保证购买者能够获得物有所值的商品。虚假广告即利用广告对商品或服务的质量、制作成分、用途、性能、有效期等,采取夸大其词甚至无中生有等手段进行违背客观真实的宣传。虚假广告包括与事实不符和夸大事实两个方面,其内容可能涉及以下七个方面:①产品制造过程、技术服务流程或技术安全性;②产品或服务具有特殊的功能、目的、标准、等级或适用性;③产品或服务的质量、数量或其他特性;④商品或服务的来源或产地;⑤对商品或服务所承诺的品质保证、提供的条件、售后服务等;⑥产品或服务的价格及其价格的计算方式;⑦产品的生产主体或经营主体。

此外,对网站本身进行的违背客观实际的宣传也属于电子商务环境下虚假广告中的一种情形。例如,有些网络公司为了提高自己的知名度、吸引客户,在广告中使用了一些不实宣传,如"目前国内最权威的信息网站"、"全国最大规模的综合性网站"、"全球最具影响力的中文网站"等等。这些都构成了网络广告中的违法行为。[①]

第二,网络广告的不正当竞争。不法经营者推销产品、占领市场的手段多种多样,除了对自己的产品和服务进行虚假宣传以外,另一种常见的形式就是贬低、诋毁他人的产品或服务。《反不正当竞争法》第 14 条明确规定:"经营者不得捏造、散布虚伪事实,损害竞争对手的商业信誉、商品声誉。"《广告法》对此也明令禁止,其中第 12 条规定:"广告不得贬低其他生产经营者的商品或者服务。"据此,这种含有贬损内容的广告是指故意制造和散布损害竞争对手商业信誉和商品声誉的虚假事实,使其市场竞争能力丧失或减弱的宣传行为。这种广告不仅损害了其他经营者的合法权益,也扰乱了市场的正常竞争秩序,而且从长远来看,也损害了消费者的切身利益,是一种必须制止的不正当竞争行为。

此外,在网络环境中所特有的一种不正当竞争行为就是采用超级链接技术发布广告。超级链接技术以超文本链接作为技术基础,在网页上设置一些主题供用户选择,用户点击即可进入相应内容。对于用户而言,这原本是一种方便措施。但是随着网络广告

① 高富平,张楚.电子商务法[M].北京:北京大学出版社,2002:208~211.

的迅速发展，一些不法经营者却常常凭借此技术，利用其他比较知名的网站链接自己的广告，企图以极小的投入赚取巨额收益。而且一些加框链接往往使用户误认为链接的内容是该网站的一部分，直接降低了被链接网站本身的浏览量。这种行为损人利己，违反了《反不正当竞争法》的公平诚信原则，构成网络广告中的不正当竞争。[①]

（3）网站经营者在网络广告中的法律责任。我国《广告法》将广告法律关系的当事人分为广告主、广告经营者和广告发布者三类主体，分别加以规制，对三者的法律责任也分别予以明确。例如，《广告法》第37条规定："违反本法规定，利用广告对商品或者服务作虚假宣传的，由广告监督管理机关责令广告主停止发布，并以等额广告费用在相应范围内公开更正消除影响，并处广告费用一倍以上五倍以下的罚款；对负有责任的广告经营者、广告发布者没收广告费用，并处广告费用一倍以上五倍以下的罚款；情节严重的，依法停止其广告业务。构成犯罪的，依法追究刑事责任。"第38条规定："违反本法规定，发布虚假广告，欺骗和误导消费者，使购买商品或者接受服务的消费者的合法权益受到损害的，由广告主依法承担民事责任；广告经营者、广告发布者明知或者应知广告虚假仍设计、制作、发布的，应当依法承担连带责任。广告经营者、广告发布者不能提供广告主的真实名称、地址的，应当承担全部民事责任。"第39条规定："发布广告违反本法第七条第二款规定的，由广告监督管理机关责令负有责任的广告主、广告经营者、广告发布者停止发布、公开更正，没收广告费用，并处广告费用一倍以上五倍以下的罚款；情节严重的，依法停止其广告业务。构成犯罪的，依法追究刑事责任。"

在传统广告活动中，可以较容易地判断广告法律关系三主体各自应承担的责任，但是在网络广告中，却有一些比较特殊的情况。其中，最引人关注的是ISP的责任承担问题，而解决问题的关键在于确定ISP的身份，即其究竟是属于网络广告的经营者，还是发布者。目前有些国家和地区倾向于将ISP纳入"媒体经营者"或"广告媒体经营者"的范畴，从而根据广告主和广告媒介所有者都应对违法广告承担责任的一般规则，强调ISP作为网络广告的经营者或发布者也必须对网络广告的内容负有实质审查义务并承担连带责任。但是，从ISP的角度而言，其在网络广告活动中仅仅是起到信息传输的作用，并没有参与网站上所发布广告的制作与发布过程，而在复杂的网络环境中，要绝对确保自己传输信息的合法性和妥当性也是不可能的。如果苛求ISP对网络广告承担过重的责任，将会导致ISP不得不投入巨大的人力、财力、物力对网络进行监管，这对于我国处于刚刚起步阶段的ISP而言，要求过高，负担过重，不利于ISP的发展。因此，可以参照最高人民

---

① 齐爱民，徐亮. 电子商务法原理与实务[M]. 武汉：武汉大学出版社，2001：175.

法院于2003年修改的《关于审理涉及计算机网络著作权纠纷案件适用法律若干问题的解释》中的相关规定。依据该司法解释第4条和第7条，网络服务提供者通过网络参与他人侵犯著作权行为，或者通过网络教唆、帮助他人实施侵犯著作权行为的，人民法院应当根据《民法通则》第130条的规定，追究其与其他行为人或者直接实施侵权行为人的共同侵权责任。网络服务提供者明知是专门用于故意避开或者破坏他人著作权技术保护措施的方法、设备或者材料，而上载、传播、提供的，人民法院应当根据当事人的诉讼请求和具体案情，依照《著作权法》第47条第6款的规定，追究网络服务提供者的民事侵权责任。在网络广告活动中，亦可以借鉴上述做法，规定ISP在明知仍参与违法广告的制作及发布时，应当承担责任。

6.1.3.4 电子邮件广告的管制

在网络环境中，广告骚扰的最主要形式是电子邮件广告(Spam)。这给网络用户带来了很多麻烦，不仅浪费了用户的许多时间和金钱，而且还占用了用户的信箱空间甚至破坏电子邮件服务器，人为导致了其他一些重要邮件的延误，从而给用户造成重大损失。

针对这个令世界网民深恶痛绝的问题，很多发达国家都采取了一定的措施予以管制，我国也开始对相关领域进行规制，具体内容将在下节讲解。

6.1.3.5 广告管辖权

网络的超地域性对传统的广告管辖权划分模式提出了巨大的挑战。《广告法》第6条规定："县级以上人民政府工商行政管理部门是广告监督管理机关。"在传统广告制作主体与发布范围有限的条件下，监管机关尚能较好地履行职责。但是网络广告超越地域限制，这将会导致行政管辖权的冲突，并且事实上以监管机关现有的技术手段，其是否能够胜任，不免令人担忧。此外，我国《广告法》第2条表明其管理的是广告主、广告经营者、广告发布者在我国境内从事的广告活动。据此，在国内设立的网站上向国内用户发布广告，无疑应受法律约束；至于在国内设立的网站上向国外用户发布广告，或者在国外设立的网站上发布广告而国内用户能够浏览到，这是否属于广告法的调整范围，则难以判断。而且传统广告由于受国界的限制，一般由国内法管辖，即使发布跨国广告，也是由本国或由他国法律管辖，通常不会发生法律冲突问题。但是网络广告往往跨越国界，难以确定何地与其联系最为密切。有些广告业者便故意利用这一点，规避法律约束，造成网络广告的混乱。①

除了上述几个目前网络广告活动中最典型的法律问题之外，还有诸如广告诈骗、色情广告等许多违法现象，已经严重影响了社会正常秩序，给网络用户造成了极大的伤害。随着网络技术的进一步发展，还会出现其他形形色色的不法行为。因此，尽快制定并完善相关法律法规，对网络广告进行全面监管，已经成为我国当前刻不容缓的任务。

开阔视野——
还有你所不知道的

中国网络广告的市场规模比重

据 iResearch（艾瑞）市场咨询最新研究成果显示，2007 年第 3 季度中国网络广告市场规模达 29 亿元。其中品牌图形广告是中国网络广告市场份额最高的广告形式，达到 45.3%，几乎占据了中国网络广告市场的一半。其次是付费搜索广告，占中国网络广告市场份额为 27.2%。二者共占据中国网络广告市场近 72.5% 的市场份额。可见，目前品牌图形和付费搜索广告已经成为中国网络广告市场的绝对主流，而固定文字链、富媒体广告、分类广告、电子邮件和视频广告所占市场份额仍旧较低，分别为 5.9%、5.2%、4.2%、1.4% 和 0.9%。

案例学习——
看看你的分析能力

“中国法律在线”不正当竞争案

原告：北京市鹤鸣日新市场拓展服务有限责任公司

被告：北京讯合科技有限责任公司

案由：

北京鹤鸣日新市场拓展服务有限责任公司（以下简称日新公司）和北京讯合科技有限责任公司（以下简称讯合公司）都是 ICP，并都在各自网站上设立了介绍中国律师事务所及其律师的信息服务业务。1999 年，被告在其网站上发布广告宣传其“中国法律在线”网站是“第一家全面、集中向全球介绍中国律师事务所及其律师的站点”，“是目前国内最权威的综合性法律信息站点”……原告以被告进行不正当竞争（虚假广告）为由诉至法院。

原告日新公司称，于今年初发现被告讯合公司在其主要网站“中国法律在线”作自我宣传时，宣称其是目前“国内最权威和国际互联网上第一家全面、集中向全球介绍中国律师事务所及其律师详尽资料的专业网站”，这是直接利用了原告的网站上介绍“中国律师站点”的宣传广告用语稍作修改而来的，严重侵犯了原告的商誉权。同时，被告的宣传广

① 高富平，张楚. 电子商务法[M]. 北京：北京大学出版社，2002：214.

告是虚假和具有欺骗性的，侵害了网站访问者等广大消费者的利益，依据《反不正当竞争法》要求被告停止不正当竞争行为，删除其在网站上所作的虚假宣传用语，公开赔礼道歉，并赔偿原告商誉等经济损失5 000元。

被告讯合公司则对日新公司自称“首个全面集中介绍中国律师事务所的站点”提出异议，认为其实际开通时间远在“讯合”之后，对其当时是否具有在计算机网络上经营电子信息服务的资格也提出怀疑。由此要求法院驳回原告的诉讼请求。

——案例来源：《生活时报》1999年11月18日报道

- 案例中被告的广告是否是虚假的和具有欺骗性的？
- 被告的行为是否构成不正当竞争？
- 原告要求赔偿经济损失是否合理？

班级讨论——加深你的知识理解

一、谈谈网络广告与传统广告的异同。

二、试分析网络广告规制的难点。

自己动手——锻炼你的实践能力

一、搜集不同形式的网络广告实例，并与同学们进行交流。

二、自己查找资料，看一看网络广告的经营者、发布者应承担何种限度的责任。

小节复习——牢记本节主要内容

一、解释概念

网络广告　隐性广告

二、简答

1. 网络广告的形式？
2. 网络广告的特点？
3. 对网络广告的规制应注意哪些问题？

6.2 垃圾邮件的规范治理

引导案例——打开知识的大门

2008年1月17日，小张打开电子邮箱，发现自己收到一封来自“Travel zoo” kf@ service. netease. com 的题为“(AD)免费获取超值旅游路线：飞曼谷26元”的邮件，打开后发现是一封推销低价机票的广告邮件。小张之前从未向 Travel zoo 定制过任何邮件。

■ 你认为这个案例中的广告邮件属于垃圾邮件吗？

■ 你认为垃圾邮件会带来哪些危害？

垃圾邮件已经成为全球互联网所共同面临的一个严重的社会问题。诸多国家已经颁布了相关打击垃圾邮件的法律，我国信息产业部在2006年3月也正式实施了《互联网电子邮件服务管理办法》，对垃圾邮件进行规范治理。

6.2.1 垃圾邮件定义

垃圾邮件(Spam)即未经请求而大量发送的电子广告邮件。垃圾邮件必须具有三个构成条件：

第一，未经请求，即未征得收件人同意。何为同意？这是目前垃圾邮件定义上存在的最大分歧，主要有两种观点：一是采取“Opt - in”方式。“Opt - in”直译为“选择性加入”，这是一种最简单的用户许可方式，即用户主动输入自己的 E - mail 地址，加入到一个邮件列表中。“Opt - in”通常又可分为两种形式：一种是用户在网页上的订阅框中输入自己的邮件地址之后，网站无需给予 E - mail 通知，是否加入成功要等正常收到邮件列表的内容才知道；另一种是在用户输入 E - mail 地址并点击“确认”之后，网站会立即发出一封邮件通知给用户，如果用户不想订阅，或者并不是自己订阅的(比如他人输入邮件地址错误或者恶作剧)，可以按照确认邮件里的说明来退出列表，可能是点击某个 URL，或回复确认邮件来完成。在“Opt - in”观点之下，同意的主动权在消费者手里，企业和商家只有得到你的同意才被允许发送邮件给你。未经请求所发送的邮件就为垃圾邮件，业内大部分是采取的这种观点。二是采取“Opt - out”方式。“Opt - out”直译为“选择性退出”，也被称为“自愿退出”邮件列表。“Opt - out”的基本方法是：网站将自行收集来的用户 E - mail 地址加入某个邮件列表，然后在未经用户许可的情况下，向列表中的用户发送邮件内容,邮件中有退订方式,如果不喜欢,允许用户自己退出。“Opt - out”的操作方法也不完全相同,有些网站会在将用户加入之后向用户发一封 E - mail,告诉他已经被加入邮件列表。在“Opt - out”观点之下,同意的主动权在发件人手里,发件人可以一直发垃圾邮件给你,直到收件人要求停止发送。这种理论之下的垃圾邮件的范围将会大大扩展。

目前全球各国在垃圾邮件立法上采用“Opt - in”和“Opt - out”观点的皆有,比较而言,“Opt - in”对垃圾邮件的范围要求更加严格,有利于打击垃圾邮件。美国支持“Opt - out”观点,而澳大利亚和欧盟都采取的是“Opt - in”观点。

第二,大量发送。这要求垃圾邮件发送者必须是一次性发送大量的电子邮件。假设发送者由于错误输入邮件地址,导致收件人并非经过请求获得邮件,不能认为是垃圾邮件。

第三,广告邮件。这要求垃圾邮件的内容必须是商业性广告,而把出于政治或打击报复等目的大量发送的电子邮件排除在垃圾邮件范围之外。美国 2004 年 1 月 1 日生效的《未经请求的侵犯性色情及行销行为控制法》就把垃圾邮件范围明确在了商业广告邮件。我国全国人民代表大会常务委员会在2000 年12 月28 日通过的《全国人民代表大会常务委员会关于维护互联网安全的决定》中对出于政治目的和打击报复在互联网上传播信息的犯罪行为也作出了明确规定。

6.2.2 垃圾邮件的侵权性

一般认为,垃圾邮件的大量存在,主要侵犯了收件人的以下权利:

第一,通信自由权。我国《宪法》第 40 条规定了公民享有通信自由权,通信秘密不受侵犯。通信自由包括发信的自由和收信的自由。没有取得同意向他人滥发垃圾邮件,属于强迫他人通信,侵犯了他人的收信自由,即通信自由权。

第二,隐私权。一方面,收信人在接收到大量的垃圾邮件后,平静的生活被侵扰,受困于大量的垃圾邮件,生活安宁权受到侵犯,而生活安宁权在民法理论上属于隐私权的范畴;另一方面,垃圾邮件的发送往往伴随着用户大量的电子邮件等个人数据资料的收集、买卖,而这些数据资料属于信息时代的个人隐私范畴。

第三,经济权利。收信人接收和阅读垃圾邮件都需要耗费时间和精力,同时这些会直接带来上网费用方面的损失。此外,当收件人的信箱因为垃圾邮件爆满,影响到收件人正常收取邮件时,可能会让重要邮件无法进入收件人邮箱,给收件人带来更巨大的经济损失。

6.2.3 我国垃圾邮件法律管制现状

我国目前在垃圾邮件的法律治理领域最为重要的规范性文件是原信息产业部颁布的于2006年3月30日正式实施的《互联网电子邮件服务管理办法》。这部行政规章主要从以下几个方面去防范垃圾邮件:

第一,采取"Opt - in"原则严格限定垃圾邮件的范围。在《互联网电子邮件服务管理办法》第13条第2款中规定:"禁止未经互联网电子邮件接收者明确同意,向其发送包含商业广告内容的互联网电子邮件"。

第二,规范电子邮件及广告邮件的发送行为。发送者不得"故意隐匿或者伪造互联网电子邮件信封信息",在发送包含商业广告内容的互联网电子邮件时,必须在互联网电子邮件标题信息前部注明"广告"或"AD"字样。互联网电子邮件服务发送者发送包含商业广告内容的互联网电子邮件,应当向接收者提供拒绝继续接收的联系方式,包括发送者的电子邮件地址,并保证所提供的联系方式在30日内有效。

第三,建立电子邮件服务的行政许可制度。提供互联网电子邮件服务,应当事先取得增值电信业务经营许可或依法履行非经营性互联网信息服务备案手续。这种对电子邮件服务商(ISP)的管制,强化了ISP的法律责任,能够从邮件的发送源头上减少垃圾邮件的产生。

除了《互联网电子邮件服务管理办法》,我国相关行业协会、地方政府及有关电信企业也出台了一些治理垃圾邮件的规范性文件,如中国互联网协会的《中国互联网协会反垃圾邮件规范》、北京市工商行政管理局2000年5月颁布的《关于对利用电子邮件发送商业信息的行为进行规范的通告》,以及中国电信2000年制定的《垃圾邮件处理办法》等。总体上来说,我国反垃圾邮件的规范性文件法律层次较低、内容散乱,还没有建立起一套科学完善的治理垃圾邮件的法律体系。

开阔视野——还有你所不知道的

美国反垃圾邮件的立法

美国是世界上最早通过法律手段来解决垃圾邮件问题的国家之一。从20世纪90年代后期开始,美国联邦参、众两院先后提出了《1999年网民保护法》、《电子邮件用户保护法》、《2000年反未经请求电子邮件法》、《2001年反垃圾邮件法》和《2001年反未经请求商业电子邮件法》等多项法案,这些法案因未获得两院一致通过而未能生效。2004年1月1日,《美国反垃圾邮件法》(《2003年CAN SPAM法案》)即《2003年未经请求的侵犯性色情及行销行为控制法》通过实施，对各种滥发垃圾邮件的行为给予严厉处罚，包括5年以内监禁、没收财产、3倍以内的惩罚性赔偿、200万美元以下罚款等等。该法在美国的实施已经取得不错的效果，美国垃圾邮件数量急剧下降。

1997年7月，内华达州在美国各州中率先就垃圾邮件问题立法后，各州纷纷通过了反垃圾邮件法案。截止到2003年11月，出台反垃圾邮件法的州达到36个。其中除了加利福尼亚州等少数几个州采取"Opt－in"原则来定义垃圾邮件外，绝大多数州都是采取"Opt－out"原则来定义。

案例学习——看看你的分析能力

欧盟隐私与电子通信指令

2001年12月6日，欧盟各国部长签署法案，支持在全欧洲范围内禁止垃圾邮件、电传及其他无用的文字信息。2002年7月12日，欧盟议会通过了《欧盟隐私与电子通信指令》（以下简称《指令》）。《指令》提出，自2003年10月31日起，未经收件人事先同意不得在欧盟范围内向个人发送商业、宣传性的电子邮件。法国、意大利、英国、丹麦、西班牙等欧盟成员国通过国内立法禁止向个人发送商业广告性质的电子邮件，以此来遏制垃圾邮件的泛滥。

■ 欧盟国家在垃圾邮件定义上采取的是何种原则（Opt－in还是Opt－out）？

■ 该《指令》能否有效遏制垃圾邮件的传播？

班级讨论——加深你的知识理解

一、你认为垃圾邮件的定义采取哪种原则更合适？

二、谈谈你认为国家与地区层面的反垃圾邮件立法能否解决垃圾邮件泛滥的问题？

自己动手——锻炼你的实践能力

一、自己动手搜集资料，看看各国关于反垃圾邮件的立法情况，并将成果与同学们共享。

二、试统计周围人收到垃圾邮件的数量和频率。

小节复习——牢记本节主要内容

一、解释概念

垃圾邮件

二、简答

1. 垃圾邮件的构成要件有哪些?

2. 垃圾邮件侵犯了收件人的哪些权利?

3. 我国对垃圾邮件实施了何种法律管制?

6.3 电子商务消费者权益的保护

引导案例——打开知识的大门

目前国内几家大的邮件服务商对消费者隐私权的保护都有一些例外规定:①根据中华人民共和国国家安全机构、公安部门的要求及根据相应的法律程序要求;②维护邮件服务商的商标所有权及其他权益;③在紧急情况下竭力维护用户个人、其他社会个体和社会大众的安全;④符合其他相关的要求。在这四种情况之下,服务商可以公开、编辑或透露用户的邮件内容。

■ 你认为这些服务条款侵犯了消费者的隐私权吗?

■ 在接受电子商务服务的过程中,你是否遇到过权益受侵犯的问题?

6.3.1 电子商务中消费者的权利与经营者的义务

6.3.1.1 电子商务中消费者的权利

电子商务中交易主体的虚拟化、交易过程的无纸化、支付手段的电子化、交易空间的无地域化等特点使经营者与消费者之间的力量对比更加悬殊。相对于传统交易,电子商务中消费者的权利主要集中在四个方面:安全权、知情权、自主选择权及公平交易权。

(1)消费者的安全权。我国《消费者权益保护法》第7条规定:“消费者在购买、使用商品和接受服务时享有人身、财产安全不受损害的权利。”安全权具体包括人身安全权和财产安全权。人身安全权,是指消费者在网上所购买的商品对自己的生命安全与健康安全不产生损害的权利;财产安全权,是指消费者的财产在网络交易中不受侵害的权利。

(2)消费者的知情权。我国《消费者权益保护法》第8条规定:"消费者享有知悉其购买、使用的商品或者接受的服务的真实情况的权利"。消费者在进行网络交易时,整个过程中都无法接触到商品与商家,只能靠商品的说明文字与图像等信息进行判断。消费者有权利了解商品或服务的真实情况及具体信息。

(3)消费者的自主选择权。我国《消费者权益保护法》第9条规定:"消费者有自主选择商品或者服务的权利。消费者有权自主选择提供商品或者服务的经营者,自主选择商品品种或者服务方式,自主决定购买或者不购买任何一种商品、接受或者不接受任何一项服务。"消费者的自主选择权在网络购物活动中能够得到充分体现,网络购物的最大特征就是消费者的主导性。

(4)消费者的公平交易权。我国《消费者权益保护法》第10条规定了消费者享有公平交易的权利,即消费者与经营者之间进行消费交易中所享有的获得公平交易条件的权利。"消费者在购买商品或者接受服务时,有权获得质量保障、价格合理、计量正确等公平交易条件,有权拒绝经营者的强制交易行为。"在消费性的交易中,公平交易是指消费者获得的商品、服务与其交付的货币价值相当。网络交易中,消费者仅能根据经营者单方提供的信息判断商品与服务的价格和价值是否相当,因此,网上商品价格的合理性难以得到保证。同时,商品的质量保障和计量正确等公平交易条件也难以实现。

6.3.1.2 电子商务中经营者的义务

(1)在线信息披露义务。在电子商务中,经营者具有强大的优势,交易信息不对称使消费者经常陷入不知情状态,处于交易劣势。经济合作与发展组织(OECD)于1999年12月《OECD关于电子商务中消费者保护指南》中明确指出网络经营者应当披露的信息内容包括三个方面:经营者身份信息、商品或服务信息和交易信息。[①]

第一,经营者身份信息。我国《消费者权益保护法》第20条规定经营者有真实标志的义务,这表明了公示真实身份是经营者的一项义务。网络经营者同样应当履行披露其真实身份的义务,这一点已在许多国家或国际组织的法律规范中得到体现。

第二,商品或服务信息。我国《消费者权益保护法》第19条规定经营者有真实信息告知义务。由于在网络上进行交易,消费者无法接触商品,只能依据经营者对商品的语言描述、图片显示等宣传广告信息订立合同。若经营者对商品或服务信息不完全公开,

---

① Organization for Economic Cooperation and Development , Recommendation of the OECD Council Concerning Guidelines for Consumer Protection in the Context of Electronic Commerce(1999).

则易导致消费者误解，甚至遭受欺诈。网络经营者在销售商品或提供服务时需披露的商品或服务信息内容应包括但不限于以下几方面：商品名称、注册商标；生产者、产地；生产日期、有效期；价格、用途、性能、规格、等级、主要成分；检验合格证明、质量证明；使用说明书、售后服务；可能危及人身或财产安全的商品或服务，需特别加以说明。

第三，交易条件信息。网络交易所有的程序都是由网站经营者先行设计好的，交易大部分都属于非谈判交易。交易条件亦是由网络经营者确定，消费者几乎没有权利进行选择，而我国现行法律还没有涉及交易条件信息的披露问题。

为保障消费者知情权和公平交易权，经营者有义务披露真实、完整的交易信息，并向消费者提供清晰的、全面的交易条件。如向消费者收取的或由消费者承担的成本项目、服务条款、交付和支付条款、购买的限制或限度条件（监护人的许可、地域及时间限制和购买额的限度等）、有效的售后服务信息、保证或担保条款等。

（2）不得滥用格式条款的免责义务。网络格式合同在网络消费交易中是非常必要的，其效力可以根据《合同法》和《消费者权益保护法》来确认，只要符合法律的规定，没有损害消费者的合法权益，格式合同就对双方当事人具有约束力。目前，网络经营者利用格式合同减轻或免除责任的现象十分普遍，因而，对免责条款进行限定，对维护交易公平和发展网络交易具有重大意义。如，限制无效条款列入合同，限制不合理条款的效力。对于减轻、免除经营者责任或限制消费者权利的条款应当采用特别提醒的方式列入合同。

（3）切实履行合同义务。电子商务合同履行中，经营者延迟履行合同、瑕疵履行合同、不承担售后服务义务的事情时常发生。我国法律应规定适当的最长履行期限和“冷却期”（Cooling off Period）[①]，并明确经营者的承诺义务、保证售后服务义务、赔偿义务等。

（4）保护消费者个人信息义务。由经营者制定的隐私保护政策或措施应予以公示，其对消费者面临的隐私风险有说明和提示义务，对所收集的个人信息有合理使用与限制、禁止使用的义务；经营者的收集行为必须在法律的规定范围内，需经主管部门的许可与当事人同意后才可以进行个人信息的收集；经营者对其收集的个人信息的使用必须是合法的，且未经被收集人许可，不得对其信息进行公开或转让；经营者要保证数据的统一性和秘密性；提供的网络服务必须有技术保障，以保护消费者信息的安全；告知消费者降低风险的技术措施；对使用消费者个人信息带来的损害后果需负赔偿责任；经营者擅自

① 又称“犹豫期”，即指消费者签订远程契约后，在规定的期限内可以无条件退货或撤销契约，且不需要给付违约金与说明理由。

转让消费者个人信息给第三方,造成消费者权益受到损害的,应负有连带赔偿责任。

6.3.2 电子商务中消费者权益保护面临的问题

电子商务中消费者权益的保护主要面临以下七类问题,其中包括六类常见的侵犯消费者权益的情形(参见表6-1)与损害赔偿权难以实现的问题。

表6-1 电子商务中消费者权益遭受侵犯的常见情形

权利种类 / 面临问题	知情权	人身安全权	财产安全权	自主选择权	公平交易权
网络消费欺诈	√	√	√		
网络虚假广告	√				√
网络合同履行		√			√
网络格式合同				√	√
网络支付安全			√		
网络隐私权保护		√			

6.3.2.1 网络消费欺诈问题

网络消费欺诈,是指经营者以非法占有为目的,在网络上实施利用虚构的商品和服务信息或者其他不正当手段欺骗、误导消费者,使消费者的合法权益受到损害的行为。网络环境下,经营者对其身份信息披露不全或虚假,消费者很难认证也无法判断销售者的真实身份。在销售商品或服务时,经营者对消费者无告知销售动机的义务,消费者只是凭借经验和习惯对经营者的销售动机进行主观判断,很难断定经营者是真实销售商品还是借销售商品之名实施欺诈。目前,网络消费欺诈的常见手段有:低价陷阱套取货款、空头承诺骗取订金、销售虚假商品等。

6.3.2.2 网络虚假广告问题

网络虚假广告,是指经营者为达到引诱消费者购买商品或接受服务的目的而发布的关于其商品或服务的不真实的信息内容。网络广告是网络消费者购物的主要依据,消费者的购物决定大多根据对广告文字和图像的判断而作出。由于网络广告的特殊性,相关部门难以进行审查和监管,而消费者很难判别广告信息的真实性、可靠性,其知情权和公平交易权大打折扣。如果消费者误信网络虚假广告而购买了伪劣、假冒商品,不仅损害了其经济利益,严重的还可能危害生命和健康安全。韩国《标志广告法》第2条第2款及其《施行令》第2条第2款中均规定该法同样适用于使用互联网和计算机通信等媒体进行的电子商务交易。这部法律对欺骗消费者或有可能欺骗消费者，以及可能有损于公平交易的标志和广告进行了规制。

6.3.2.3 网络消费合同履行问题

网络消费合同不适当履行的行为多表现在以下几个方面：一是延迟履行。网络购物的物流配送缓慢非常普遍，出于某些原因，经营者向消费者承诺的交货日期难以兑现。二是瑕疵履行。网络消费者在认购商品并发出货款后，经常出现实际交付商品的种类、数量、质量等与购买时不一致的情况。三是售后服务无法保证。网络交易的最大特点就是打破了地域的限制，虽然《消费者权益保护法》规定了经营者承担“包修、包换、包退”的义务，但因为跨地域交易、经营者真实身份难以认定等因素，消费者很难实现享受售后服务的权利。数字化商品的退货问题也成为《消费者权益保护法》面临的新的问题。

我国《消费者权益保护法》对经营者的合同履行期限未作规定，相关法律法规中也没有偏向消费者履行期限的规则。而欧盟2000年10月31日生效的《消费者保护(远程合同)指令》则规定：“供应商必须自消费者向其发出订单的30天内履行合同。无论出现任何原因，供应商未能在规定期限内履行合同，必须尽快通知消费者并返还所涉款项，通知与返还期限在履行期届满30天内。”该规则同时规定：“消费者有权在最少7个工作日内撤销任何远程契约，且不需要给付违约金与说明理由。在撤销契约中，消费者承担的费用仅限于返还货物的直接费用。”

6.3.2.4 网络格式合同问题

网络消费类合同普遍采用的是格式合同形式，大多数交易条款或服务条款都是由经营者事先拟定好，消费者一般只能接受或拒绝。消费者在网络交易中经常遇到的格式合同是点击合同(Click - warp Contract)，即消费者按照网页的提示，通过双击经营者网站的“同意”或“接受”按钮订立网络合同；还有一种格式合同是浏览包装合同(Browse - warp Contract)，即经营者作为合同的一方在合同中约定，访问者一旦浏览其网站主页便与该经营者订立了合同。

网络环境下，要消除格式合同是不现实的，因为“网络具有天然地适用格式合同的条件及优势”。很多格式合同中都包含有免除经营者责任或加重消费者责任的条款，如“因网站或网站个别工作人员的过失造成消费者个人资料的丢失或泄露，网站不负责任”，“用户同意保障和维护网站及其他用户的利益，如因用户违反有关法律、法规或本协议项下的任何条款而给网站或任何其他第三人造成损失，用户同意承担由此造成的损害赔偿责任”等，这些条款往往很难被消费者所察觉。网络格式合同最大的特点是附和性，经营者在提供格式条款后，消费者要么全部接受，要么全部拒绝，没有协商的余地。经营者的格式合同中，存在着减轻、免除自己责任的条款，这些条款较高的隐藏性令消费者忽略了其中不公平、不合理的内容。

6.3.2.5 网络支付安全问题

网络交易是一种非即时清结交易，通常由消费者通过信用卡或其他支付手段付款，经营者收到货款后才发货或提供服务，这区别于生活中即时清结的消费交易。我国的网络消费者已开始习惯网上付款，但基于我国金融服务水平和电子化程度的限制，网上支付的安全还难以得到保障。随着网络交易的发展，网上付款将成为消费者履行支付义务的最主要方式。而网络的开放性更增加了消费者财产遭受侵害的风险。消费者在使用电子货币支付货款时可能承担以下风险：网上支付信息被厂商或银行收集后无意或有意泄露给第三者，导致冒用；[①]不法分子盗窃或非法破解账号密码导致电子货币被盗、丢失；消费者未经授权使用信用卡造成损失；信用卡欺诈；支付系统被非法入侵或病毒攻击等。

对于网络支付安全，除了采取当事人自律规范、从网络技术上确保交易安全等措施外，更要从法律上明确银行网络、经营者的赔偿责任，平衡其与消费者之间的权利义务关系。从目前各国信用卡的法律规范来看，大都偏重于保护消费者。例如，美国的《Z条例》(Regulation Z)规定："消费者承担的责任有限，对欺诈产生的损失，经营者承担较大风险；对事件的调查责任主要由发卡行和信用卡公司承担。"

6.3.2.6 网络隐私权保护问题

网络消费中，大量的私人信息和数据等被信息服务系统收集、储存、传输，消费者的隐私权不可避免地受到威胁。例如：网络经营者为追求利益使用甚至买卖消费者个人信息；银行的过错行为或黑客侵犯导致的个人信用卡信息被盗、丢失；大量垃圾邮件的骚扰等。

现阶段，我国尚没有专门法律对网络隐私权加以保护，而国际社会对网络环境下隐私权保护的力度已大大加强。经济合作与发展组织(OECD)1980年出台的《隐私保护与个人数据资料跨境流通指导原则》、1998年发布的《全球网络隐私保护宣言》，欧盟1995年形成的《个人数据保护指令》等，都对个人网络隐私权保护进行了详细的规定，美国、英国、德国等国家也已经有了保护公民网络隐私权的法案。

---

① 如账号、密码、身份证号码等。

6.3.2.7 损害赔偿权难以实现问题

消费者的损害赔偿权，又称求偿权。该项权利的实现以消费者的其他权利遭受侵犯为前提。例如，消费者在进行交易的过程中或使用商品和服务后，人身或财产遭受了一定的损害。这实际上是法律赋予消费者在利益受损时享有的一种救济权。

网络的特性和相关法律的空白使网络经营者和消费者之间产生了大量的纠纷。在消费者发现自己权益遭受侵害后，常因无法得知经营者的真实身份或经营者处于其他地区而无法、不便寻求救济，且过高的诉讼成本、举证的困难性、网络交易纠纷的管辖权归属与法律适用的不确定也导致消费者容易放弃救济权。网络与电子商务的发展速度越来越快，如何更好地保障网络交易的发展，保护网络消费者的合法权益，保证网络消费者在遭受侵权后能迅速、方便地寻求救济，成为立法面临的新难题。

6.3.3 电子商务消费纠纷的救济途径

我国《消费者权益保护法》赋予了消费者在遭受侵权行为时寻求救济的权利，但在电子商务消费纠纷中，消费者却难以获得救济。

6.3.3.1 司法救济

网络交易中，大多数是小额交易，在合同履行出现问题后，出于诉讼成本高、举证困难、诉讼不便等因素，消费者往往选择放弃救济。因此，有效的小额诉讼程序的设立对于方便公民小额纠纷，特别是保护网络消费者的权益有着重要意义。

小额诉讼程序的实质是为一般民众提供一种救济小额权利的司法形式，具有立案数额低、程序简易、高效等特点。小额诉讼程序在审理阶段上和一般诉讼程序有所区别，例如，我国台湾地区的小额诉讼程序的审理有以下特别规定：可以在夜间或休息日进行；实行一次言辞辩论终结诉讼；为实现简速的审理目的，对证据的调查有特殊规定；诉讼中严格限制诉之变更、追加与提起反诉；使用表格化判决；原则上实行一审终审，限制当事人上诉。此外，世界上许多国家都设立了受理小额诉讼的法庭，如美国、日本、新加坡和澳大利亚等。

6.3.3.2 非诉解决机制

ODR 即 Online ADR①，一般被称做“在线争端解决机制”（详见本书第九章第四节）。ODR 是指“涵盖所有网络上由非法庭但公正的第三人，解决企业与消费者间因电子商务

① 全称是 Online Alternative Dispute Resolution.

契约所生争执的所有方式”。[①] 它最大限度上体现了当事人意思自治，具有纠纷解决方式和适用规则的灵活性，争端处理的高效性，纠纷解决的经济性等特点。

(1)在线投诉。在线投诉，是为电子商务消费者专门提供的一种在线的投诉途径，是由第三方机构设立平台接受消费者投诉并帮助消费者联系商家解决投诉问题的一种机制。不同的投诉机构会对投诉范围作出不同的规定，在受理投诉之后，受诉机构可以采取调查、调解或仲裁等处理措施。这方面的代表性实践是美国中央商业促进会(Central Better Business Bureau)下属网站 BBB Online 的在线消费者投诉处理机制。

(2)在线调解。在线调解的基本原理同传统调解一样，不同的是调解的全部过程在网络上进行。在线调解的特点有：①更能体现当事人的自愿，当事人可以自由决定是否采取该种方式，也可以自由决定是否参与到程序中；②其程序受法律规范约束少，在线调解中，可以通过第三人寻求一种合理的解决方法；③第三人为自愿且无利害关系的第三人。美国 Online ADR 的调查程序中，通常是由消费者协会、商业协会或一些中立机构来进行调解。

(3)在线仲裁。在线仲裁因受到网络技术对当事人举证等活动的限制，很少适用于网络交易纠纷，目前在线仲裁主要用于解决域名争议。建立和发展在线仲裁面临的问题主要有：①证据提交的问题，网络交易中，除了数据电文来往外，也会出现书面或其他形式的证据，此时如何向仲裁庭提交证据成为难题；②在线仲裁地的确定问题，由于在线仲裁程序完全是在线进行，故不易对仲裁地作出确认，而仲裁地的确定对跨国交易产生的纠纷解决有重要影响；③仲裁裁决的效力问题，在线仲裁裁决对双方当事人具有多大的法律约束力，是否具有司法执行力，这一点尚不明确。

开阔视野——还有你所不知道的

《经合组织关于电子商务中消费者保护指南的建议》

国际经济合作与发展组织(OECD)于 1999 年通过了《经合组织关于电子商务中消费者保护指南的建议》(以下简称《指南》)，从保护消费者信任的角度，构筑了一个庞大的消费者保护体系：一是对信息进行透明的、有效的保护，参与电子商务的消费者应该享有不低于在其他商业形式中享有的透明和有效的保护水平；二是公平的商业、广告及销售行为；三是在线信息披露，信息披露是确保交易透明和消费者知情权的重要措施，《指南》从商业信息、交易信息等方面列出了在线经营者应当披露的信息；四是交易信息，从事电子商务的企业应提供充足的

① 郭佳玫.论现行网路交易争议解决的法律问题——兼谈线上争端解决机制[J].科技法律透析,2001(6):17.

有关交易的条款、条件及成本的信息,使消费者在充分的信息基础上就是否进行交易作出决定;五是确认过程,为了避免消费者购买意思的模糊,消费者应该能够在决定购买之前准确地确认他想购买的商品或服务;六是争议解决和救济,为消费者提供良好、及时的争议解决方式也是确保消费者信任的重要措施。

案例学习——看看你的分析能力

中国首例用户电子邮件泄密案

浙江律师郭力因私人电邮在互联网上被公开而起诉万网和百度两家网站侵犯他的通信秘密权和著作权,此案于2007年12月7日在北京海淀区法院一审开庭。该案成为中国首例用户电子邮件泄密案。

据郭力在法庭上的陈述,他于2006年7月19日用自己的Hotmail邮箱向浙江金道律师事务所发送了求职信,2006年8月却发现求职信的附件内容可以通过互联网搜索引擎搜到,并在网上公开了30天之久。因该邮件的收信方浙江金道律师事务所是从万网处租用的邮箱,而邮件附件内容是因为被百度快照抓取到才能被搜索引擎搜到的,所以郭力以侵害通信秘密权和著作权为由将万网和百度一并告上了法庭,要求两被告公开致歉,并赔偿诉讼费、差旅费等2 628元,以及100万元精神损失费。

2008年1月10日中国首例用户电子邮件泄密案有了结果。北京市海淀区人民法院的一审判决:"现有证据无法印证该公司(万网)所提供的电子邮件服务与国家强制性技术标准相悖,同时,在无法明确邮件地址外泄真实原因的前提下亦不代表万网公司具有非法介入郭力邮件以获取其个人秘密的主观过错,故郭力要求该公司承担侵权责任的诉讼请求,缺乏事实及法律依据,本院不予支持,驳回郭力的全部诉讼请求。案件受理费5 055元由郭力负担。"

此案的关键点是:邮件到底是通过什么途径被泄露出去的?

对此,曾主持国家863关于反垃圾邮件项目的安全专家陈勇认为,万网之前所采用的108长字符串URL地址对于邮箱已经是安全的。百度搜霸在抓取用户访问过的URL地址前得到了用户下载相关软件的许可,而用户在确认安装的时候并不知道该软件可能带来的隐患。结果,用户的邮件被百度快照暴露在公众的搜索视野之中。

——案例来源:比特网(ChinaByte)

- 分析这个案例中网络服务提供商侵犯了消费者的什么权利?
- 你认为本案中对用户造成的损害应由谁弥补?
- 该纠纷有哪些解决办法?

班级讨论——加深你的知识理解

一、谈谈你认为消费者在电子商务过程中哪些权利容易受到侵害？

二、如果你是一家企业的老板，你在进行电子商务时应该怎样保护消费者的权利？

自己动手——锻炼你的实践能力

一、在当当网或卓越网上参与一次网上购物，观察购物过程中经营者与消费者的协议中有无不利于消费者的条款。

二、通过在网上查找资料，看看现在各个邮箱服务提供商使用的格式条款有无损害消费者利益的内容。

小节复习——牢记本节主要内容

简答

1. 电子商务中的经营者和消费者有哪些权利义务？
2. 电子商务中消费者保护相比传统环境面临哪些特殊问题？
3. 电子商务的消费纠纷有哪些解决方式？

6.4 电子商务税收法律问题

引导案例——打开知识的大门

北京某大学大四学生张明因为要准备国家公务员考试，需要买些参考书，但平时忙于设计简历和参加招聘会，无法抽出时间去书店买书。2007 年 10 月 20 日晚，在一天连续参加了 5 次招聘会之后，张明回到宿舍，打开计算机点击上网，来到全球最大的中文网上商城——当当网，输入“公务员考试”查询，出现了数十种相关的参考书，随后张明挑选了其中的几本，然后在当当网上把自己的联系方式、地址和收件人都留在上面，选择“货到付款”的同时，在“是否需要发票”一项的可选项目中，他选择了“需要发票”。3 天后，张明收到了当当网送来的参考书，同时，也收到了当当网开具的由国家税务局制作的发票。税务机关工作人员表示,张明有比较好的法律和税务意识,他这种索要发票的行为值得大家学习,这样就避免了电子商务企业通过电子商务这种新兴的销售模式偷逃税。

■ 从这个案例中你觉得电子商务应该纳税吗?

■ 据你所知,除了当当网提供发票外,还有哪些电子商务企业也提供发票?

税收是国家为了满足一般的社会共同需求,按照法律规定的标准,强制地、无偿地征收实物或货币而形成的特定的分配关系。税收是一个国家财政的主要收入来源,也是国家宏观管理经济、调控市场的主要手段之一。伴随着互联网在世界各地的发展,电子商务的出现给各国的经济模式、市场竞争关系,以及税收都带来了诸多的机遇和挑战。

6.4.1 电子商务与税收

6.4.1.1 电子商务给传统税制带来的冲击

(1)纳税主体。传统交易方式下,纳税主体都以实际的物理存在为基础,无论是从事生产、销售还是提供劳务、服务的单位或个人,都进行了税务登记。税务登记制度确保了税务机关了解纳税人的基本情况,便于其实地查证、掌握税源、加强征管。但在网络环境下,交易双方可能都以虚拟的名称出现,查证这些虚拟的信息与实际地点及法律主体的对应关系,其难度相当大。这样,税务机关无从判定纳税主体,传统的税源控制方法也就难以奏效。

(2)征税对象。传统的交易对象以实物为主,而电子商务的交易对象不仅包括有形的实体商品,如电器、服装、玩具等,还包括无形或数字化的产品与服务,如计算机软件程序、电子图书、数字化影视音乐等。数字化的产品使得课税对象的性质变得模糊,即这种数字化的产品应该界定为商品还是服务,这种网上交易是属于商品销售应征增值税,还是属于提供劳务应征营业税,或是属于无形资产的转让应征税营业税。根据现行的税收理论,很难予以准确判断和界定。

(3)征税环节。征税环节是指征税对象从生产到消费的流转过程中应当缴纳税款的环节。任何一种商品,从生产到消费都要经过许多流转环节,如工业品要经过工业生产、商业批发和商业零售的环节。显然,现行税法对征税环节的规定是基于有形商品的流通过程和经营业务的活动,主要适用于对流转额征税,因此,征税环节的确定必须考虑商品及劳务价格的实现阶段。但在网上交易过程中,虚拟性、隐蔽性,以及数字化商品特性,使得生产、销售、流通等各个阶段无法确切区分,因此,征税环节也往往难以判定。

6.4.1.2 电子商务对税收征管的影响

(1)税收管辖权。税收管辖权是国家主权原则在国际税收领域的体现。世界各国通行的税收管辖权的确认标准主要包括三种:一是属地原则,即以本国领土范围作为行使税收管辖权依据的原则;二是属人原则,即以纳税主体是否具有本国国籍作为行使税收管辖权依据的原则;三是混合原则,即混合适用属地原则与属人原则,以其中的一种为主,另一种为辅。目前大多数国家采取的是混合原则,对本国居民的境内境外所得,以及非本国居民来源于本国境内的所得征收税款。由此而引起的国际重复征税,通常以双边税收协定的方式加以解决,即两国签署双边税收协定,约定纳税人本国应该对纳税人来自另一国并且已被该国征税的所得给予抵免税款,从而尽量避免国际重复征税。由此,"常设机构"以及"商品服务提供地"这两个概念在税收管辖权的行使中便显得十分重要,这往往是判断商品属地原则的适用标准。首先,常设机构是一国对其境内的非居民来源于该国的所得行使税收管辖权的依据。《经济合作与发展组织关于避免双重征税的协定范本》和《联合国关于发达国家与发展中国家避免双重征税协定范本》都对常设机构作了界定,即指一家企业开展全部或部分营业的固定场所,并且其所从事的活动是准备性或辅助性活动以外的营业活动。按照此传统概念,常设机构必须同时具备人与物两个方面的客观要素。然而,在电子商务中,大部分商事行为是由服务器自动完成的,此时该服务器究竟属于数据存储场所还是常设机构?如果我们将其认定为常设机构,那么服务器和网址所具有的极强流动性,不仅不符合常设机构的"固定性"要件,而且对于确定具体地址以行使管辖权也极为不便。另外,商品服务供应地是确定流转税征收管辖权的主要依据。传统交易方式下,商品服务供应地往往是经营者所在地或消费者所在地。但是在网络环境中,消费者所在地、网络商业中心所在地及其服务器所在地三者常常位于不同的国家,此时商品供应地应如何确定,以及何国拥有税收管辖权难以判断。同理,对于服务供应地而言,随着远程控制技术的发展,很多服务项目不必服务人员亲临现场就可以提供在线服务,这便降低了服务供应地与特定地理位置之间联系的紧密性,也加大了确定流转税征收管辖权的难度。

鉴于上述难题,一些国家倡导应该弱化属地管辖权,而侧重属人管辖权。但是在网络的虚拟条件下,交易双方可能不会以真实身份出现,实际姓名与确切地址都难以得知,本国对其行使属人税收管辖权亦非易事。由此可见,电子商务对传统税收管辖权带来的冲击是前所未有的。

(2)税务稽查。税务机关对纳税人进行有效的税收征管和稽查,必须切实掌握纳税人完整并真实的信息资料,获取的主要途径是对纳税人的合同、发票、凭证、账簿、报表等进行审查。但是,在电子商务活动中,谈判签约、支付价款,甚至数字化产品的交付等行为都可以在线完成,网上交易的无纸化使得税收征管稽查失去了原始实物凭据。此外,随着电子货币、电子票据、电子划拨技术的使用,电子记录可以轻易更改而不留痕迹,而且越来越发达的加密技术可以很好地隐匿交易信息。这些都使得税务征管和稽查变得更加困难。

(3)税款流失。在现行税收征管制度下,税务登记所依据的基础是工商管理登记。但在网络交易下,由于电子商务纳税主体的虚拟化以及交易的无纸化,使得税务稽查所依据的纳税申报表及发票无从谈起。电子商务条件下,纳税人在网上的经营范围几乎不受任何限制,这使得税务机关无法了解纳税人的生产经营状况。另外,由于在互联网上企业可以直接进行交易,而不必通过中介机构,又使传统的代扣代缴税款无法进行,随之而来的税款流失问题已经成为各国关注的焦点。

6.4.2 世界各国地区及组织电子商务税收政策

目前,世界各国都在积极研究电子商务给传统税制带来的影响,而对于电子商务是否征税,以及是否开征新税等话题,各国的政策略有不同。

6.4.2.1 美国

美国是电子商务发源地及应用最广泛的国家,也是世界上最先对电子商务税收制定专门政策的国家。

1996 年 11 月,美国财政部颁布了《全球电子商务税收政策解析》,其中提出各国在制定税收政策及税务管理措施时应遵循中立原则,以促进互联网这一新兴技术的运用及发展。对于国际税收原则不必作出根本性的修改,但是要达成国际共识,以确保不对电子商务征收歧视性税收,并且应该明确对电子商务征税采取属人管辖而非属地管辖原则,避免双重征税。

1997 年 7 月,时任美国总统克林顿发布了《全球电子商务纲要》(A Frame - work for Global Electronic Commerce),提出了发展电子商务的五大原则:继续由私人企业主导互联网的发展;政府应避免对电子商务作不当的限制;如果政府的介入是必要的,其应该在于支持及实施一种可预测的、最低程度的、一致而简单的电子商务法律环境;政府应认识互联网特殊的本质;必须以全球为基础来促进电子商务的发展。对于离线交易应按现行税制办理,而不应开征新的税种,对于在线交易则应免征关税。此外,建议世界贸易组织及其他有关组织宣布互联网为无税区。

1998 年 10 月,美国正式通过了《互联网免税法》(The Internet Tax Freedom Act)。该法案出台的背景是:有些人认为互联网信息传输的字节“比特(Bit)”是一种商品,这种商品在网络上流通,相当于商品流通,应该对其征收“比特税”。这个想法最先由加拿大税收专家阿瑟·科德尔(Arthur Cordell)于 1994 年提出,后经荷兰马斯特里赫大学的卢·索尔特(Lue Soete)教授加以完善并正式提出,其核心理论是对信息传输的每一数字单位征税,包括对增值的数据交易,如数据收集、通话、图像或声音传输征税。后来,美国政府为此发布了《互联网免税法》,决定不为这个比特的流动发明新税,就是对比特免税。换句话说,该法案主要针对的是 ISP,即网络服务提供商从公众那里收的接入费可以不收税,并不是说对通过互联网进行的交易不收税。当然,如果我们把网络服务商的网络接入服务看做广义的电子商务种类的话,那么,该法案也算是对网络接入服务这种特殊电子商务种类的免税。《互联网免税法》规定的免税期后来被延至 2003 年 11 月 1 日。2004 年 4 月 29 日,美国议会对《互联网免税法》进行了修订,更名为《互联网税收不歧视法》,并将免税期延长至 2007 年 11 月 1 日。

6.4.2.2 欧盟

1997 年,欧盟通过了《欧洲电子商务动议》和《波恩部长级会议宣言》等文件,阐明要为电子商务的发展创建一个“清晰与中立”的税收环境。

1999 年,欧盟提出了电子商务的税收准则:对电子商务不开征新的税种,而是适用现有的税制;数字化产品的在线传送视为应税劳务征收增值税;电子商务税收政策应易于执行;应确保电子商务税收的征收效率;为了便于税收征管,应对可能实行的电子票据作出规定。

2003 年 7 月,欧盟发布法令开始对电子商务征收增值税。根据该法令,无论供应商所在何地,欧盟居民的所有网上购物(包括下载软件和音乐等)都必须缴纳增值税。

6.4.2.3 经济合作与发展组织(简称 OECD)

经济合作与发展组织(以下简称经合组织)是较早关注电子商务税收的国际组织之一。

1997 年经合组织在芬兰会议中达成以下共识:任何税收均应维护中立并确保税收合理分配,避免重复征税和过多的执行费用;政府与企业界应共同致力于税收问题的解决;国际间应加强合作,解决电子商务税收问题;税收不应阻碍电子商务的正常发展;不应实行比特税。

1998年,经合组织提出了电子商务的税收原则:中立、高效、明确、简便、公平和灵活。

目前,经合组织正在与其他国际组织和区域性组织、企业界及非成员国紧密合作,努力进行以下三个方面的工作。

(1)跟踪技术、协作和标准方面的相关发展,并在适当的时候,投入力量以确保税务系统的稳定管理。

(2)根据要求进一步阐明相关的国际税务范式。

(3)为采用现有范式或管理办法提供指导,以适应电子商务的未来发展。

6.4.3 我国电子商务征税的现状

6.4.3.1 我国电子商务征税的学说之争

目前,我国并没有在法律中明确有关电子商务征税的条款或规定。因此,当前电子商务征税的问题在中国主要集中在理论层面,主要有两派学说。

“主税派”认为,税收是国家赖以生存的重要财政支柱,电子商务是一个巨大的潜在税源,如果不对之征税,随着电子商务的日益发展,政府税收将有逐渐减少之虞。而且电子商务与其他商业形式一样,都是商业的一种,差别仅在于具体方式不同,既然其他商业形式都必须征税,对电子商务也应一视同仁,否则有违税收的中立与公平原则。

“免税派”则认为,税收虽然是国家财政收入的主要来源,但同时也是宏观调控的手段,电子商务是一个新兴的领域,代表未来的发展趋势,因此,政府应对之给予扶持和鼓励,以促进其发展,而最好的方式就是予以税收优惠,免征税负。

进而也有人认为,C2C(个人间交易)这种商业模式对中国的现状而言是积极的,其最大的功能便是解决了大量的就业问题,缓解了我国的就业压力,同时繁荣了经济。另外,在C2C交易中,通常有很多金额很小的交易,对这部分交易进行收税可谓得不偿失。

我们认为,不论是从国际社会普遍通行的规则,还是从电子商务在各国经济中的地位,不论是按照税收中立公平原则,还是从平等竞争的市场环境保障上来说,对电子商务实施征税都是必要的。

6.4.3.2 电子商务征税的税种类别

对电子商务是否进行征税,以及征收何种税收不能一概而论,需要根据电子商务的不同种类而区别对待。

以离线交易和在线交易的电子商务种类划分来看,离线交易的本质只是传统商务环节的部分电子化,那么,对于这类交易应该严格按照传统商务及相应的税种予以课税。

对于在线交易而言,则面临数字化商品和服务的征税问题。对于数字化商品而言,比如数字化图书、音乐,甚至是网络游戏装备存在应该被认定为传统贸易中的商品还是服务的争论。认定为商品,应该按照税法规定予以征缴增值税;认定为服务,应该依法征缴营业税。而对于数字化服务而言,比如电子邮箱服务等,则应依法征缴营业税。

从电子商务参与主体角度来看,如果电子商务的主体中有企业法人,那么,该电子商务主体需要依照《公司法》和相关税收法律的规定依法纳税。如果电子商务的主体有个体工商户,则需要缴纳增值税、城市维护建设税、教育附加和个人所得税。如果参与双方都是自然人,而且双方之间的交易只是偶然性的话,那么,双方之间的电子商务行为是无需征税的。

6.4.3.3 电子商务征税需解决的几个问题

(1)电子商务主体规范化。电子商务给传统税制最大的冲击就是其电子化、虚拟化的特征加大了纳税主体的判定难度。因此,为了更好地规范电子商务行业,依法对电子商务从业者进行征税,刻不容缓的就是解决电子商务主体规范化的问题。对电子商务主体进行登记和备案工作迫在眉睫。目前在法律层面对此并没有明确界定。不过,一些城市已经在地方立法中予以规定。如,2007 年 9 月 14 日审议通过,2007 年 12 月 1 日起实行的《北京市信息化促进条例》(以下简称《条例》)。[①]

《条例》第 26 条规定:“利用互联网从事经营活动的单位和个人应当依法取得营业执照,并在网站主页面上公开经营主体信息、已取得相应许可或者备案的证明、服务规则和服务流程等相应信息。”

同时,《条例》第 27 条还规定:“电子商务服务提供商应当对利用其网站从事经营活动的经营主体的身份信息、合法经营凭证和反映交易信用状况的材料进行核查,并对相关信息作好数据备份,便于当事人和有关部门查询、核对。”

显然,《条例》不仅对直接参与电子商务的主体进行了“取得营业执照”的主体资格限定,还对电子商务平台提供者,比如淘宝、易趣等进行了约束,规定它们必须对平台使用者与交易相对方的信息承担审查、备份义务,即“对利用其网站从事经营活动的经营主体的身份信息、合法经营凭证和反映交易信用状况的材料进行核查,并对相关信息作好数据备份”。

---

① 该条例的全文可参见北京市信息化工作办公室网站:http://www.beijingit.gov.cn/fgbz/dfxfg/t20070929_198892.htm,2007-10-21.

只有明确电子商务主体需和传统商务主体一样取得营业执照方可参与经营，才能确保电子商务和传统商务的平等竞争，也只有解决了电子商务法律主体资格问题后方能对其实施税收征缴。

(2)自行申报与代扣代缴并重。电子商务税款的征缴问题是当前电子商务征税中的难点问题。有人建议要“建立电子商务登记制度”，纳税人从事电子商务活动的应到主管税务机关办理专门的电子税务登记，填报企业网址、电子邮箱地址等相关资料，同时必须将企业实行的财务软件的名称、版本及其他必要信息提交税务机关备案。税务机关对以上资料严格审查后，在税务管理系统中予以登记，但必须履行为纳税人保密的义务。

我们认为，落实电子商务税款征缴的关键在于确立互联网环境下自行申报与代扣代缴制度的确立。

第一，自行申报。依法取得电子商务经营资格的法律主体根据自身经营范围，以及每月的销售额主动通过互联网向税务机关申报。在这个问题上，需要税务机关搭建网上报税系统。在自行申报问题上，体现了电子商务经营者的诚信问题，因此，网上税收申报的信息需纳入社会信用档案。一旦在税务机关查缴过程中，发现自行申报的电子商务主体有故意偷、逃、漏税等行为，要给予警告或其他处分，并且该警告需如实放置在电子商务主体经营业务所在网站。

第二，代扣代缴。电子商务中，很多交易的完成，尤其是货款支付环节都是在网上进行的。这就涉及电子支付平台及网上银行。电子支付是网上交易的类型，网上银行则根据交易类型实施对电子商务的税款确定及扣缴。

另外，在“支付宝”等第三方支付工具中，一般流程是“买家付款”暂存“支付宝”，卖家确认支付信息后，予以送货，“买家收货”确认通知“支付宝”，然后由“支付宝”将货款转移支付至卖家账户。这种支付模式下，“支付宝”等第三方支付工具就可以承担起税款的代扣代缴义务，直接从买家支付的“货款”中予以扣缴后再将余额转移支付到卖家账户。

6.4.4 几种电子商务涉及税种的比较

第一，增值税。增值税是对在我国境内销售货物或提供加工、修理修配劳务，以及进口货物的单位和个人，就其取得的货物或应税劳务销售额，以及进口货物金额计算税款，并实行税款抵扣制度的一种流转税。

第二，营业税。营业税是对在我国境内提供应税劳务、转让无形资产或销售不动产的单位和个人，就其所取得的营业额征收的一种税。营业税属于流转税制中的一个主要税种。

第三，企业所得税。企业所得税是对中国境内企业（外商投资和外国企业除外）的生产、经营所得和其他所得征收的一种税。通俗地说，就是对内资企业的收益额（包括来源于中国境内、境外的所得）征收的所得税。

第四，个人所得税。个人所得税是对个人（自然人）取得的各项所得征收的一种所得税。其中包含个体工商户的生产、经营所得。

开阔视野——还有你所不知道的

我国信息化立法进程

在国家信息化综合性立法尚未出台的情况下，部分地方的信息化条例先行启动。据了解，2007 年全国共有 16 个省市已经或正在出台信息化条例或信息化促进条例。湖南、深圳、杭州、宁波等省市已率先颁布实施；北京、天津在 2008 年 1 月份已开始实施；河南、黑龙江等省市立法已进入人大审议最后阶段；江苏、福建等省市已正式列入立法计划；河北、四川等省市正在进行立法的相关调研。

案例学习——看看你的分析能力

网络交易纳税并非无法可依

几年前，上海人张黎和丈夫合开了一家黎依市场策划公司做礼品生意，张黎担任公司法人代表。2006 年 6 月，初为人母的张黎开始在网上购买婴儿用品，她惊讶地发现，婴儿用品在网上卖得很红火。于是她也开始在网上销售奶粉和尿片，并用该市场策划公司的名义在淘宝网上开了家商铺。

后来，张黎的生意日渐兴旺，在累积了一定的客户群后，她又用公司的名义自建了一个销售婴儿用品的网站——“彤彤屋”。半年来，“彤彤屋”生意越做越大，销售了价值 280 多万元的商品。

由于有网上购物经验，张黎了解到网上交易几乎都不开发票。在和其他卖家交流之后，她还掌握了一套逃税方法，比如不开具发票，不记账等。但黎依公司的偷税行为在警方侦查一起诈骗案时被意外地发现。

经上海市普陀区国家税务局税务核定：上海黎依市场策划有限公司于 2006 年 6 月至 12 月销售货物，含税金额人民币 289.5 万余元，不含税销售金额人民币 278.4 万余元，应缴增值税人民币11万余元。

上海市普陀区法院对张黎的公司——上海黎依市场策划有限公司以偷税罪判处罚金10万元，同时以偷税罪判处张黎有期徒刑两年，缓刑两年，罚金6万元。

——案例来源：人民日报

■ 你如何看待本案中张黎行为的法律性质？

■ 你觉得在本案中"彤彤屋"是否承担依法纳税的法律义务？

班级讨论——加深你的知识理解

一、如果你是一家企业的老板，你是否考虑开展电子商务？如何纳税？

二、谈谈你对电子商务征税的理解或认识？

三、你接触的电子商务企业是否依法进行了纳税？

自己动手——锻炼你的实践能力

一、尝试用自己的姓名注册一个域名（如：zhangming.cn），建设一个简单的网站，把自己不用的文具或书本等物品放在网上销售。

二、通过在网上查找资料或调查，了解淘宝等网店经营者对纳税的看法？

小节复习——牢记本节主要内容

一、解释概念

税收　税收管辖权

二、简答

1. 电子商务给传统税制带来的冲击有哪些？

2. 电子商务对传统税务征管的影响有哪些？

3. 试简单介绍世界各国对电子商务征税的态度和做法。

4. 在我国，电子商务征税主要涉及哪些税种？

6.5 有害软件相关法律问题

引导案例——打开知识的大门

办公室文秘赵小姐每天的工作都离不开计算机的使用。但是,最近赵小姐有点烦恼,因为每次她开机连接网络准备打印东西时,计算机就开始不停地弹出一些广告页面。更令张小姐感到苦恼的是,由于计算机中安装的杀毒软件不断报警,占用了大量内存,使得计算机根本无法使用。她运行杀毒软件进行查杀时没有发现计算机中病毒,却得到提示,计算机被“神不知鬼不觉”地安装了某“流氓软件”。

网络安全专家表示,和张小姐有同样遭遇的网民很多,这些所谓“流氓软件”的最大特点是未经用户允许“悄悄地”安装到计算机中,更令人厌恶的是,某些被“悄悄”安装的软件不仅不具有任何有价值的功能,而且还会在计算机联网运行时不停地弹出广告,影响计算机用户的使用。法律专家表示,这种流氓软件未经允许的安装行为涉嫌侵犯了计算机用户的隐私权和知情权。

- 在你使用计算机上网的经历中,是否遭遇过“有害软件”的干扰?
- 你认为“有害软件”对计算机用户的哪些权益构成了损害?
- 你认为该如何利用法律武器对这些所谓的“有害软件”进行治理?

6.5.1 有害软件概述

有害软件俗称流氓软件,类似的称谓还有恶意软件等。依据中国互联网协会的规定:“恶意软件是指在未明确提示用户或未经用户许可的情况下,在用户计算机或其他终端上安装运行,侵害用户合法权益的软件,但不包含我国法律法规规定的计算机病毒。具有下列特征之一的软件可以被认为是恶意软件:强制安装、难以卸载、浏览器劫持、广告弹出、恶意收集用户信息、恶意卸载、恶意捆绑以及其他侵害用户软件安装、使用和卸载知情权、选择权的恶意行为。”

我国所谓流氓软件或恶意软件在国外通常是指那些具备非法收集用户信息、强行弹出广告等软件行为特征的“间谍软件”(Spyware)、“广告软件”(Adware)和“可能有害的软件”(Malware)等。

间谍软件、广告软件和可能有害的软件三者之间的关系是:广告软件包含间谍软件,可能有害的软件则是具有破坏性的广告软件。也有观点认为，间谍软件包含广告软件，[①]间谍软件分为两类：一类是监视型间谍软件，具有记录键盘操作的键盘记录器功能和屏幕捕获功能，主要被企业、私人侦探和间谍机构等使用；另一类是广告型间谍软件，与其他软件一同或通过 ActiveX 控件安装，用来记录用户个人信息，且用户并不知其存在。

6.5.2 有害软件的危害性

6.5.2.1 侵犯计算机用户知情权及危害个人计算机安全

网民作为互联网产品或服务的消费者有权利了解他们所使用的商品或服务的真实性能，而有害软件的本质特征在于"未经用户许可"，因此，有害软件首先侵犯了用户的知情权。其次，有害软件大都收集用户的个人信息，一些功能强大的有害软件甚至基于用户行为进行分析并定向弹出广告。这种搜集用户信息的做法涉嫌对互联网用户的信息安全和隐私构成侵害。最后，不同有害软件之间存在着竞争关系，为了最大限度地占领计算机用户终端，这些软件之间通常存在软件冲突。当用户在不知情的情况下，同时或先后安装了两个或以上的有害软件时，潜在的软件冲突可能致使计算机出现死机、蓝屏、操作系统崩溃等现象，进而影响用户计算机的正常使用及其寿命。

6.5.2.2 涉嫌构成不正当竞争

有害软件容易引发不正当竞争行为。基于商业利益的考虑，某些有害软件在广告弹出设置方面，允许广告主根据用户访问行为弹出竞争对手的广告。如，当安装有害软件的用户访问"当当网"时，该流氓软件会自动弹出其竞争对手"卓越网"的广告，这就属于利用有害软件实施不正当竞争行为。另外，在有害软件之间还会出现不兼容，甚至是相互删除卸载的行为，这属于有害软件之间的不正当竞争行为。

6.5.2.3 危害互联网公共安全

大多数有害软件都具备未经允许、搜集计算机用户个人信息、记录计算机用户访问习惯等特点。当某款有害软件具有非常高的终端覆盖率时，某国或某些国家的计算机用户个人信息将会被其掌握。对于计算机用户个人而言，有害软件涉嫌侵犯其隐私权及知

① 2004年4月19日召开的间谍软件研讨会上，SpywareGuide.com 的 Mike Healan 向 FTC 提交的解说中如此定义间谍软件。

情权;而对于该国而言,有害软件则涉嫌危害国家安全和公共利益。

6.5.3 有害软件法律治理进程

6.5.3.1 国外立法

(1)美国。美国作为互联网的起源地和有害软件的发源地,很早就开始对有害软件进行法律治理。2004 年 4 月 19 日,美国 FTC(联邦通信委员会)召开了间谍软件研讨会,目的是讨论间谍软件的鉴别与解决方案。但由于种种原因,一项联邦反间谍软件法的统一议案在等待参议院投票时流产。2004 年 3 月初,犹他州表决通过了《反间谍软件法案》(Spyware Control Act)。该法案禁止下列一切活动:监视并发送用户信息的网上活动、向第三方发送个人信息、安装未经许可就出现弹出式的广告的软件。这项州法案从 2004 年 5 月 3 日开始实施。2005 年 1 月,美国加利福尼亚州制定的《保护消费者反间谍软件法律》(Consumer Protection Against Computer Spyware Act)正式生效。该法规定,禁止安装能控制他人电脑、搜集个人信息的“间谍软件”;企业或网站必须声明它们是否会在用户的电脑中安装“间谍软件”;非法在他人电脑中安装“间谍软件”者可能被处以巨额罚款;受害的消费者有权向在自己电脑中安装“间谍软件”者索赔 1 000 美元。

此外,美国陆续出台的适用“有害软件”治理的联邦法案有:《公平贸易委员会法案》(Federal Trade Commissionact)、《联邦窃听法案》(Federal Wiretap law)、《反垃圾邮件法案》(CANSPAM Act)、《反隐私侵犯法案》(Safeguards Against Privacy Invasions Act)、《反滥用计算机欺诈法案》(The Computer Fraud Nad Abuse Act)、《反计算机间谍软件法案》(Computer Spyware Act)、《不公平商业行为——消费者保护法案》(Unfair Business Practices - Consumer Protection Act)等。截止到 2006 年 10 月,美国已有 18 个州立法惩治“有害软件”,另外至少还有 18 个州正在讨论或拟定相关法律。各州立法所惩治的有害软件的行为包括:私自投放广告、恶意改变用户浏览器、未经许可收集个人信息和欺骗诱导用户下载安装等。惩治措施轻则处以高额罚款,重则加以刑事处罚。

(2)欧盟。欧盟治理有害软件的相关法律主要是从打击计算机犯罪和保护个人隐私方面入手。在打击计算机犯罪方面,欧盟委员会通过的《计算机犯罪法》规定,互联网黑客和计算机病毒传播者可能面临 4 年牢监。该法案把传播计算机病毒的个人列入打击目标,同时把传播其他类型的破坏性软件,如逻辑炸弹、蠕虫和特洛伊木马等的行为都定性为犯罪活动。在保护个人隐私方面,2003 年欧盟正式实施《反数字盗版法》。该法规限制企业使用 Cookie 文档和其他能获得访问网站用户的信息的设备。企业要先得到用户允许,才能获取、保留并出售这些信息。因此,悄悄进入计算机硬盘并窥视用户的间谍软件也成为非法软件。著名的RealNetworks音乐播放软件曾经就因为存有收集用户收听爱好的嫌疑而受到调查。欧盟还对软件巨头微软的Passport服务在隐私方面可能存在的问题保持了高度关注。

6.5.3.2 国内行业规范

综合而言,我国对有害软件的治理目前还处于行业协会制定自律规范、组织自律活动、初步探索民间治理模式的阶段。2005年6月28日,由北京网络行业协会发动,新浪、搜狐等16家网络和软件企业参与编写的《软件产品行为安全自律公约》正式发布。该公约第四条规定:"自觉维护软件用户的合法权益,保守用户信息秘密,不得利用用户提供的信息从事任何与向用户做出的承诺无关的活动,不得未经用户同意,擅自利用所发布的软件收集用户的隐私数据,不得以其他方式变相侵犯用户的合法权益。"这是中国第一次通过行业自律的手段来解决有害软件的问题。2006年7月,奇虎公司发布"360安全卫士",有害软件的治理开始进入普通互联网公司的视野。2006年10月26日,中国互联网协会正式成立"反恶意软件协调工作组",以行业自律的方式团结广大企业共同抵制有害软件(或恶意软件)的传播。中国互联网协会将"流氓软件"最终定义为"恶意软件",并公布了《"恶意软件定义"细则》,之后组织30余家单位签署了《抵制恶意软件自律公约》。

6.5.4 有害软件的法律治理模型

6.5.4.1 有害软件的法律治理模型探析

有害软件的治理主要涉及三个问题:一是有害软件的认定;二是有害软件的检测;三是有害软件的清理。这三个问题涉及有害软件治理中的三大主体和三种权力,即谁有权力制定有害软件的认定标准,谁有权力进行有害软件的认证和谁有权力进行有害软件的删除或清理。第一个问题属于立法权的问题,其主体是各级立法机关;第二个问题涉及行政许可,其主体是行政机关;第三个问题主要是执法行为,其主体是行政机关或经行政机关依法授权的其他组织或机构。

在上述基础上衍生出治理有害软件的法律模型:由立法机关制定软件、编写规范,明确哪些行为属于应该禁止的行为;由检验检测机构依照立法制定有害软件检测标准,并提供有害软件检测认证服务;由行政机关或经其依法授权的机构(如杀毒厂商)提供有害软件的卸载和清理工具。当用户发现可疑软件后,可将该软件版本通过在线或其他方式提交给检测机构进行认证，经认证确属有害软件的，将其添加到有害软件库，之后由提供卸载和清理服务的机构根据检测机构的不断更新的有害软件库作出相应调整。同时，该机构发现可疑软件后，应先提交检测机构进行认证，经认证确属有害软件方可添加到有害软件卸载服务中。

这种权力分立和制衡的治理模型使得各种权力有效地行使并减少了权力腐败的机会。然而有害软件治理的现状却是将有害软件的认定与清理两种权力集于一身，这必然会导致被认定、卸载的软件厂商的质疑。而且在没有实施授权许可的情况下，任何机构或企业都可以对有害软件进行清理，这自然会引发反有害软件企业之间的竞争，个别企业甚至可能将其他清理工具认定为有害软件。

6.5.4.2 有害软件的法律治理类型

通过前述分析，有害软件的法律治理关键是解决好权力制衡与分工。综合而言，有如下几种治理类型。

(1)民间主导型。在民间主导型的模式下，有害软件的认定、检测和治理可依据行业规范或合同。目前，我国互联网民间治理机构——中国互联网协会正围绕有害软件(该协会称之为恶意软件)进行相关的行业规范制定及认证工作。

但这种模式存在两方面的问题:一是有害软件相关规定及治理仅适用于其会员范围内，对于未加入该协会的机构或个人，其规范不具有可执行性；二是缺乏法律的强制力，这导致中国互联网协会成员之外的企业可以随意参与清理、卸载有害软件，而依据行业规范被认定、检测和清理的有害软件制作机构，如果对其不服提起诉讼时，行业规范能否得到法院的认可或作为案件判定的依据不具有确定性。

在“反流氓软件系列案”中，2006 年 12 月 20 日一审审结的“阿里巴巴诉奇虎案”，法院认为“恶意”系贬义词，尽管雅虎助手有诸多不当之举，但目前并无法律条款明确表明此不当行为可被称为“恶意”，因此，判定奇虎称雅虎助手为恶意软件的行为构成侵权。该诉讼是中国互联网协会 2006 年 11 月 22 日对外发布“恶意软件”定义之后法院不予认可的典型败诉案例。

(2)政府主导型。在政府主导的模式下，权力机关完成有害软件的立法工作，法律认可的认证机构对是否属于有害软件进行检测和认证，而公共安全机关则发布有害软件的清理、卸载方法。由于在立法上明确了有害软件的定义，并在立法、检测和清理中实现了权力制衡与分工，该模式下有害软件引发的各类纠纷和诉讼都可以得到妥善解决。但其不足之处在于立法过程比较漫长，这对及时遏制有害软件的蔓延有一定的阻碍。

(3)政府认证、厂商主导型。政府认证、厂商主导模型下,政府主要解决有害软件的立法界定问题,各类合法安全厂商由于具备相应安全检测许可证,仅需对这些厂商增加检测、清理授权,即可快速解决有害软件的相关问题。但该模式的弊端在于容易造成安全厂商垄断有害软件的检测和清理市场。

几种常见有害软件的比较

间谍软件	是一种能够在计算机用户无法察觉或给计算机用户造成安全假象的情况下,秘密收集计算机信息并将其传给广告商或其他相关人的程序。Spyware 一词最早是指间谍随身携带的诸如微型照相机之类的专用设备。之后,Zone Labs(www. zonelabs. com)在发布其个人防火墙产品"ZoneAlarm"时赋予 Spyware 网络时代新的含义,并被广泛沿用。
广告软件	是指未经用户允许,下载并安装或与其他软件捆绑通过弹出式广告等形式进行商业广告宣传的程序。安装广告软件之后,往往导致系统运行缓慢或系统异常。
可能有害的软件	也有人翻译为恶意软件,指那些为了制造破坏而开发的软件。通常包括病毒、蠕虫、间谍软件,以及其他破坏性程序,它们可以隐藏在计算机中并极大地减慢计算机的运行速度。这些软件可用来监视用户的浏览习惯、窃取密码甚至允许攻击者控制用户的计算机。

开阔视野——还有你所不知道的

"流氓软件"、"恶意软件"、"恶评软件"等贬低性称谓不宜入法

《汉语大词典》中"流氓"的含义有两种:①原指无业游民,后来指不务正业、为非作歹的人;②指放刁、耍赖、施展下流手段等恶劣行为。流氓罪曾是《刑法》中的一项单独罪名,但 1997 年修订的新刑法将原流氓罪进行了分解,新设立了聚众斗殴,寻衅滋事,强制猥亵、侮辱妇女、儿童和聚众淫乱四个新罪名。早在 1997 年我国在法律修订过程中已经排除了带有情感色彩的"流氓"二字的使用。依此逻辑,在有关互联网的立法中,对一些软件冠以流氓软件之名也是不妥当的。

恶意软件同样存在类似的问题。《牛津法律大辞典》载:"恶意是用于行为人不诚实心理状态的一个术语,即其明知缺乏权利,或者不相信他的行为具有合法正当的理由。"因此,在法律层面上,恶意是相对善意而言的,其更多地表明了行为人的一种主观动机或态度。主观上的恶意或善意的差别,将使行为人的同种行为面临不同的结果,在民法上可能是赔偿与否的差别,而在刑法上则可能是犯罪与否之别。使用"恶意软件"来命名一类软件的不恰当性在于其涉嫌代位将一种社会道德评价强加于某类软件。从法律层面讲,恶意只是行为人主观态度的一种情形,不宜直接应用于成文法律。

"恶评软件"的错谬之处更大。商业公司本身没有任何权利对第三方的软件进行评价，更没有权利搜集用户意见对第三方软件冠以“恶评软件”之名，而且这种提法涉嫌侵权以及构成不正当竞争。

案例学习——看看你的分析能力

法院判决奇虎将他人软件冠以“恶意”属侵权

继奇虎与阿里巴巴、百度不正当竞争案败诉之后。8月28日，奇虎侵犯中科院计算机网络信息中心（CNNIC）名誉权一案在北京市海淀区人民法院进行了宣判，法院判定奇虎败诉，奇虎需在3家全国性媒体以及自己网站上刊登道歉信息，并赔偿CNNIC经济损失15万元。

判决书指出：计算机病毒防治产品检验中心的检验报告和其他证据证明了CNNIC软件“能够正常安装和卸载，不会对计算机造成危害”。奇虎的行为“明显针对只要有‘CNNIC’就列为恶意并删除，并不是正常发现问题进行查杀的行为”。奇虎对CNNIC的负面评价“没有任何事实依据，而且其评价内容不仅不客观公正，甚至一些言论极为不负责任”，奇虎实施的诸多行为对CNNIC的名誉权造成了严重侵害。

法院认为：“任何言论的发布者都应当秉承诚信、微言慎行，对自己的言论负责，对整个社会负责”。判决还考虑到“恶意侵权行为和不真实信息发布给被侵权人以至于整个社会秩序和经济发展造成的损害”。“司法裁判的目的在于给被侵权人受到的损害以抚慰、赔偿救济，更在于制止侵权行为的继续和维护正常的社会秩序”。因此，对于奇虎的判罚，有利于制止其侵权行为的继续，更有利于维护正常的互联网秩序。

北京汉鼎联合律师事务所律师表示，法院此次站在维护社会秩序的高度处理侵犯互联网行业侵权的案件，值得称赞。法院对侵权公司进行严厉的处罚，不仅有利于打击那些为一己私利诋毁他人名誉、践踏法律、破坏行业健康发展秩序的违法行为，而且有利于维护法律的尊严和互联网行业的健康秩序。

自去年奇虎掀起“反流氓软件”炒作后，许多软件和企业无故被拖入“流氓阵列”，整个互联网行业甚至陷入信任危机的泥潭中，极大地损害了行业的健康发展。此次奇虎的行为被法院认定为恶意侵权，而近日奇虎被阿里巴巴起诉不正当竞争案败诉后，周鸿祎在接受《理财周报》采访时称，“奇虎能有今天要感激马云，（骂来骂去）节省了我几千万的广告费”。

北京市海淀区人民法院民事判决书（2007海民初字第6616号）要点：

1. 法院认为，通过计算机病毒防治产品检验中心的检验报告和其他证据，“证明了中文上网官方版软件能够正常安装和卸载，不会对计算机造成危害”。

2. 法院认为，奇虎“明显针对只要有‘CNNIC’的文件就列为恶意软件进行查杀的行为，并不是正常的发现问题进行查杀的行为”。

3. 法院认为，奇虎对CNNIC的"负面的评价，没有任何事实依据，而且其评价内容不仅不客观公正，甚至一些言论极为不负责任，三际公司实施的诸多行为，足以导致对中科院信息中心的社会评价降低，法院认定三际公司的行为已经构成对中科院信息中心名誉权的严重侵害。

4. 法院强调，法院"考虑到当前的恶意侵权行为和不真实信息的发布给被侵权人以致整个社会秩序和经济发展造成的损害，司法判决的目的在于给被侵权人受到的损害以抚慰、赔偿救济，更在于制止侵权行为的继续和维护正常的社会秩序"。

5. 法院裁决，奇虎"在判决生效后30日内在自己经营的网站和3家全国性报刊上向CNNIC赔礼道歉，在自己经营的网站上登载赔礼道歉时间不少于30日，在3家全国性报刊上刊登赔礼道歉不少于一次"。

6. 奇虎"在判决生效后15日内赔偿CNNIC15万元"。

——案例来源：国际商报

■ 你觉得商业公司在没有法律依据、行业标准之前将他人软件冠以"流氓"、"恶意"、"恶评"是否构成侵权？

■ 你觉得该案判决中从"维护社会秩序"高度进行裁断是否妥当？

班级讨论——加深你的知识理解

一、如果你是一名软件开发爱好者，当你的软件被他人冠以"流氓"、"恶意"、"恶评"之名时，你会选择哪种途径进行维权？

二、谈谈你对当前我国互联网高速发展与有害软件法律治理之间关系的理解和认识。

自己动手——锻炼你的实践能力

一、在使用自己电脑时，留意自己的计算机是不是会经常自动弹出大量广告，如果有，可能你的计算机已经被他人强制安装了有害软件。可下载正规合法的杀毒软件对自己计算机中是否存在"有害软件"进行查杀。

二、尝试对自己计算机中的有害软件危害计算机的行为进行证据搜集和保留，然后去法院立案，亲历下整个诉讼过程，提高自己的实务能力。

小节复习——牢记本节主要内容

一、解释概念

有害软件

二、简答

1. 请列举有害软件的危害性。

2. 请分别介绍世界各国对有害软件的法律治理进程是什么?

3. 你认为有害软件的治理是否应该纳入立法范畴?理由是什么?

4. 对于有害软件的治理,除去法律之外,我们还可采取哪些手段?

7

电子证据法律制度

【本章概要】

电子证据是随着现代科技发展而出现的一种新型诉讼证据，在证明案件事实的过程中起着越来越重要的作用，其表现形式与传统证据亦有较大的区别。在涉及电子商务纠纷的诉讼中，法律面临电子证据的证据地位、证据收集、证据认定等一系列难题，这种以高科技电子介质为载体的证据形式对我国原有的证据体系提出了新的挑战。

【关键术语】

电子证据　证据立法　证据地位　证据收集　证据保全　证据认定

7.1　电子证据概述

引导案例——打开知识的大门

小王是一位诗歌爱好者，经常在QQ上和爱好诗歌的好友交流文学创作心得，并把自己的得意之作贴到自己的QQ空间里。一天小王在逛书店时发现一本收录了多首自己诗歌的诗集，但署名却是一个自己不认识的人。小王非常生气，准备起诉出版该诗集的出版社和侵犯其署名权的作者。他把自己QQ空间被盗用的几首作品打印出来，并带着那本诗集来到一个律师事务所咨询，看自己的证据准备得是否充分。律师告诉小王，他打印出来的作品在法庭上很可能不会被采纳。原因是小王在QQ空间里写的诗歌存在于网络空间中，属于电子证据，不同于一般证据。

- 你听说过电子证据吗？
- 从这个案例中，你知道电子证据是怎么产生的吗？
- 从这个案例中，你知道电子证据和传统的证据有什么不同吗？

7.1.1 电子证据的概念

目前,我国学术界对电子证据的定义有广义和狭义两种:广义上的电子证据是指“以电子形式存在的、能够作为证据使用的一切材料及其派生物,或者说,借助电子技术或电子设备而形成的一切证据”①。这里的电子证据必须具有电子的、数字的、磁性的、无线电的、光学的、电磁的,以及类似的特征,必须借助于计算机或其他电子设备来生成、记录、储存、传递等。狭义上的电子证据具体是指计算机证据、数据证据等。一般来说,日常生活中的电子证据多与计算机有关,但也有部分电子证据与计算机无关。电子证据不仅限于借助计算机形成的证据,还包括借助其他设备形成的证据。从概念的内涵和外延角度考量,广义定义和狭义定义对电子证据的本质属性和对象范围的描述存在认知上的差异,但还是能够在一定范围内达成共识:首先,电子证据的产生、存储、运输、传递等需要电子技术的支持;其次,由于现代化计算工具和信息处理设备的加工,证据经历了数字化的过程;再次,电子证据是能够证明一定案件事实的证据,这是作为诉讼证据的必要条件。目前,我国学者虽然对电子证据的理解角度有所不同,但是对电子证据的本质属性却达成了一定的共识,这为进一步合作、研究与交流奠定了基础。

本书对电子证据的定义采取广义说,即“借助现代信息技术而形成的一切证据。具体而言,它囊括伴随着计算机技术、电信技术、网络技术及广电平台等信息技术在社会生活中的应用而出现的各种材料及派生物”②。电子技术、网络技术的发展日新月异,因此,立法本身要求其内容规范必须具有预见性,能够满足电子技术、网络技术的发展需求。如果采取狭义说,将电子证据限定在计算机证据、数据证据等范围,将不利于全面解决电子证据法律难题,反而会引发许多认识上的混乱。所以,从立法层面上讲,对电子证据采取广义上的定义也是符合立法精神的。总而言之,电子证据需要从技术和法律两个层面来界定,同时又要给它一个具有前瞻性和包容性很好的外延。

7.1.2 电子证据的特点

电子证据与其他证据一样,都能够证明案件的真实情况,因此,它们存在着共同的属性。但电子证据作为科学技术发展及运用到一定阶段的产物,又具有不同于其他种类证据的特点。

---

① 何家弘.电子证据法研究[M].北京:法律出版社,2002:5.

② 刘品新.中国电子证据立法研究[M].北京:中国人民大学出版社,2005:187.

7.1.2.1 高科技性

电子证据无论产生、存储、提取、传输、识别都必须依赖高科技设备，电子证据的收集、判断和保存也需要专业的技术知识，电子证据处理中遇到的具体问题，如怎样确定访问路径、账号和密码，如何恢复被破坏的数据，如何破译加密的文件等都需较强的高科技性。电子证据本身是由于技术发展引起的，随着计算机和通信技术的不断发展，其对科学技术的依赖也越来越强，并不断更新变化。

7.1.2.2 复合性

数据信息通过磁性载体反映到数据显示设备上可呈现多种形式，也可输出到外部连接设备并与传统的信息载体相结合形成有形的可视信息。随着网络技术尤其是多媒体技术的出现，电子证据不再限于单一的文字、图像或声音等方式，而是综合了文本、图形、图像、动画、音频、视频等各种多媒体信息，这种以多媒体形式存在的电子证据几乎涵盖了所有传统证据的类型。

7.1.2.3 易损性

电子资料是以电磁或光信号等物理形式存在于各种存储介质上，这一特点决定了电子证据可被轻易改变或删除的特性。电子证据的易损性主要表现在两个方面：一是数据本身的易受损性。操作人员的错误操作或供电系统、通信网络故障等环境和技术方面的原因都会破坏数据的完整性，甚至在搜集电子证据的过程中，也可能会对原始数据造成严重的修改和删除，并且难以恢复。二是因为电子数据存储在磁性介质上，而磁性介质上存储的数据内容易被删除、修改、复制，并且不易留下痕迹，更不易被发现，即使被发现，鉴定也较为困难。

7.1.2.4 准确性

在没有蓄意修改或故障的情况下，电子证据能准确地被存储并反映有关案件的情况，具有较强的证明力。如果不考虑外界因素，电子证据无疑是所有证据中最具有证明力的一种：首先，它存储方便，可长期无损保存及随时无损反复出现；其次，它不会因周围环境的改变而改变自身属性，不易损毁和出现笔误，也不易被误传、误导、误记或带有主观性；最后，它一经形成便始终保持最初、最原始的状态，能够客观真实地反映事物的本来面貌，能较为准确地反映案件的真实情况。

7.1.2.5 隐蔽性

电子证据的信息量大、内容丰富，且与传统的纸质信息相比，电子证据赖以存在的信息符号不易被直接识别。它以一系列电磁或光电信号形式存在于光盘、磁盘等介质上，如要阅读，必须借助于适当的工具。而且作为证据的电子数据往往与正常的电子数据混杂在一起，要从海量的电子数据中甄别出与案件有关联的、反映案件事实的电子证据并非易事。

7.1.2.6 分散性与连续性

电子证据的分散性和连续性是指证明案件真实情况的电子证据可能分别存储于不同或相同地域国度的不同或相同网站上的一台或多台服务器上。同时，由于网络行为与网络数据传输的连续性，分散的电子证据往往具有时空上的连续性，并能相互印证，形成证明事实的直接证据。

7.1.3 电子证据的分类

从实际运用来看，电子证据的制作目的主要有两种：一是正常业务活动中制作的电子证据，即各种业务主体在业务活动时或其后不久，按照业务习惯而做出的、用于保全信息的电子证据，如电子商务企业在日常运营中制作的电子账簿、电子发票等；二是为诉讼目的而制作的电子证据，即诉讼各方纯粹出于保全诉讼证据的需要而录制的电子证据。

7.1.3.1 计算机生成证据、计算机存储证据与计算机衍生证据

这是按照电子证据形成的方式进行的分类，为许多国外学者所采用。计算机生成证据（Computer－generated Evidence）是指完全由计算机等设备自动生成的证据，其最大特点是完全基于计算机等设备的内部命令运行的，其中没有掺杂任何人的意志。它虽然是一种准确性相当高的证据，但会受到计算机本身运行状况的影响。计算机存储证据（Computer－stored Evidence）是指纯粹由计算机等设备录制人类的信息而得来的证据。对此类证据证明力大小的判断，除了要考虑计算机等设备的准确性外，还要考虑录入时是否存在影响录入准确性的因素。计算机衍生证据（Computer－derived Evidence）即计算机存储附带生成的证据，是指由计算机等设备录制人类信息后，再根据内部指令自动运行而得来的证据。由于这类证据兼有上述两种证据的特征，因此，对其可采性和证明力的判断更为复杂。

7.1.3.2 数据电文证据、附属信息证据与系统环境证据

数据电文证据是指电子数据本身，即记载法律关系发生、变更与灭失的数据，如 EDI（Electric Data Interchange，电子数据交换）的正文和 E－mail 等。附属信息证据，是指对

数据电文生成、存储、传递、修改、增删而产生的记录，如电子系统的日志记录、电子文件的属性信息等。系统环境证据，是指数据电文运行所处的硬件和软件环境，即某一电子数据在生成、存储、传递、修改、增删的过程中所依靠的计算机环境，尤其是硬件或软件的名称和版本。

7.1.3.3 原始电子证据与传来电子证据

按照证据法的传统理论，以证据的来源为标准，证据可以分为原始证据和传来证据，或称为原生证据和派生证据。但是，电子证据在什么情况下可以视为直接来源于原始出处呢？如果按照传统方式来区分原始电子证据与传来电子证据，都将遇到难以克服的障碍，但这种区分又是各国现行法律的基本要求。因此，必须寻求新的方法来解决电子证据原始性质的判断问题。依据联合国《电子商务示范法》第 8 条的规定，只要某一数据电文具有完整性且可以显示，则可视为满足了法律对原件的要求。这一做法实际上是成功运用了“功能等同法（Functional - equivalent）”原则，它的着眼点主要在于解决电子商务可能遇到的法律障碍。美国《证据法》规定，电子证据在两种情况下属原始证据：一是当有关数据存储在计算机内时，能准确反映数据的打印物或其他输出物；二是当电子证据表现为副本时，制作者或发行者意图使其具有同“原件”本身同等的效力。

7.1.3.4 直接电子证据和间接电子证据

按照证据法的传统理论，以证据与案件主要事实的证明关系为标准，可以把证据分为直接证据与间接证据。审查一项证据是直接证据还是间接证据要看其是否能够单独证明案件的主要事实，而不是看其载体形式。许多情况下，电子证据可以单独证明案件的主要事实，无需其他证据的辅助，在此情况下应认定电子证据是直接证据。但考虑到电子证据易损性的特点，在采用电子证据时应借助科技手段认真进行审查和判断。

电子证据的分类比较

分类依据	具体分类	作用
电子证据的形成方式	计算机生成证据、计算机存储证据、计算机衍生证据	判断电子证据的可信性和证明力
内容	数据电文证据、附属信息证据、系统环境证据	证明作用（内容）不同
证据的来源	原始电子证据、传来电子证据	区分电子证据的证据效力
证据与案件主要事实的关系	直接电子证据、间接电子证据	判断能否独立证明案件事实

开阔视野——还有你所不知道的

有关“电子证据”的不同称谓

电子证据作为由近现代电子技术，尤其是现代网络技术引发的一种新证据形式，目前在世界范围内对其含义的理解可谓是纷繁复杂。对电子证据这一新兴事物并没有统一的称谓，不同的国家、不同的学者对其称谓各不相同。常见的表达方式有“电子证据(Electronic Evidence)”、“计算机证据(Computer Evidence)”、“数据证据(Digital Evidence)”、“基于计算机的证据(Computer - based Evidence)”、“计算机形成的证据(Computer - produced Evidence)”等。其中，较多使用的是“电子证据”、“数据证据”、“计算机证据”。这些对电子证据的不同称谓反映出学界分析研究该问题的不同视角和方式。

案例学习——看看你的分析能力

在本节的“引导案例”中，小王听取了律师的意见，来到当地的公证机关对在自己QQ空间发表的诗歌进行公证。当地公证机关的公证员以前没有公证类似事件的经验，经过讨论，公证员把在网络浏览器上看到的小王QQ空间上的所有诗歌打印出来，对打印出来的材料进行了公证。

小王拿着公证处的公证材料和其他证据，到法院起诉出版社和作者。在庭审答辩时，被告人认为公证材料无法证明涉案作品的真正发表时间，也无法证明真正的权利人是小王自己。请同学对以下问题进行讨论。

■ 如果要证明小王是涉案作品的作者，小王和公证员应当如何提供证据？其中什么证据是电子证据？

■ 如果要证明涉案作品的发表时间，小王和公证员应当如何提供证据？

■ 公证员对涉案作品的公证步骤有何瑕疵(从计算机的选择、上网的步骤、记录的形式和内容等方面进行全面讨论)？

班级讨论——加深你的知识理解

一、国内外对电子证据还没有统一的定义，那么你自己如何定义电子证据？

二、说一说你定义电子证据的主要理由是什么？

三、你认为电子证据还有什么不同于其他种类证据的特点？

自己动手——锻炼你的实践能力

阅读《民事诉讼法》、《刑事诉讼法》、《行政诉讼法》、《电子签名法》和《合同法》等相关法律法规中有关电子证据的法律条文，对其中涉及电子证据的相关概念进行整理。

小节复习——牢记本节主要内容

一、解释概念

电子证据　计算机生成证据　计算机存储证据　计算机衍生证据　数据电文证据　附属信息证据　系统环境证据

二、简答

1. 电子证据同其他证据类型相比具有什么特点？
2. 电子证据的制作目的主要有哪两种？
3. 电子证据是如何分类的？

7.2　电子证据国际立法现状

引导案例——打开知识的大门

一、除非发端人与收件人另有协议，一项数据电文的发出时间以它进入发端人或代表发端人发送数据电文的人控制范围之外的某一信息系统的时间为准。

二、除非发端人与收件人另有协议，数据电文的收到时间按下述办法确定：

（一）如收件人为接收数据电文而指定了某一信息系统：

（a）以数据电文进入该指定信息系统的时间为收到时间；

（b）如数据电文发给了收件人的一个信息系统但不是指定的信息系统，则以收件人检索到该数据电文的时间为收到时间。

（二）如收件人并未指定某一信息系统，则以数据电文进入收件人的任一信息系统的时间为收到时间。

……

——摘自联合国国际贸易法委员会《电子商务示范法》(1996 年)第 15 条

第十六条　采用数据电文形式订立合同,收件人指定特定系统接收数据电文的,该数据电文进入该特定系统的时间,视为到达时间;未指定特定系统的,该数据电文进入收件人的任何系统的首次时间,视为到达时间。

第二十六条　采用数据电文形式订立合同的,承诺到达的时间适用本法第十六条第二款的规定。

——摘自《中华人民共和国合同法》(1999 年)

■ 你知道上面两部分法律条文是规定什么的吗?

■ 你能看出上面两部分法律条文之间有什么关系吗?

■ 你能说出上面两部分法律条文之间的区别吗?

7.2.1　国际组织的电子证据规则

国际组织对电子证据的重要价值逐渐有了清醒的认识,针对电子证据作为新的证据类型在理论和实践中存在的种种问题,进行了深入的调查分析,制定了相应的电子证据规则。

7.2.1.1　联合国国际贸易法委员会

20 世纪 80 年代以来,联合国国际贸易法委员会(the United Nations Commission on International Trade Law)在解决电子商务活动中遇到的电子证据的法律难题方面作出了卓越贡献,对世界各国产生了深远影响。

联合国在探讨 EDI 合同可能产生的法律问题时,最先关注的就是计算机记录证据的价值问题。其于 1985 年第 18 届会议上提交的与 EDI(Electronic Data Interchange)有关的第一份报告是《关于计算机记录的法律价值报告》,该报告的出发点是考虑如何解决法庭诉讼程序中使用计算机储存数据作为证据的问题。此后,国际贸易法委员会又分别在第 19、20 届会议上审议了两份有关自动数据处理所涉及法律问题的进一步报告,这些报告主要是介绍和分析在自动数据处理方面积极活动的国际组织的工作情况。自 1988 年第 21 届会议开始,国际贸易法委员会的 EDI 立法工作转向研究利用电子方法拟订合同所涉及的法律问题。1996 年 12 月,联合国大会通过了《电子商务示范法》。[①] 为了帮助人们

---

① 英文名为"UNCITRAL Model Law on Electronic Commerce",联合国国际贸易法委员会的正式中文版本名称为《电子商务示范法》。详细文本见:http://www.uncitral.org/pdf/chinese/texts/electcom/MLEC_C_V05－89449_Ebook.pdf.

理解和掌握该示范法，同时也为便利各国政府采用和吸收示范法内容，国际贸易法委员会还在第29届会议上通过了《电子商务示范法颁布指南》。[①] 2000年9月，国际贸易法委员会在电子商务工作组第37届会议上核准通过了《电子签名示范法》，[②]随后配套发布了《电子签名示范法立法指南》。[③] 2005年11月23日，联合国大会第60届会议通过了《联合国国际合同使用电子通信公约》。[④]《电子商务示范法》与《电子签名示范法》在内容与术语上保持一致，在形式上相互独立。这两部示范法及立法指南体现了贸易法委员会解决电子商务活动中法律问题的基本看法，其中也包括解决电子证据法律难题的四个基本思想：一是对电子证据采取广义观加以界定；二是运用功能等同法解决数据电文的书面形式、原件与签名问题；三是采用平等对待原则处理电子证据的可采性与证明力问题；四是创立了电子证据保全制度。

7.2.1.2 国际商会

从20世纪60年代起，国际商会(International Chamber of Commerce)就开始关注电子证据问题。1960年国际商会建议由联合国欧洲经济委员会组成工作小组对此进行研究。该小组于1979年提出了第14号建议书，建议各国应允许采用电子证据。1987年9月，国际商会执行委员会通过了《电传交换贸易统一行为规则》，目的是建立一套国际公认的行为准则供EDI用户及EDI系统的经营者使用。只要EDI当事人采用此规则，EDI就有法律上的证据价值。这项规则为EDI用户及EDI系统的经营者拟订具体的通信协议提供了良好的基础。[⑤] 为了使贸易术语同电子数据交换系统日益扩大的使用情形相适应，国际商会于1990年4月对《国际贸易术语解释通则》进行了第5次修订，并于同年7月1日生效。这些规则对电子单证的法律地位问题作出了明确规定。

国际组织的类似规则表明。电子数据一方面能够证明合同及其他活动的形成过程，并采用一定的技术手段来对抗抵赖；另一方面具有更加通用的特点，可储存在电磁中介物上，也可根据要求产生相应的书面文件。电子数据的记录应被视为“书面”形式而被接受。

---

① Guide to Enactment of UNCITRAL Model Law on Electronic Commerce.

② 英文名为“UNCITRAL Model Law on Electronic Signatures”，联合国国际贸易法委员会的正式中文版本名称为《电子签名示范法》。详细文本见：http://www.uncitral.org/pdf/chinese/texts/electcom/ml-elecsig-c.pdf.

③ Guide to Enactment of the UNCITRAL Model Law on Electronic Signatures(2001).

④ United Nations Convention on the Use of Electronic Communications in International Contracts.

⑤ 通讯协议是EDI当事人之间的一种合同文件，主要作用表现在两个方面：一是通过订立通讯协议，商定EDI用户所遵守的行为守则和通讯标准；二是以当事人之间的协议来克服当前在应用EDI时所面临的各种法律障碍以及因现行法律不能适应EDI要求而引起的不确定性。

7.2.2 全球各国立法

针对电子证据在诸多方面遇到的难题，各国依据本国情况和立法实践，纷纷采取了相应的具有本土特色的电子证据立法模式，从制度上予以规范，力图实现电子证据的规范治理，为电子商务的发展建构良好的制度环境。各国的立法模式一般可分为两种类型：第一种是对原有证据法进行适当的修改和解释，将电子证据纳入传统证据法律的范畴；第二种则是根据电子证据新的特性，制订全新的专门的电子证据法，以解决电子证据理论和实践中出现的问题。

英美证据法中的传闻证据规则与最佳证据规则是采纳电子文件作为证据的障碍。依据传闻证据规则，除出庭口头作证的人以外的其他任何人所作的明示或默示、陈述，以及向法院提出的书面材料上的事实主张，都属传闻证据，不能被采纳用作证明其所主张事实的真实性的证据。该规则具有防止人们在庭外作出的、不可靠的陈述，从而对判决结果施加不当影响的功能。就书面文件而言，需由书写者作证，但电子文件系由计算机自动处理存储，计算机不可能出庭作证，故计算机输出的书面材料只能被视为传闻证据。依据最佳证据规则，只有文件的原件才能作为证据被法院采纳。对电子证据而言，最原始的形式是储存在计算机内的磁性介质中的电子数据，而这些数据只有通过屏幕显示或输出文件才能为人识读。为了解决这些冲突，美国的判例法承认符合“商业记录”要求的计算机文件可被采纳为传闻证据，承认符合“商业记录”要求的计算机文件可被采纳为最佳证据，并允许当事人在证明其无法取得原件的情况下，可以使用副本证明原件内容。

在绝大多数大陆法系国家，因实行“自由心证制度”，从而能广泛接受可证明案件情况的各种材料，并不视电子证据为特殊证据，所以电子证据的相关规定实质上隐含于固有的诉讼法中，电子商务中的特殊证据问题在新增的电子商务法规中也有规定。

7.2.2.1 英国

1968 年，英国颁布了第一部规范电子证据的成文证据法——《1968 年民事证据法》。该法在遵循民事诉讼传闻证据规则的前提下，认为可能成为证据的“文件”可以包括音碟、磁带、声槽，以及其他载录声音或其他数据的可复制形式，还可包括胶卷、底片、磁带，以及其他载录可视形象的可复制形式。英国对证据“文件”的内涵作如此规定，显然是希望将数据电文纳入证据行列。1995 年，英国颁布了《1995 年民事证据法》，该法第 1 条规定：“在民事诉讼中，不得因为证据是传闻而予以排除……”。这标志着英国民事诉讼中的传闻规则发生了重大变化。该法第 13 条规定:“……本法所称的‘文书’是指记录各种信息的任何物品,文书的‘副本’是指用各种方法直接或者间接地在上面复制了该文书中记录的信息的任何物品……”至此,在英国的民事诉讼中,已不可能因为“计算机打印输出物”等电子证据是传闻而否定其可采性。2000 年英国公布了《电子通信法案》的征求意见稿,该法律草案共分加密服务提供商、便利化的电子商务和数据存储、对被保护电子数据的调查及附录等四章。草案主要提出了如下一些新措施:一是在加密服务提供商中推行自愿的许可登记制度;二是在法律上对电子签名的有效性等进行界定,同时取消影响电子信息传输的法律障碍。根据该草案,法律诉讼程序可采用电子签名作为证据,法庭有权对电子签名是否得到正确使用等作出判断。草案还提出,要取消英国其他法律中对电子媒介取代纸张的限制。

7.2.2.2　**美国**

美国没有专门的电子证据法,其与电子证据有关的法律规定不仅体现在证据法中,也散见于电子商务法等法律规范中。美国 1965 年的《统一证据法规则》规定,电子计算机储存的数据如果是在进行正常的、正规的业务中形成,并于业务完成时或稍后输入的,可以作为传闻证据规则的例外被采纳。美国《联邦证据规则》第 1001 条规定:“文字和录音包括文字、字母、单词、数字或者其他替代物,通过书写、打印、印刷……磁脉冲或者电子录音的方式或者其他形式的数据汇编记载下来。”第 1002 条规定:“为证明文字、录音、或者照相的内容,要求提供该文字、录像或者照相的原件。”①从这两条可以看出,电子证据在诉讼过程中也要求提供原件。但对于电子证据而言,提供原件几乎不可能。为解决这一问题,《联邦证据规则》第 1001 条第 3 项以扩大原件解释的方式将计算机打印输出材料视为原件。同时,美国的判例法也允许当事人在无法取得原件的情况下,可以使用抄本证明原件内容,这使得电子证据不再受原件与签名要件的限制。《1999 年统一证据规则》在全部法条中都用“记录(Record)”一词替代了原先使用的“文书(Writings)”、“录音(Recordings)”、“照片(Photographs)”等措辞,并专门给出了一个定义条款。2000 年 6 月的《全球与国内商务电子签名法》规则 101 的一般规定中:“(1)与此种交易有关的签名、合同或其他记录,不得仅因其为电子形式而否认其法律效力、有效性或强制性;(2)与此种交易有关的合同,不得仅因其成立时使用电子签名或电子记录而否认其法律效力、有效性或强制性。”此外,还有犹他州的《数字签名法》、伊利诺伊州的《电子商务安全法》、《统一电子交易法》、《统一计算机信息法》和《电子签名商务法案》等,都对电子证据

---

① 白录铉,卞建林,译.美国联邦民事诉讼规则和证据规则[M].北京:中国法制出版社,2000:240.

问题作了原则性的规定，如与电子商务密切相关的电子证据术语、原件判断标准、保全标准、可采性标准及推定问题等。

7.2.2.3 **加拿大**

1998 年，加拿大统一州法委员会为促进电子商务的发展，通过了世界上第一部电子证据法典——《统一电子证据法》。这部电子证据法是加拿大证据法顺应电子时代的发展而制定的，以独立于加拿大《证据法》的单行法形式出现，显示了其对电子证据的重视。《统一电子证据法》将电子记录在可采性上比照一般记录处理，其第 2 条第 1 款规定："除鉴证规则与最佳证据规则外，本法不改变关于记录可采性的任何普通法规则或成文法规则。"《统一电子证据法》还对电子证据的定义、适用、鉴证，最佳证据规则的适用、完整性推定、标准，电子证据的证明能力和证据能力均作了具体的规定。

7.2.2.4 **法国**

1999 年 8 月，法国政府宣布将实施一个新的立法规划，以推动法国早日进入信息时代。2000 年 3 月，法国的《使证据法适应信息技术发展的法律》修改了证据法并承认电子签名。同年 7 月，法国政府在网站上公布该法令的草案文本，面向社会公开征询公众意见。[①] 公开征询结束后，这部法令被编入法国《民法典》关于书面证据的第一章中，对《民法典》第 1316 条及以后各条作了重新规定。修改后的《民法典》第 1316 条认为："当证据为一系列文字、字母、数字或其他任何具有可理解的内容的符号或标志组成的，不论其载体和传输方式如何，均为书证"；"以电子形式做成的文书与书面载体的文书一样被视为证据，前提是做成该文书的人能够正式地得以识别，该文书的制作与保管的条件应能保持其完整性，签字应与签名人相一致，并代表当事人对由该行为所产生义务的同意"。同时，电子签名的证明力也得到了法律的确认："电子签名是运用可靠的识别方法以保证行为人与其制作的文件之间的联系"。[②]

7.2.2.5 **日本**

日本学者 20 世纪 80 年代就在民法领域讨论过计算机数据的证据能力问题。1996 年颁布的《民事诉讼法》只有 231 条对某些特定的电子证据作出规定："本节的规定，准用于有关视图、照片、录音、录像等其他记载信息的非文书物件。"2000 年，日本《电子签名与认证服务法》通过，为电子签名规定了一项证据法上的推定法则，其第 3 条规定："如果

---

① www. internet. gouv. fr.

② Art. 1316 - 1, 1316 - 3, Code civil, France.

某人以电子签名表明记录于电磁记录之信息属其所为,则该用于表达信息之电磁记录得推定为真实。"①这在一定程度上丰富了民事诉讼中的电子证据规则。

开阔视野——还有你所不知道的

《电子商业示范法》与《电子签字示范法》

涉及的四大电子证据法律难题

1. 对电子证据采取广义观加以界定

《电子商务示范法》第2条规定:"数据电文系经由电子手段、光学手段或类似手段生成、发送、接受或存储的信息,这些手段包括但不限于电子数据交换、电子邮件、电报、电传或传真。"《电子签名示范法》第2条有着完全一致的界定。这些条款表明这两部法律所针对的电子证据——"数据电文"范围很广,基本上囊括了以无纸形式生成、存储或传递的各类电文,囊括了电子商务环境下生成的所有电文;它并不限于通信方面,还包括计算机生成的并非用于通信的记录。因此,"电文"这一概念包括"记录"这一概念,它不仅适用于现有通信技术,还打算适用于未来可预料的技术发展。

2. 运用功能等同法解决数据电文的书面形式、原件与签字问题

功能等同法立足于分析传统的书面、原件与签字要求的目的和作用,以确定如何通过电子商业技术来达到这些目的或作用。《电子商务示范法》第6、7、8条与《电子签名示范法》第6条就是依照这一方法进行相关处理的。《电子商务示范法颁布指南》对"功能等同"方法作出了特别说明。

3. 采用平等对待原则处理电子证据的可采性与证明力问题

《电子商务示范法》第5条是对数据电文的法律承认:"不得仅仅以某项信息采用数据电文形式为理由而否定其法律效力、有效性或可执行性。"《电子商务示范法颁布指南》对该条作出的解释是:第5条包含的基本原则是"不应对数据电文加以歧视",就是说,应把数据电文与书面文件同等对待。它适用于对"书面形式"或"原件"的任何法律要求。该项基本原则应尽可能普遍适用。

4. 创立了电子证据保全制度

《电子商务示范法》第10条规定了数据电文的留存,该条实际上是对电子证据的保全确立了一套规则,《电子商务示范法颁布指南》对该条作出了解释。在电子商务活动中,电子证据的保全必须符合三个条件:一是该项数据电文必须符合以"书面形式"提交

---

① 涂斌华,译.电子签名与认证法[M]//上海市信息化办公室.国内外信息化政策法规选编.北京:中国法制出版社,253.

的要求;二是该项数据电文不必不变动地留存,但所存储的信息必须精确地反映了当初发出的数据电文;三是所保存的应当是全部信息,除了数据电文本身外,还包括某些用以确定具体电文的传送信息。

班级讨论——加深你的知识理解

一、电子证据的特点和电子证据立法之间有什么联系?

二、总结国际上的立法实践,我国应该采取何种电子证据立法模式?

自己动手——锻炼你的实践能力

一、分别登陆联合国国际贸易法委员会(the United Nations Commission on International Trade Law)的英文官方网站(http://www.uncitral.org/)和中文官方网站(http://www.uncitral.org/uncitral/zh/index.html),下载和电子商务有关的文件和法规,对比学习。

二、登陆国际商会(International Chamber of Commerce)官方网站(http://www.iccwbo.org/),浏览和电子商务有关的英文法规和文件。

小节复习——牢记本节主要内容

一、解释概念

电子商务示范法　电子签名示范法

二、简答

1. 有哪些国际组织正在积极推进电子证据的国际立法?
2. 联合国国际贸易法委员会解决电子证据法律难题的基本思想是什么?
3. 各国电子证据立法模式一般可以分为哪两种?

7.3 我国面临的电子证据难题

引导案例——打开知识的大门

小刘是某大学法律专业的学生,最近一直在看美国电视剧《越狱》(Prison Break)。其中有段情节是:男主角 Michael 费尽周折得到女总统的一段秘密通话的录音。该录音是一名特工利用网络监听得到并复制到 U 盘上的。小刘这学期的必修课《民事诉讼法》刚好讲到证据这一部分,于是他对这个 U 盘上的录音属于什么证据类型产生了浓厚的兴趣,便和同学们讨论起来:有人说既然是录音,当然属于民事诉讼法规定的视听资料;也有人认为该录音是利用计算机网络监听到并复制到 U 盘上的,应该是一种电子证据。结果大家谁也说服不了谁。

- 你觉得这个录音是什么类型的证据?
- 你觉得哪种意见更有道理?
- 你知道我国法律对此类证据有什么规定吗?

7.3.1 电子证据的定性

电子证据的法律定性问题包括两个维度的考察,即是否应赋予电子数据证据地位和赋予其何种证据地位的问题。从世界范围看,各国对于是否将电子数据作为证据使用的问题基本达成共识,但对于应将其归类于何种证据使用,则有不同的理解。我国法律规定"证明案件真实情况的一切事实都是证据",我国学术界和实务界均认可电子证据的证据资格。但对于赋予其何种证据地位的问题,各方出现了较大分歧。就我国的现状看,研讨的焦点一直集中在该问题上,主要提出过"视听资料说"、"书证说"、"物证说"、"鉴定结论说"、"独立证据说"、"混合证据说"等不同的看法。

7.3.1.1 视听资料说

电子证据在早期一般被认为属于视听资料,这是我国学术界早期的观点,也是我国立法机关与司法机关所主张的,其影响一直延续至今。具体的理由如下:①电子证据可显示为"可读形式",因而也是"可视的";②视听资料与电子证据在存在形式上有相似之处,都是以电磁或其他形式而非文字符号形式储存在非纸质的介质上;③存储的视听资料及电子证据,均需要借助一定的工具或一定的手段转化为其他形式后,才能被人们直接感知;④两者的正本与复本没有区别;⑤把电子证据归于视听资料最能反映它的证据价值。[①] 反对者则认为上述观点存在不足之处,法律上将视听资料与其他证据相区分,强调的是以声音和图像而非文字内容证明案件的真实情况。例如,在电子商务活动中当事人通过 E - mail、EDI 方式签订的电子合同是电子证据中文字的"可视",而这与视听资料中的"可视"是有本质不同的。

7.3.1.2 **书证说**

随着电子商务的飞速发展,我国学者借鉴外国电子商务法律文件中的经验,[②]提出了"电子证据是书证"的观点。主要理由如下:①电子证据和普通书证相比,记录方式、记载介质虽不同,但却具有相同的功能,即均能记录完全相同的内容;②电子证据通常也是以其代表的内容来说明案件中的某一问题,且必须输出、打印到纸上(当然也可显示在屏幕上),形成计算机打印材料之类的书面材料后,才能被人们看见、利用;③我国《合同法》第11条规定:"书面形式是指合同书、信件及数据电文(包括电报、电传、传真、电子数据交换和电子邮件)等可以有形地表现所载内容的形式。"据此也可以推断出电子证据是书证的一种;④各国在立法上尝试的功能等同法,亦在填平传统书面形式与电子证据之间的鸿沟。[③] 反对者认为"书证说"虽然具有一定的合理性,但仍存在牵强之处:一是书面形式和书证难以画上等号,一项证据具备书面形式不能必然推出其是书证的结论,如证人证言等;二是电子证据归为书证很难解决书证"原件"的要求问题;三是电子证据的显示方式和电子证据本身的证据属性属于不同范畴,非同一性质的事物,不可混淆;四是电子数据交换和电子邮件只是电子证据的一部分,而其他如电子音像资料等都难以划入书证范围。

7.3.1.3 **物证说**

我国有些学者把物证定义为"一切实物证据"这样一个广义概念的基础上,把电子证据归入了物证之中。[④] 但在我国主张电子证据是物证的只是少数学者,他们认为电子证据与物证有着天然的联系,从物证的角度看计算机证据,更贴近事物的本质。也有学者认为电子证据"有时也可能需要鉴别其真伪,故也有可能成为物证"[⑤]。反对者则认为:首先,尽管数字证据需"借助特定工具和技术加以收集分析"是不争的事实,但并不能因此

---

① 李学军. 电子数据与证据[M]//证据学论坛. 2 卷. 北京:中国检察出版社,2001:444 ~ 445.
② 如 1982 年欧洲理事会秘书长报告《电子处理资金划拨》。
③ 李学军. 电子数据与证据[M]//证据学论坛. 2 卷. 北京:中国检察出版社,2001:444 ~ 445.
④ 刘广三. 计算机犯罪论[M]. 北京:中国人民大学出版社,1999:196.
⑤ 徐立根. 物证技术学[M]. 2 版. 北京:中国人民大学出版社,1999:759.

将电子证据归入物证,因为大多数采取模拟信号通信的视听资料也需要借助特定工具和技术加以收集分析;其次,对于数字证据"可作为证据扣押",进而认为其与物证有相似性的观点不妥,电子证据能否被认定为无形物暂且不论,但是其能否被法庭扣押作为物证的独有特性则有待商议;最后,仅仅因为数据证据"有时可能需要鉴别其真伪",就认为电子证据是物证也不具有说服力,因为包括书证、证人证言、视听资料等有时也需要鉴别其真伪。

7.3.1.4 鉴定结论说

"鉴定结论说"是极少数学者的观点,它主要是从转换的角度得出的结论。如有的学者认为"……如果法院或诉讼当事人对电子数据的可信性表示怀疑,可以由法院指定专家进行鉴定,辨明其真伪,然后由法院确定其能否作为认定事实的根据。"①反对者认为,鉴定的目的是为了解决案件中某些关系是否存在、某些事实或现象的真伪、某些事实的有无及某些事实的因果等。但需要作出鉴定的前提是:被鉴定材料通常已是可采用的证据,只是还需要以鉴定的方式判断其可否被法庭采信。在电子证据被许可采用之前,是不存在对可信度进行判断的问题的,即只有在电子证据已被采用的前提下,才需要专家就其真伪进行分析判断,才需要法院依据专家的鉴定结论确定其能否作为认定事实的根据。

7.3.1.5 独立证据说

"独立证据说"认为:"任何一种传统证据都无法将电子证据完全囊括进去,电子证据在司法活动中将起到越来越大的作用,而法律应有一定的前瞻性,因此,应将电子证据增加为一种独立的证据类型"②。目前,此观点获得了我国许多学者的支持。公安部曾于2003年8月26日颁布了《公安机关办理行政案件程序规定》,其中第25条在关于证据的分类中提到:"证据种类主要有:……(三)视听资料、电子数据……"有人认为,"视听资料是指以录音、录像的方法录制的音像或图像等资料来证明案件真实情况的证明材料;电子数据是指以电子计算机或者其他存储媒介所存储的信息来证明案件真实情况的证明材料"。③ 国内主流观点认为,"独立证据说"中的电子证据是狭义的,主要内容是计算机或者计算机系统运行过程中存储的数据和资料。

---

① 冯大同.国际货物买卖法[M].北京:对外贸易教育出版社,1993:292.

② 何家弘.电子证据法研究[M].北京:法律出版社,2002:24.

③ 李忠信.公安机关办理行政案件程序规定理解与适用[M].长春:吉林人民出版社,2003:84.

7.3.1.6 混合证据说

“混合证据说”是最近几年我国部分学者在综合评析了上述各观点之后发表的新观点,认为“电子证据同传统证据相比,不同之处在于载体方式方面,而非证明机制方面。这就决定了电子证据决非一种全新的证据,而是传统证据的演变形式,即我国所有传统证据均存在电子形式。……电子证据基本也可以分为电子物证、电子书证、电子视听资料、电子证人证言、电子当事人陈述、关于电子证据的鉴定结论以及电子勘验检查笔录7种”①;“在我国一时还难以通过证据立法对证据的‘七分法’进行修正的情况下,将其分别归为电子物证、电子书证、电子视听资料、电子证人证言、电子当事人陈述、关于电子证据的鉴定结论以及电子勘验检查笔录无疑是最合理的选择”②。

7.3.2 电子证据的收集

7.3.2.1 电子证据的收集主体

电子证据的收集主体有以下几种:①民事诉讼中的各方当事人及刑事诉讼中的辩护人;②侦查人员或专门调查人员;③电子技术专家;④网络服务商。

7.3.2.2 电子证据的提取

(1)网络勘查。网络勘查是指调查人员对由许多计算机构成的数字化网络进行勘验、检查,提取痕迹物证的专门方法。它不仅限于刑事案件中具有侦查措施性质的现场勘查,在民事案件中亦有广阔前景。

(2)强制网络服务商提供电子证据。随着互联网的普及和电子签名、电子认证事业的发展,网络服务提供商的地位和作用也日益突出。在电子商务纠纷和网络犯罪中,有许多重要的数据信息由网络服务提供商所控制,而这些数据信息往往对纠纷的解决和案件的侦破起着关键作用。

(3)电子证据的搜查、扣押。这是国家侦查机关拥有的专门刑事调查措施。在刑事案件中,公安机关、检察机关依照法律赋予的权力,深入案发现场,对涉及犯罪的计算机设备、外部存储设备及其中储存的电子数据进行搜查和扣押,以获取和犯罪行为有关的电子证据。

(4)电子证据的网络监控、截听。电子证据的网络监控和截听主要是针对通过计算

---

① 何家弘.电子证据法研究[M].北京:法律出版社,2002:27~28.

② 刘品新.论电子证据的定位——基于中国现行证据法律的思辨[J].法商研究,2002(4).

机网络实时传输的与犯罪有关的电子邮件、电子公告、电子聊天及处于交换过程中的数据电文进行监控和截获的一种措施。出于人权和个人隐私的保护，这项职能一般由各国专门设置并赋予相应权限的网络警察实施。

7.3.2.3 **电子证据的保全**

(1)电子证据的常规保全方法。常见的电子证据保全方法有下述几种：①对于电子证人证言、电子当事人陈述等言词证据，通常采用制作询问笔录和录制资料等方法，并经当事人审核后签字确认；②对于电子物证、电子视听资料，通常采用绘图、拍照、录像、勘验、制作勘验笔录的方法。在条件允许时，也会以扣押或封存的方式提取原始介质；③对电子书证，常用的保全方法除了扣押外，还包括缩微、复制、存档、拍照等方法，或是将该电子书证打印后经当事人核证签字确认；④对电子笔录常用的方法是通过计算机打印输出为纸质文档，然后经有关当事人核证后签字、盖章，并随相应案卷材料妥善保管。在上述保全方法需扣押、缩微、复制、存档有关电子证物时，通常还需要由在场见证人和持有人查点清楚，并当场开列清单经各相关人员签字确认。

(2)公证保全。对电子证据进行公证保全具有突出的优越性，可使电子证据通过事先保全的方式取得预决的证据能力和证明力。电子证据的公证保全分为传统公证保全和网络公证保全两种：传统公证保全是在申请进行电子证据公证的机关或个人向公证机构提出公证申请后，由公证机构派出公证人员与申请人见面，接受并审查申请人的委托，开展公证工作的公证方式，这是目前较常见的公证保全方式；网络公证保全(Cyber Notary Authority，简称 CAN)，是指由特定的网络公证机构，利用计算机和互联网网络技术，对互联网上的电子身份、电子交易行为、数据文件等提供更强的认证和证明，以及证据保全等公证行为。

(3)电子档案管理。电子档案管理是专门针对电子文件进行保全的有效措施。[①] 为了保证电子文件的齐全完整，必须掌握电子文件的形成规律，并分析电子文件的构成要素。而且同一来源、同一项业务活动、同一个系统、同一个文件的内容信息和背景信息都是不可割裂开的，这是维护电子文件齐全完整特点的基础。从功能上讲，电子档案管理要求做到保证电子文件的证据地位、可读性和长久性，以及远程控制技术标准齐全完整。

---

① 档案是原始的历史记录，其基本价值可以概括为凭证作用和参考作用两个方面。

7.3.3 电子证据的认定

7.3.3.1 可采性的认定

(1)客观性。电子证据的真实性,即电子证据的客观性,是指诉讼双方当事人提供的电子证据要符合案件的实际情况。从国内外的实践情况看,解决电子证据的真实性问题主要通过四种方式,包括自认方式、证人具结方式、推定方式与鉴定方式。只要通过任一方式的检验,则认为该电子证据经过了鉴证,应认定其是真实的,并予以采纳。

(2)关联性。电子证据的关联性,是指电子证据必须与需要证明的案件事实或其他争议事实具有一定的联系。一项电子证据必须与案件的某一事实有着某种联系,同时能够证明案件的真实情况,才能起到证据作用。审查电子证据的关联性应考虑以下两点:一是电子证据与案件事实有无客观联系;二是电子证据与案件事实联系的方式、性质、紧密程度和确定程度。

(3)合法性。电子证据的合法性,是指所采用的电子证据必须是符合法律规定的依据或材料。电子证据的合法性是其真实性和关联性的重要法律保障,也是其法律效力的重要条件。对于电子证据而言,如果其生成、取得等环节不合法,足以影响证据的真实性或者足以影响某一重大权益,可以考虑对其加以排除。

7.3.3.2 证明力的认定

所谓证明力,即证据力,是指证据在证明待证事实上体现其价值大小与强弱的状态或程度。认定电子证据的证明力,也就是认定电子证据本身或电子证据与其他证据结合能否证明待证事实及能在多大程度上证明待证事实。

(1)可靠性的认定。可靠性是影响电子证据证明力的主要因素,是衡量电子证据真实程度的一项重要指标。对于电子证据的可靠性,一般按照传统方法采取正面认证的方法,即审查电子证据的生成环节、存储环节、传送环节、收集环节等运行环节。

(2)完整性的认定。完整性(Integrity)是考察电子证据证明力的一个特殊指标,它包含两层意义:一是电子证据本身的完整性;二是其所依赖的计算机系统(电子系统)的完整性。完整性是构成电子证据原件的一个要素。

开阔视野——
还有你所不知道的

电子商务中电子证据的收集方法

打印输出

打印输出是指对计算机内存储的文本内容的信息资料通过打印机打印,将其固定在纸质载体上的一种方法。此种方式比较适用于文本内容较少，且经打印输出后较为直观的电子数据信息。常见的电子合同、电子邮件、电子留言，以及以电子数据形式存储于计算机中的账、证、表等电子数据信息均可通过此种方法收集和固定。但经计算机打印输出的纸质证据必须注明打印的时间、打印文件的存储位置、相应的取证人员等信息，并由当事人进行签字确认。

复制

复制，也称拷贝，是指将计算机存储介质或类似存储介质中的电子数据信息拷贝或复制到取证人员所提供的存储介质之中，以防止相关信息被删改。此种方式较为快捷，需要注意的是，为防止某些隐藏信息或已删改信息的缺失，在复制的过程中需慎重选择拷贝工具。

拍照、摄像

如果电子证据具有视听资料的特点，可考虑采用拍照、摄像的方法进行证据的提取和固定，以便更全面、充分地发挥证据的证明作用。同时应就取证全过程制作相关的书面或音像材料予以说明。

数据解密

在取证过程中发现当事人的有关电子证据已设置密码时，还应对相应的电子数据信息进行解密处理，经解密后的电子数据信息的收集与一般电子数据信息的收集相同。在解密前应当将被解密文件事先备份，以防止因解密中的不当操作使文件丢失或因病毒侵入而损坏。在解密的过程中，也应采取录像或制作书面材料等方式具体说明解密的过程及方法。

数据恢复

大多数计算机系统都有自动生成备份数据和恢复数据的功能，有些重要的数据库安全系统还会为数据库准备专门的备份功能。这些系统一般是由专门的设备和专门的操作管理组成，一般较难篡改。但在行为人蓄意删除电子数据信息的情况下，单纯依赖计算机应用系统所提供的备份功能是无法全部获取相关电子数据信息的，这时就需借助一些专门的数据恢复软件进行数据恢复，以发现和提取被行为人修改或破坏的数据信息。同数据解密一样，也需对数据恢复过程中的方法、步骤，以及所采用的软件制作书面说明，作为相应电子证据的佐证材料。

案例学习——看看你的分析能力

前夫发电子邮件诽谤前妻 电子证据认定成关键

小王(女)与小李曾经是夫妻，两人于2005年离婚。离婚后两人各走各的路，相安无事，但2006年的一封电子邮件打扰了小王平静的生活。小王现在交往的男友收到了一封电子邮件，里面有大量侮辱小王的内容。发信人用第一人称“我”描述了其和小王之间的恋爱经历、结婚前后发生的事情，以及小王和现男友的关系。根据信件的内容，小王断定这件事是前夫小李所为，因为信件描述的很多事情只有他们两人知晓。为了证明信件是前夫小李所发，小王和聘请的律师到公证机关就电子邮件的内容、发信时间和发信邮箱进行了公正，并将相关证据打印出来提交给法官。被告小李则声称发信邮箱不是自己的邮箱，就算是自己的邮箱，也不能证明是他发的信，因为这可能是别人盗用其密码所为。

为了证明案件事实，法院专门委托市公安局公共信息网络安全监察处调查邮箱的注册信息及登录记录。该处公布调查结果确认：申请者身份证号为小李的身份证号码，用户是使用169拨号方式接入互联网的，拨号所使用的电话也正好是小李家的固定电话。法院根据市公安局公共信息网络安全监察处的调查结论，结合本案的其他事实，认定该电子邮件是小李所发，判决小李赔礼道歉并赔偿小王精神损失1 000元。（注：以上人名均为化名）

- 该案中的电子邮件属于何种电子证据？（答案可不唯一）
- 该案和电子邮件有关的证据中还有什么其他传统的证据类型？
- 该案中的电子证据为什么要进行保全？
- 该案中有哪几种电子证据的搜集主体？
- 从电子证据的性质和认定两方面思考为什么判决还要结合其他传统证据？

班级讨论——加深你的知识理解

一、你认为我国立法是否应赋予电子证据证据地位？

二、如果立法赋予电子证据证据地位，应当赋予其何种地位？

三、相对于传统证据，电子证据的收集、保全有何不同之处？

四、讨论现阶段“网络公正”在我国有无可行性？

自己动手——锻炼你的实践能力

假设你写了一封电子邮件并立即发给了同学，后来在诉讼中这一邮件被用做电子证据使用，并且你的电子邮箱具有发件保存功能。请问：

一、该邮件的内容如何才能被审案法官认可？必须进行公证吗？

二、你应如何将该电子邮件进行提取、搜集和保全？

小节复习——牢记本节主要内容

一、解释概念

视听资料说　书证说　物证说　鉴定结论说　独立证据说　混合证据说

网络勘察　网络公正　电子档案管理

二、简答

1. 电子证据的收集主体主要有哪几种?
2. 电子证据保全有哪几种方法?
3. 电子证据的认定主要包括哪两大方面?
4. 电子证据可采性的认定主要包括几方面?
5. 电子证据证明力的认定主要包括几方面?

7.4　我国现行电子证据法律制度

引导案例——打开知识的大门

甲公司与乙公司签订电子商务服务合同,约定乙公司为甲公司安装其开发的电子商务系统软件1套,并在安装后1年之内最少为甲公司提供5个有效的国际商务渠道。乙公司对甲公司利用其软件与商情获得的成交业务,根据不同情形收取费用。如在1年之内乙公司未能完成提供有效国际商务渠道的义务,则无条件退还甲公司首期付款5万元并支付违约金。合同签订后,乙公司在甲公司处安装了软件平台,并代甲公司操作该系统。1年后,甲公司以乙公司违约未能提供有效国际商务渠道为由起诉至法院,要求解除合同,返还已付款项并支付违约金。乙公司在举证期限内提供了海外客户对甲公司产品询盘(也叫询价,是指交易的一方准备购买或出售某种商品,向对方询问买卖该商品的有关交易条件)的4份电子邮件(打印文件),以此证明乙公司为甲公司建立的交易平台已取得业务进展,至于最终没有能够成交,是由于甲公司提供给外商的样品不符合要求。

■ 根据我国现行的法律制度,乙公司提供的电子邮件打印文件是何种形式的证据?

■ 你知道在我国现行法律制度下,电子邮件能否作为证据使用?

7.4.1 电子证据的法律渊源

我国现行的证据法律体系是以《刑事诉讼法》、《民事诉讼法》与《行政诉讼法》中证据规定为主干的一切有关证据法律规范的总和。电子证据的法律渊源很大程度上紧密依附于现行证据法律体系。

7.4.1.1 基本法律层面

《电子签名法》第4~8条专门规定了一种特殊的电子证据——数据电文的书面形式、原件形式、保存要求、可采性与证明力等问题，第24条规定了电子认证服务提供者应当妥善保存与认证相关的信息。除此以外，只有《合同法》第11条与《道路交通安全法》第114条是关于电子证据的规定，其他基本法律未对电子证据作任何规定。

7.4.1.2 行政法规层面

《互联网上网服务营业场所管理条例》第23、31条和《互联网信息服务管理办法》第14、21条。这些条文涉及上网场所和网络服务商在业务活动中保全电子证据的相关义务及法律责任。

7.4.1.3 司法解释层面

最高人民法院《关于民事诉讼证据的若干规定》第22条，《关于行政诉讼证据若干问题的规定》第12、64条，《关于未经过对方当事人同意私自录制其谈话取得的资料不能作为证据使用的批复》，最高人民检察院《人民检察刑事诉讼规则》第192、193条，《关于检察机关侦查工作贯彻刑诉法若干问题的意见》第三部分第1~7条，最高人民法院、最高人民检察院《关于办理利用互联网、移动通讯终端、声讯台制作、复制、出版、贩卖、传播淫秽电子信息刑事案件具体应用法律若干问题解释》。

7.4.1.4 部门规章、地方法规规章层面

公安部《计算机信息网络国际互联网安全保护办法》第8、10条；新闻出版总署《互联网出版管理暂行规定》第22、28条；海关总署《中华人民共和国海关对报关单位和报关员的管理规定》第19条；证监会《网上证券委托暂行管理办法》第14~16条；《关于卷烟网上交易有关问题的通知》第3、4、6条。地方法规规章有上海市《数字认证管理办法》、《国际经贸电子数据交换管理规定》、《电子商务价格管理暂行办法》；广东省《对外贸易实施电子数据交换暂行规定》、《电子交易条例》；海南省《数字认证管理办法》，北京市《电子商务监督管理暂行办法》等。

7.4.1.5 香港地区的相关规定

香港《诉讼证据条例》规定:“由电脑储存所编制的文件,该项文件为合格人士所编制,未受干扰,操作正常,其记录为业务内所用,并由职员宣誓作证的电脑文件,可获接纳。”正是由于香港特别行政区对数据电文的重视,香港的电子商务取得了较大发展。香港的《电子交易条例》赋予电子记录及数码签署等同于书面记录及签署的法律地位,并鼓励在香港成立、运作核证机关,确保电子交易在稳妥可靠的环境上推行。

7.4.2 我国现行电子证据法律制度的特点

7.4.2.1 立法形式表现为多层次法规,尚未形成体系

虽然我们可以从许多不同层次的法规、规范性文件中看见电子证据的影子,但不可否认,这些法规、规范性文件基本上不构成体系。既没有对电子证据作出明确的定义,也没有解决电子证据的可采性与证明力这两大难题,更谈不上形成解决电子证据法律难题的基本思想与电子证据法律体系。

7.4.2.2 相关法律概念不清,且多为原则性条款

在相关法律提到的概念中,有“电子数据交换”、“电子签名”、“数据电文”等词语,这些词语具有明显的技术色彩,并没有从法律角度明确电子证据的概念、范围及分类。而且,我国相关的立法内容多为原则性条款,仅明确了某些种类的电子证据的证据地位,没有配套的相关证据规则,更谈不上违反取证规则的罚则。

7.4.2.3 电子证据规范偏向于指导如何取证,缺乏可采性规则

我国现行电子证据法律规范中有关电子证据的取证条款多,而可采性的条款少。这些条款中偏向于指导如何提取电子证据的法律规范,占有绝对的主导地位,例如最高人民法院、最高人民检察院、公安部均规定了许多提取、扣押、复制、保全电子数据等证据的规则与程序。与之相对的是,我国用于确认或排除电子证据可采性的法律规范非常少。

7.4.3 我国电子证据的立法启示

7.4.3.1 我国电子证据的使用现状

我国近些年来发生的与电子证据有关的案件类型分布比较集中,主要为网络侵权案件、电子交易合同纠纷案件、网络不正当竞争案件、劳动纠纷案件,以及计算机犯罪案件,

其中以网络侵权案件最多。真正与电子商务相关的案件并不多见,根本原因就是我国电子证据立法和电子商务发展还不成熟。就所使用的电子证据的形式而言,目前有电话记录、电报、传真、录音录像资料、网页、网页点击率、上网注册信息、电子邮件、电子聊天记录、电子公告记录、电子文章、电子短信息、电子数据交换、电子签名等。从实践情况看,所遇到的难题包括电子证据是否真实、被破坏的电子证据能否恢复、电子证据公证的效力认定、网上侵权的持续时间及内容如何证实、如何确定电子文件的原件、如何根据电子证据将网络中的行为人与现实中的行为人对应起来等。从总体上看,电子证据在我国的运用还处于摸索阶段,电子证据立法任重而道远。

7.4.3.2 立法思路的启示

加强电子证据的立法是解决电子证据法律地位与司法实践中出现问题的有效途径。就电子证据立法思路而言,具体有以下启示:首先,从总体上来说,电子证据规则应根据中国的实际情况,借鉴西方在证据制度建设方面的丰富经验,融入世界规则并结合我国具体的司法实践情况与相关法律规定进行本土化建设。其次,在我国电子证据引发的挑战既有取证方面的也有认证方面的,这就提出了第二个问题,即我国制定出来的电子证据法律规范是应侧重于指导取证活动的证明规则,还是应侧重于可采性规则等证据规则,在取证、举证、质证、认证这四个司法证明环节上,认证是最关键的环节,因而在电子证据法律规范中认证规则的重要性远远大于取证规则。最后,电子证据法应该采用怎样的立法体例。目前,我国现行电子证据法的立法体例建构,大致有以下几种选择:一是制定单行的电子证据法;二是在正在起草的证据法中将电子证据列为独立的证据形式或是分类归入到现有的七类证据中;三是由最高人民法院制定司法解释,认可电子证据的效力。现阶段,只有第二种情况比较符合我国现状。事实上,这已经在民事证据法的立法研讨活动中得到了体现。但无论电子证据是单独制定条例,还是编入统一的证据法典中,都应有自己完整的理论体系。

7.4.3.3 立法内容的启示

(1)要明确电子证据的内涵和外延。在电子证据的定义上,应采纳广义的“电子证据”,明确扩大其包容性,以防止因为科技的瞬息万变而带来的法律的不稳定性。

(2)要明确电子证据的相关规则:一是应当明确规范电子证据的收集、审查和判断的规则;二是立法上明确规定电子证据的形式、产生程序、系统技术的可靠性、保存方法,以及第三人介入的客观性等。

(3)要设立专家证人制度,即借鉴大陆法系专家证人的做法,在法庭举证、质证、审查判断证据的过程中，由中立的认证中心的专家对当事人双方争议的技术问题予以解释和证明。

(4)要建立电子证据的固定、保全制度。立法亟待确定一些法定的手续和要求，为防止虚假证据提供程序保障。

开阔视野——还有你所不知道的

电子商务对我国传统证据法律制度的冲击与挑战

电子商务迄今为止给现行法律带来的冲击与挑战无疑是全方位的，几乎涵盖了所有的传统法律部门，证据法即是颇受困扰的核心法律部门之一。众所周知，典型的电子商务离不开以因特网为代表的计算机网络，而计算机网络是一个数字化的虚拟空间，在这样的空间中法官不可能回到过去亲眼观察事件的发生，也不可能找到传统的证据来再现过去。在这样一个数字环境中，行为人、行为甚至证据等都表现为二进制式的电子数据形式，它们以二进制数字运算的方式运行。这里没有任何传统的蛛丝马迹，只有数字痕迹，要想依据传统理论来解决证据问题将遇到极大的困难。因此，人们必须重新诠释现代各国普遍采用的证据裁判主义。换言之，人们必须回答如下的一系列证据问题，即：在这一空间证据表现为何种形式？如何提取与保全证据？以及哪些证据可以被采纳、如何判断被采纳的证据证明力大小等等。这些便构成了电子商务带给全球各国的共同法律障碍。

班级讨论——加深你的知识理解

一、你认为我国现行的电子证据制度存在哪些问题？

二、我国电子证据制度出现的问题和我国电子证据使用现状之间有什么联系？

三、你对我国电子证据立法有何建议？

自己动手——锻炼你的实践能力

上网查找资料，与大家共同探论我国电子证据法律制度所面临的冲击与挑战。

小节复习——牢记本节主要内容

简答

1. 我国电子证据法律制度的法律渊源是什么?
2. 我国现行的电子证据法律制度有何特点?
3. 我国电子证据使用的现状如何?

8

网络案件的管辖及争端解决机制

【本章概要】

自20世纪90年代以来,信息技术的革命性发展引发了诸多法律问题,单从程序法的角度来看,主要涉及网络案件的管辖和网络在线争端解决机制两个部分,与前面的电子商务实体法律遥相呼应。

管辖权的确定是启动司法程序,最终实现实体正义的前提条件,Internet环境及其特点对传统的管辖权理论带来了极大的冲击与挑战。本章前两节通过对几种网络案件的管辖权理论进行梳理和评述,并结合各国司法对网络侵权案件和网络电子商务案件管辖权的实践进行考察和比较,得出了相关结论。

替代性纠纷解决机制(ADR)随着实践的发展其涵盖范围越来越广,形式也不断推陈出新。网络空间的特点使得网络空间中争议的解决具有不同于传统离线争议的特殊要求,从而促进了传统替代性纠纷解决机制(ADR)的网络化,产生了在线争议解决机制(ODR)。本章第三节主要对ODR的运作模式进行总结和划分,并对我国ODR的现状进行简要介绍。

【关键术语】

法律冲突　管辖权依据　第四国际空间理论　新主权论　网址管辖依据论　特定存在论　ADR　ODR

8.1　网络纠纷案件的司法管辖

引导案例——打开知识的大门

小王是西安人,属于典型的网上购物一族,经常在网上“淘”些小东西,大多时候都能“淘”到比较满意的物品。最近小王想买一台DELL笔记本,由于不愿意去商场砍价,小王直接在深圳一家公司开办的购物网上找到出价最低的卖家交易。注册地在北京的卖家“天下第一店”寄来笔记本后，小王很满意，就通过网上支付方式支付了货款。可是1个月后笔记本出现了质量问题，他想通过诉讼途径维权。DELL公司在中国的注册地在惠州，开办购物网的公司注册地在广东省深圳市，卖家在淘宝网上的登记注册地是北京。小王现在正为选择起诉法院而发愁。

■ 从这个案例中你知道处理网络纠纷案件第一步通常会面临什么问题吗？

■ 你知道网络纠纷案件的管辖和传统案件的管辖有什么不同吗？

■ 你知道在网络纠纷案件中如何确定管辖法院吗？

■ 你知道在我国现行法律、司法解释中，确立了哪些网络案件管辖权的标准和规则吗？

8.1.1 Internet 环境及其特点概述

曼纽尔·卡斯特尔认为，网络社会既是一种新的社会形态，也是一种新的社会模式。在他看来，我们的社会正经历着一场信息技术革命，在这场革命中，信息技术就像工业革命时期的能源一样重要，它重塑着今日社会的基本结构。网络在构造出一个独立于现实物理空间的虚拟社会之后，逐渐对人类传统的观念、思想、行为产生了根本性颠覆，也对传统的政治法律制度带来冲击与挑战。但由于司法的地域性和制度构建本身的民族性，使得Internet成为各类网络案件管辖纠纷冲突滋生的“土壤”，由于相关管辖权条款与制度天生就具备国际私法属性，再加上管辖权的确定是任何司法纠纷案件顺利展开的前提，也是保证法院实现实体裁决正义的基础，因此，以专门章节研讨网络纠纷案件管辖权及在线纠纷解决机制，无论是在司法实践上还是在理论争鸣上都显得十分必要。

Internet不仅仅是一个网络空间，它同时也是由电话系统、邮政系统、新闻媒体、购物中心、信息集散地、音像传播等子系统构成的一个大的系统。从功能上看，它并非这些子系统功能的简单相加，而是一个由客观性、全球性、当事人的多边性、交互性和实时性、管理的非中心性等特点复合倍加而成的新系统。我们称这个新系统为“Internet环境”，按照语境论的分析思路，要探讨网络纠纷案件管辖权的确定问题必须进入到这个“Internet环境”之中，“进入”是为了更好的“跳出”，只有真正的“进入”，才可能更客观的分析问题。概括而言，“Internet环境”具有以下五个特点。

8.1.1.1 客观性

“Internet环境”是一种与传统实体物理空间相对应的虚拟空间。虽然这个空间是不可视的，甚至有时显得很虚幻，但是我们却无时无刻不感受到它的存在。尤其是在我们的工作、生活、商务、学习、交友，甚至司法、行政都逐渐向互联网靠拢的当下，这种客观感觉也在逐渐加强。“Internet 环境”的实质是以计算机终端、缆线、程序等硬件为手段，以电子为媒介所衍生出来的一种客观存在，但是其客观性却与物理实体空间的客观性存在着本质的不同。

8.1.1.2 全球性

“Internet 环境”天生具有全球性的特征，在此环境中没有领土的概念，也没有任何国界和地区界限，它使得全球网民能够紧密的联系在一起，彻底打破物理意义上的有形世界的限制与观念地域的隔离，这也是大量跨国法律问题产生的根源所在。从诉讼角度上讲，网络案件尤其是电子商务案件和网络侵权纠纷案件，由于常常跨越多国，产生了大量的跨国民商事司法纷争，同时也对国际网络法律的统一与多法系间的融合提出挑战。

8.1.1.3 交互实时性

网络不同于普通传媒之处就在于信息沟通的相互性和信息传播的实时性、快捷性，正是“Internet 环境”的这一特性，使得大量传统“孤独守望”的人们开始变得躁动，生活开始变得不那么呆板，也因此产生了许多 IM 产品，如腾讯 QQ、雅虎 Yahoo 通、新浪 UC、微软 MSN 等，并引发了大量有关虚拟财产保护、虚拟货币冲击金融秩序、账号盗窃等案件，这些案件时刻冲击着传统管辖权根基。

8.1.1.4 管理的非中心性

现实世界是由不同的国家构成的，各个国家都依据其享有的属地和属人的最高权，实现对其领域内的人、物、事件、行为的管理，以及对本国人的保护。而“Internet 环境”是一个没有中心、没有集权、大家彼此平等的虚拟世界，将网络空间人为地一块一块分割开来，是不可想象的，也正因为如此，才会有人称“Internet 环境”将会成为新的“全球市民社会”，最终会实现人们自古向往的“大同世界”。①

8.1.1.5 当事人多边性及身份隐秘性

互联网的全球性造就了主体的多样化和复杂化。由于访问网址的随意性，使得网络纠纷涉及的当事人有可能呈辐射状，来自世界不同的国家或地区。而且由于当事人的身份脱离了国籍、住所等的限制，变得更加的隐秘，正如当年《纽约人》杂志所绘制的黑色幽默漫画所表达的那样：“在互联网里，没有人知道计算机对面坐着的是人还是一条狗。”

---

① John Perry Barlow：A declaration of the independence of cyberspace，http://www.eff.org/pub/publication.

8.1.2 Internet 环境对传统管辖权依据的挑战

正是由于“Internet 环境”具有以上的特性，才会随之产生大量跨空间、跨地域、跨国度的虚拟法律矛盾和冲突：新技术产业的发展与传统社会秩序的维护需要平衡；行业利益、国家利益、社会利益和个人利益需要综合的考虑；各国的文化道德差异需要新的协调。[①] 司法的权威性与案件分布的区域性，必然要求在解决纠纷之前，先解决管辖问题。传统内国法与国际私法中的案件管辖权确定依据由民事实体法律或民事程序法律给予规定，但对于跨空间、跨地域、跨国度的虚拟法律矛盾和冲突，传统法律需要回应“Internet 环境”对传统管辖权依据带来的冲击和挑战，具体表现如下。

8.1.2.1 司法管辖权区域界限的模糊化及国家司法主权的弱化

传统管辖权理论认为一个因素要想成为法院行使管辖权的依据，必须具备两个条件：①该因素自身有时间或空间上的相对稳定性，至少是可以确定的；②该因素与管辖区域之间存在着一定的关联度。[②] 这种管辖权依据确定制度是建立在各个民族国家主权独立基础上的，而管辖权本质上是国家主权在司法领域的体现。但“Internet 环境”是一个开放的全球系统，没有明确的国家界限划分，人们在网络空间中的交往借助于数字 Bit 传输，可以在瞬间往返于千里之外或数国之间，而其本人却无需发生任何时间与空间上的位移变化。在这个虚拟的空间中，如何划分各国的相对管辖权，以及某一特定法院对于数字传输管辖究竟是涉及其全过程还是仅仅涉及其中一个或数个环节，也是划分管辖权需要考虑的问题。[③] 正是这些问题使得“Internet 环境”下用户的活动受到主权国家的管辖相对较弱。随着各个国家的司法管辖区域的划分逐渐模糊化，各国的司法主权也进一步弱化。

8.1.2.2 传统管辖权依据的弱化与非确定性

传统管辖权理论依据属人原则、属地原则，以及当事人意思自治原则，通常以住所、国籍、行为地、财产等连接点作为确定管辖权的依据，但在网络中这些依据相对弱化了，并具有多样性、不易确定性。比如在网络中当事人可以在一个地点游历世界各个国家的网站，该如何来确定其住所或者居所？国籍是一国的国民与其所属国之间的一种法律联系，“Internet 环境”中的当事人的身份往往是隐秘的，因此，确定其国籍的可能概率相对

---

① 王德全. 试论 Internet 案件的司法管辖权[J]. 中外法学,1998(2).

② 侯捷. 网络侵权案件管辖权探析[J]. 当代法学,2002(8).

③ 杨介寿. 论网络侵权案件的地域管辖[J/OL]. http://www,law - lib. com. cn/lw/lw - view - asp? no = 1975.

弱化。同时由于网络传输的阶段性和复杂性,使得侵权行为地多样化、不易确定化,比如跨国网络诽谤,全球各地的网民都可以登陆点击浏览,因此可能使得诽谤侵权结果发生地在全世界的任何国家的任何地点,而由于各个国家对于诽谤侵权的救济给予不同的制度设计,使得被侵权人往往进行"择地诉讼"(Forum Shopping),增加滥讼和管辖权冲突,在此情况下该如何确定侵权行为地呢?

8.1.2.3 "原就被"理论的困境

在传统的诉讼理论中,由原告向被告的住所地法院起诉被认为是理所当然,而且应该予以优先考虑的原则。这是"正当程序"原则在诉讼法中的具体体现,也是从诉讼经济、取证便利、判决有利于执行等角度所做出的制度设计。但在网络环境下,被告住所地的确定本身就存在争议与问题。网络上的活动者应该知晓他自己的行为结果会在世界范围内发生,但他往往不能准确的预见到其活动直接或者间接延伸到的具体区域。[①] 而且网络侵权案件中的原告与被告往往相距甚远,因此,如果继续适用"原就被"的管辖理论,则无论从经济学的角度来看,还是从是否有利于判决承认和执行的角度来看,都会使原告获得司法救济的难度增大并且不利于纠纷解决。再加上各国对网络空间的管理在理解上存在偏差,有的国家认为传统权力尤其是司法、行政权应积极介入,但有的国家认为网络空间是一个自给自足的独立体系,不需要传统权力的插足,这些都给网络案件管辖权的确定及确定后的判决执行带来障碍。

面对网络环境的新挑战,传统管辖权理论应该如何应对?我们认为有必要先对现今网络法学界流行的几种关于网络案件管辖权的新理论给予分析评述。

8.1.3 关于网络案件管辖权的几种理论

8.1.3.1 第四国际空间理论

"第四国际空间理论"又称"管辖权相对论",是以美国斯坦福大学 Darrel Menthe 博士为代表提出的,他的主要观点为:"网络类似于南极洲、太空和公海这三大国际空间之外的第四国际空间。"[②]因此,应该在此领域内建立不同于传统规则的新管辖权确定原则。任何国家都可以管辖并将其法律适用于网络空间的任何人和任何活动,其程度和方式与该人或该活动进入主权国家可以控制的网络空间的程度和方式相适应。网络空间中争

① 肖永平,徐鹏. 网络诽谤国际管辖权问题初探[J]. 法商研究,2003(3).

② Dwrrel Menthe:Jurisdiction in cyberspace:A theory of international spaces,April 23,1998,http://www.mttlr.org/volfour/menthe/art.html

端的当事人可以通过网络的联系在相关的法院出庭，法院的判决也可以通过网络的手段加以执行。①

该理论抓住了"Internet 环境"的无国界、非中心化等特点，提出了网络案件问题的根本解决途径是制定相应的国际条约，通过国际协调来解决。这无疑是非常正确的，是网络跨国、跨区、跨民族主权司法解决的最终趋势。但网络管辖权相对论又希望以技术为标准来解决网络技术本身带来的困境，将各国对整个网络空间的管辖权大小由各国接触和控制网络的范围来决定，这背后体现的不过是以经济实力为后盾的"技术霸权"思维而已。该理论符合网络发达国家利益，但却是对其他技术落后国家司法主权的一种无视与剥夺。而且由于国际社会上没有一个立法权威来制定相应的规定来认定"在什么情况下一国对网络的接触和控制达到了可以行使管辖权的程度"，因此，在实践中必然只能由法官自由裁量，这必然使得判决带有很大的主观性和随意性。这也可能导致世界上任何国家都认为其有权对一个网上行为主张管辖权，这只会使得网络案件的管辖权问题变得更加棘手。

8.1.3.2 新主权论

该理论又称"网络自治论"，主要观点是：对于网络争议，应该摆脱传统的地域管辖的观念，承认网络虚拟空间就是一个特殊的地域，并承认在网络世界与现实世界中存在一个法律上十分重要的边界，若要进入网络虚拟空间，必须通过屏幕或密码，一旦进入网络的虚拟世界，则应适用网络世界的网络法，而不应适用现实中各国的法律。② 网络成员间的纠纷由 ISP 以仲裁者的身份来裁决，并由 ISP 来执行，网络空间将成为一个全球性的、新的市民社会（Global Civil Society），它有自己的组织形式、价值标准，完全脱离政府而拥有自治的权力，它的最终趋势是发展为"网络大同世界"③。

"新主权理论"强调网络空间的新颖性和自治独立性，对现实的国家权力持怀疑和防范的态度，并担心国家行政、司法权力的介入会妨碍网络的自由发展。它试图以网络的自律性管理来替代传统的法律管辖，以自我的判断和裁决来代替国家的判决和救济。④从维护网络发展的角度来看，这种理论是有价值的，但是所谓的"网络法"只是行业道德和技术标准的混合物，尽管行业道德和技术标准可能在一定的程度上影响法律，但他们永远不能替代法律，同样自律管理也无法替代公力救济。同时"网络自治论"犯了一个常

---

① 郑成思. 知识产权文丛[M]. 1 卷. 北京：中国政法大学出版社，1999：266.

② 蒋志培. 网络与电子商务法[M]. 北京：法律出版社，2001：232.

③ 冯文生. Internet 侵权案件的司法管辖权和法律适用[J]. 法律适用，1998(9)：18.

④ 吕国民. 国际贸易中 EDI 法律问题研究[M]. 北京：法律出版社，2001：194.

识错误，网络虚拟行为背后都是由现实物理世界的肉身存在支撑形成的，ISP 并非网络虚拟世界自产之物，而是受现实社会法律规治的商事存在主体，这也就意味着，永远不可能出现完全脱离物理世界掌控的网络虚拟空间的自治真空。

8.1.3.3 网址管辖依据论

该理论认为传统法院行使管辖权的依据必须具备“该因素自身有时间或者空间上的相对稳定性，至少是可以确定的以及该因素与管辖区域之间存在一定的关联度”两个条件。通过对网址的考察得出：网址具有相对的稳定性，它在网络空间的位置是相对确定的，它的变更通过服务器来进行，需要一定的程序，所以在特定的时间段内，它是可以确定的。网址在网络空间中的地位类似于居所在物理空间中的地位。网址与管辖区域有一定的联系，特别是与提供网址的 ISP 所在地区有密切充分的联系，同时网址活动涉及其他网络参加者时，与其他参加者所在地管辖区域产生联系。[①] 由于网址满足以上条件，因此，应该将它作为一种新的管辖权依据。

该理论从传统管辖权依据认定的理论出发，具体地分析和考察了网址的特点，这一思路是值得肯定的，而且美国已经有将网址作为管辖权依据的具体实践。但我们更应看到这一理论在指导实践中所造成的司法管辖混乱，比如美国州际司法实践常将网址区分为“被动型”网址和“互动性”网址，并依据“正当程序”条款和“最低限度接触”标准对前者不给予管辖，而对后者给予管辖。首先，如何认定一个网址是“被动性”网址或者“互动性”网址，以及如何认定管辖法院与网址是否达到了最低联系，[②]都是存在着争论的，这就导致了法律适用的不确定性。其次，虽然网址在网络中的位置是确定的，但其地位并不等同于现实空间的住所或者居所。这种个人资料的不确定性无疑会冲淡网址的确定性，从而使网址失去确定管辖权的效用。最后，从技术上考虑，上网者完全可以通过技术手段隐藏真实的网址，从而使他人很难通过网址来确定其身份，比如论坛或者 OICQ 都可以选择隐身登录。这都使得查明用户的身份变得困难。

8.1.3.4 特定存在论

该理论认为互联网本身可以被看做是一条信息高速公路，放置在互联网上的任何内容及用户本身在互联网上的出现，在任何给定的时间上只能出现在一个地方，换言之，互联网上的每一个服务器都和其特定的物理位置相联系，所以当用户通过互联网传输信息时，事实上可被看做是从一个服务器所在的物理位置传到另外一个服务器所在的物理位

① 罗艺方，赖紫宁. 网络空间司法管辖权理论的比较研究[J]. 政治与法律，2003(6).

② 张海燕. 计算机网络上数字传输的司法管辖权[J]. 湖南社会科学，2000(3)：16.

置。为了判断是否有属人管辖权,法院可以探询当事人住所地或其主服务器所在地来决定。因此,一般情况下法院对于域外居民不行使管辖权,但是,如果域内的网址被域外的黑客攻击或破坏,或是收到了域外发来的侵权信息时,基于网址这一事实本身,法院也可以对域外网民行使管辖权。

我们认为,特定存在论的出发点是将传统属人管辖权理论借助于网络主服务器所在地进行空间位移,以服务器地址对应网民的住所或居所,从而增强网络虚拟行为的可控性。然而网络服务器地址本身的可隐藏性,让该理论的用武之地受到极大限制,若法院仅仅依据该理论对域外黑客攻击或侵权信息发布实施管辖,难免有一些被动。

总之,上述网络案件管辖权新理论,各有优点与局限。但毫无疑问,他们都为今后网络案件司法管辖的立法和司法提供了理论基础。

几种网络案件关系权理论的比较

第四国际空间理论	特点:强调了"Internet 环境"的无国界、非中心化、特殊性与独立性。 简评:泛技术化倾向,体现"技术霸权"思维,符合发达国家利益。
新主权论	特点:强调了"Internet 环境"的自治性、独立性。 简评:过于理想化,忽视了"Internet 环境"建立在现实社会之上。
网址管辖依据论	特点:与传统理论相衔接、可操作性强。 简评:已有实际案例,但也面临程序上、确定性上和技术上的挑战。
特定存在论	特点:通过服务器与地理位置的联系确认管辖权。 简评:属人管辖权理论的延伸,面临技术的挑战并易导致管辖权冲突。

开阔视野——还有你所不知道的

有关网址法律地位的几种观点

区分论

有些学者通过考察美国法院的司法实践,把网址区分为被动型网址(Passive Web Sites)和互动型网址(Interactive Web Sites)。被动型网址仅仅为访问者提供浏览信息,而互动型网址除此以外还可以让访问者留下自己的基本信息,如 E-mail 地址等,并向访问者提供相应的服务。一些美国法院认为,互动型网址与法院地构成充足联系,因而可作为管辖根据,而被动型网址则不能作为管辖根据,应当拒绝管辖。

否定论

这种观点认为,仅有网址并不构成其与法院地的充足联系,因而网址不能作为管辖根据。法院要对一个非居民行使管辖权,还必须有其他联系因素存在,如被告在法院地缔结合同或在法院地从事商业活动等。

不确定论

这种观点认为，虽然网址在网络空间里具有相对的稳定性，并且在某种程度上与特定的地理空间形成一定的关联度，但这种关联是否充足还不确定。将网址作为管辖基础，目前尚无充分的根据。

案例学习——

看看你的分析能力

中国第一起网页著作权侵权案中的管辖权大战

北京瑞得在线信息技术有限公司（ReadChina）成立于1996年，是一家注册资本为5 000万人民币的高科技企业。公司还建设了“瑞得在线”的网站，内容包括网络管理、软件开发、教育培训、系统集成、网站建设、互联网上网服务连锁经营等各个方面，为公司业务的发展提供了很大帮助。1998年12月，一名瑞得公司的职工在上网时偶尔发现一个注明“版权所有：东方信息公司”网站的首页在整体版式、色彩、图案、栏目设置、栏目标题、文案、下拉菜单的运用等方面几乎完全照搬“瑞得在线”首页，并有10个图案、14个栏目标题及9处文案系原封不动的取自“瑞得在线”首页。1999年1月5日，瑞得公司请北京市公证处对双方网站的页面作了证据保全公证，紧接着在北京市海淀区人民法院将东方公司告上法庭。

本来媒体对该案关注的焦点都集中在“网页雷同是否构成侵权”上，但该案的被告宜宾市翠屏区东方信息服务有限公司却围绕管辖权纠缠不放，先是向北京市海淀区人民法院提出管辖权异议，在异议被驳回后又就管辖权向上一级法院提起了上诉。

被告认为海淀区人民法院无管辖权的主要理由是：第一，被告住所地在四川省宜宾市，而非北京市海淀区；第二，任何互联网用户（包括东方公司在内）在访问或“接触”瑞得的主页时，没有且不可能在存储有该主页的服务器上进行任何复制行为，故北京市海淀区不是且不能视为瑞得集团诉称的侵权行为实施地；第三，东方公司的主页可以为其他互联网用户所访问或“接触”，但这种访问或“接触”只具有可能性，而并不具有客观必然性。同时，东方公司提出瑞得集团并未向法庭提供互联网用户在北京市海淀区通过互联网访问或“接触”到东方公司主页的客观证据，未能证明何人、何地、通过何种方式在该区访问了东方公司主页。

法院驳回被告管辖权异议的理由主要有：第一，瑞得（集团）公司的主页在制作完成后，储存在其特定的硬盘上并通过自有的WWW服务器向外界发布，瑞得（集团）公司以主页著作权侵权为由提起诉讼，是基于其主页被复制侵权这一理由，因此，本区应视为侵权行为实施地；第二，瑞得（集团）公司不但诉称东方公司复制其主页这一特定的行为，而且还诉称该行为的直接后果是东方公司的主页为访问者所接触，鉴于我国目前的联网主机和用户集中分布于本区一些特定的地区,因此,本区亦应视为侵权结果发生地;第三,东方公司在提出管辖异议的同时,并未举证证明瑞得(集团)公司的主页内容是瞬间存在的或处于不稳定状态。

尾声:经过精彩无比的管辖权大战,海淀区人民法院最终确认了对该案的管辖权,并判决被告在《计算机世界报》的主页上刊登致歉声明并赔偿原告经济损失人民币 2 000 元。宣判后,原、被告均服从法院判决,未提起上诉。① 该案也推动了最高人民法院《关于审理涉及计算机网络著作权纠纷案件适用法律若干问题的解释》的出台。

■ 结合网络案件管辖权的四种理论,谈谈本案例中被告认为海淀法院无管辖权的理由是否能站得住脚?

■ 本章第一节"引导案例"中法院驳回管辖权异议,主要运用了哪几种网络案件管辖权理论?

■ 结合该案,学习最高人民法院关于网络案件管辖权的司法解释。

班级讨论——加深你的知识理解

一、假设你是一个电子商务网站的经营者,采取何种措施能够有利于在诉讼中选择对自己有利的管辖法院?

二、如果你在购物网站购物被卖家欺诈,应该如何选择对自己有利的管辖法院?如果被告提出管辖权异议,你应当如何应对?

三、网络新媒体与新技术对传统法律的冲击今后还会继续,立法、司法在此过程中应该如何积极应对?

自己动手——锻炼你的实践能力

一、在淘宝网、当当网或卓越网上注册一个账号,参与一次网上交易,并记录下整个过程,和同学们讨论在此过程中感受到的"Internet 环境"不同于日常交易环境的特点。

① 本案并非是中国首例网上侵害著作权的案例,但却是中国首例侵害网页著作权案。本案除了管辖权争议这一焦点外,当事人主体资格问题和网页著作权侵害问题也值得同学们深入研究。

二、如果在网上交易中出现纠纷，尝试用联系电子商务网站客服或联系卖家等各种方式，确定该纠纷的管辖法院。

三、对国内主流电子商务网站，如阿里巴巴、淘宝、易趣、当当、卓越、网盛科技等公司或网站的法律声明里的管辖权条款进行收集和比较，分析其区别。

小节复习——牢记本节主要内容

一、解释概念

Internet 环境　全球性　交互实时性　管理的非中心性　第四国际空间理论　新主权论　网址管辖依据论　特定存在论

二、简答

1.“Internet 环境”包括哪些系统？

2.“Internet 环境”具有哪些特点？

3.“Internet 环境”给传统管辖权依据带来哪些挑战和冲击？

4. 比较网络案件管辖权各种理论存在背景和利弊。

5. 简单列举几个你知道的国外网络案件管辖权的案例，并对其进行分析评价。

8.2 网络纠纷案件司法管辖的法律冲突

引导案例——打开知识的大门

小程是一个网络游戏迷，自 2003 年就开始关注美国网络游戏巨作《魔兽世界》(World of Warcraft)。2004 年该款游戏上市，但起初游戏运营商只在美国和加拿大开设了服务器，计划到 2005 年 4 月份才在中国开设服务器。小程等不及《魔兽世界》中国服务器开始运营便早早地加入了美国服务器中进行游戏探险，经过 2 年多的“历险”，他在美国服务器账号上的角色已经小有名气，身上也有很多顶级的装备，其中有的装备市价高达几百美元。

一天，小程像往常一样吃完饭后打开计算机玩游戏，发现自己账号里级别最高的那个角色身上的装备竟然消失了,游戏里储物箱中的珍贵物品也都不见了。他玩了将近3年游戏才积攒下的财富装备一夜间不翼而飞。于是小程在网上联系了一些其他在同一个美国服务器玩这个游戏的网友,才知道很多人都遇到了和他相同的遭遇。大家来到游戏里的聊天室,纷纷为如何要回自己的游戏物品而献计献策。其中有人建议在中国起诉《魔兽世界》的运营商暴雪(Blizzard)公司,有人说我们玩的是美国的服务器,要起诉自然应该到美国起诉。大家众说纷纭,小程一时也拿不定主意。

■ 从这个案例中你知道什么叫网络纠纷案件司法管辖的法律冲突吗?

■ 你知道为什么会产生这种冲突吗?

■ 你知道网络案件管辖权的冲突与传统现实案件的冲突有什么区别吗?

8.2.1 传统国际私法中的管辖权理论概述

在讨论网络商务、侵权纠纷案件管辖权冲突之前,有必要先对涉外民商事案件管辖权以及管辖权依据给予定义,并回顾传统的国际私法中的管辖权理论。因为互联网的跨国性使得大部分网络电子商务或侵权案件都能够被放大为跨国案件,都可能找寻到与确定管辖权规则有关的连接点或因素。通说认为涉外民商事管辖权是指一国法院对具有涉外因素的民商事案件的审理和裁判的权力或权限;[①]管辖权依据(Jurisdiction Bases)是指一个国家的法院有权审理具有涉外因素的民商事案件的理由。[②] 传统国际私法中民商事案件管辖权确定的依据主要是以下四种。[③]

8.2.1.1 普通管辖

普通管辖又称一般管辖,是各国确定管辖权的基础,大致分为三种情况。

(1)以被告住所地为依据,案件由被告住所地法院管辖审理。

(2)以国籍作为依据,案件由当事人所属国的法院审理。

(3)以送达地为依据,只要在本国境内能将传票送达给被告,即使是暂时过境的外国被告,本国法院即取得对该外国被告的对人诉讼管辖权。

8.2.1.2 特别管辖

特别管辖是以案件与法院地的特定联系因素为根据来确定管辖权,特定因素可分为物与行为两类。物是指诉讼标的物或者当事人的其他财产;行为是指具有法律意义的作

① 徐卉. 涉外民商事诉讼管辖权冲突研究[M]. 北京:中国政法大学出版社,2001:1.

② 徐卉. 涉外民商事诉讼管辖权冲突研究[M]. 北京:中国政法大学出版社,2001:57.

③ 徐卉. 涉外民商事诉讼管辖权冲突研究[M]. 北京:中国政法大学出版社,2001:58~65.

为或者不作为两类。特别管辖一般包括以下几种。

(1)关于合同的诉讼,由合同缔结地或者履行地法院管辖。

(2)关于侵权行为的诉讼,由侵权行为地法院管辖。

(3)由刑事诉讼而提起的附带民事诉讼,由刑事诉讼审理的法院管辖。

(4)由公司商行的分支、代理或者其他机构经营业务而引起的争议,由该分支、代理或其他分支机构所在地法院管辖。

(5)关于物权诉讼由该物之所在地法院管辖。

8.2.1.3 专属管辖

专属管辖是指通过国内立法或者国际条约规定一国法院对某些具有特别性质的民商事诉讼案件具有独占的或排他的管辖权,他国法院若受理此类案件,所做出的判决将不为本国法院承认和执行,当事人不能以协议变更这类案件的管辖。属于专属管辖的涉外民商事案件主要有两类:一是关于不动产的诉讼由不动产所在地法院管辖;二是有关婚姻、家庭、继承权的案件,有些国家也将这些列入专属管辖的范围。

8.2.1.4 协议管辖

协议管辖是指由当事人双方在争议发生之前或之后,达成管辖权协议以确定案件争议的管辖法院。协议管辖可以明示或者默示作出,对于默示协议管辖,可以从下列行为推断:①被告人的出庭;②被告人提出答辩;③被告人通过律师出庭辩护;④被告人提起反诉。

由于任何国家的内国法都是以一定的行政主权为划分,具有一定的范围与对人、对事、对物的效力,而且有一整套司法、行政、警察、监狱系统的配合,因此,国内人之间的各类网络商务纠纷或侵权纠纷的管辖权还都是有法可依,而且是有法必依的。但如果涉及跨国私法,如纠纷的主体、客体或内容有一方面存在跨国性,则该纠纷就会转变成国际网络商务纠纷或国际网络侵权纠纷,就会涉及多国法律制度与法院管辖相互冲突的问题,在这里我们就重点论述各国在司法实践和理论研讨中存在的一些网络纠纷案件管辖权的处理实践。

8.2.2 网络案件管辖权的国际协作

8.2.2.1 《海牙民商事管辖权和外国判决公约》

1992 年经美国代表提议,海牙国际私法会议将《民商事管辖权和外国判决公约》的起草列入工作议程。1996 年成立特别委员会着手起草工作,并于 1999 年达成《民商事管辖权和外国判决公约》(草案)。在该公约起草和磋商的过程中,考虑到电子商务的发展,委员会认为有必要就电子商务领域的司法管辖权问题予以探讨。

1999年9月,海牙国际私法会议与日内瓦大学合作,邀请了所有成员国及一些国际性组织和非政府间组织一同召开了日内瓦圆桌会议。此次会议就合同、侵权、法院选择等问题进行了讨论。① 在合同领域,会议认为应该将B2B合同分为"网上订立非网上履行合同"和"网上订立网上履行合同"。对于前者,可以适用一般合同的司法管辖原则—合同履行地原则。对于后者,所有参与会议的专家都认为根据合同缔结地、合同履行地及其他行为地等来主张司法管辖权,似乎都不适当,最终也没有得出一个肯定的结论。对侵权的司法管辖权确定问题,与会专家也没有达成共识。有人认为,传统的"侵权行为发生地"和"损害结果发生地"在网络中不再适用了,应由原告惯常居所地法院管辖;也有人认为,在一定件下,侵权行为地法院仍可以行使司法管辖权。

为了进一步讨论电子商务中的司法管辖权问题,2000年2月28日至3月1日,海牙国际私法会议在加拿大渥太华召开了工作组会议,对有关问题作了进一步的讨论。②

2004年10月26日至27日,海牙国际私法会议、国际商会和欧盟委员会轮值主席国荷兰(经济部)共同主办了电子商务所涉及的法律问题研讨会。以订立商业合同为例,就电子商务环境下的合同订立前、合同订立、合同履行、争端解决四个不同阶段所涉及的法律问题进行研讨,并交流国际、区际、国家等不同层面的现行实践。③ 对于电子商务案件的司法管辖权问题,美国提出要遵循其宪法的"最低联系"标准的要求,但需解决"法院在什么情形下,可以当事人通过使用网络已经与该法院地州建立了联系为由,对处于其州境外的当事人行使属人管辖权"的问题。④ 综上所述,海牙国际私法会议有关电子商务案件司法管辖权的讨论,由于世界各国立法上的差异和经济发展水平的限制,达成一致协议的地方还很少。此外在一定程度上各国在公约案文上的分歧和冲突不仅没有得到改善,反而进一步激化、对立,甚至使公约谈判的根本方向布满疑云,《公约》正处在一个歧路纷呈的十字路口。因此,在我们期盼统一管辖规则出现的同时,也需明白要达到这样的一个目标还有很长的一段路要走。

---

① See Catherine Kessedjan, Electronic Data Interchange, Internet and Electronic Commerce, Preliminary Document No.7 of April 2000.

② 参见外交部条法司三处《管辖权公约电子商务问题工作组会议小结》,2000年3月10日。

③ 外交部条约法律司.海牙国际私法会议2003-2004年度主要活动[M]//中国国际私法学会2004年年会论文集(下卷)[C].2004:748.

④ 外交部条约法律司.海牙国际私法会议2003-2004年度主要活动[M]//中国国际私法学会2004年年会论文集(下卷)[C].2004:750.

8.2.2.2 欧盟《布鲁塞尔公约》

欧洲在民商事司法管辖权问题上的统一立法是较其他地区先进的,这主要归功于一个非常有影响力的国际公约,即1968年9月签订于布鲁塞尔的《关于民商事案件管辖权及判决执行的公约》(简称《布鲁塞尔公约》)。但由于《布鲁塞尔公约》制定的时候国际互联网和电子商务对世界的影响还没有显现出来,所以该公约对于电子商务案件的司法管辖权问题没有适用性。

针对电子商务的迅速发展给司法管辖权带来的挑战,欧盟理事会又于1997年授权成立了一个专家小组,着手《布鲁塞尔公约》的修订工作。该专家小组于1999年12月向欧盟理事会正式提出了一项《民商事案件管辖权和判决执行的规则》(草案),该草案旨在民商事领域内就有关司法管辖权和法律适用的问题,制定出在欧盟成员国内统一适用的国际私法规则,同时改善成员国对司法裁决相互承认和执行的状况,以适应电子商务条件下跨国商业纠纷增加的特别需求。该草案经过充分的讨论之后,最终于2000年12月22日得以通过并颁布,并于2002年3月1日正式生效。除了在丹麦之外,新颁布的《民商事案件管辖权和判决执行的规则》取代了1968年的《布鲁塞尔公约》,成为电子商务环境下,规范欧盟成员国之间民商事司法管辖制度的基础性法律。

《布鲁塞尔规则》采纳的普通管辖原则依旧沿袭了《布鲁塞尔公约》的"以原告就被告"的司法管辖权确定原则。

(1)关于合同的案件,《布鲁塞尔规则》与《布鲁塞尔公约》规定一致,即合同义务履行地有司法管辖权。《布鲁塞尔规则》对"义务履行地"所作的解释为:货物或服务的交付地或提供地。

(2)关于侵权行为的案件,《布鲁塞尔规则》中第5条第(3)款,仅仅对《布鲁塞尔公约》作了轻微的修改。在"损害发生地"法院管辖的基础上,增加了"损害可能发生地"法院管辖。

(3)《布鲁塞尔规则》沿袭了欧洲重视保护消费者的一贯宗旨,保留了《布鲁塞尔公约》中"消费者可以选择自己的所在国进行诉讼"的规定,并对这一规定作了扩大的解释:"(a)消费者合同可以是以任何方式缔结的合同(包括网上合同);(b)消费者可以选择在下列法院提起诉讼:卖方的住所地或消费者的住所地;(c)卖方作为原告对消费者提起诉讼,只能在消费者住所地法院提起;(d)只要卖方在任何成员国有住所、分支机构、代理或在成员国成立,卖方就必须服从于消费者合同的规定;(e)法院选择条款只有在纠纷发生后缔结的才有效,除非在该条款中特别加入了(b)条的内容。"

8.2.2.3 美国律师协会的 Cyberspace 管辖权工程

1998 年美国律师协会(America Bar Association,简称 ABA)针对电子商务案件司法管辖权的确定问题,在伦敦召开了一次全球论坛。会后发布了一份草案:《构建网络空间的法律和商务秩序:Internet 引起全球性管辖权问题报告》,即"美国律师协会的 Cyberspace 管辖权工程(America Bar Association Global Cyberspace Jurisdiction Project)"。①

该报告提出了解决电子商务案件司法管辖权确定问题的办法,对于当事人没有协议的,指出在下列条件下,站点的经营者应受制于一国的属人管辖权或强制管辖权:①站点的经营者是该国的惯常居民或经营者主要营业地位于该国;②站点以锁定(Target)该国开展活动,并且纠纷是由站点的内容引起的;③纠纷是由该站点的商业交易所引起的,虽然该站点并非针对任何特定的国家,但它是一种交互式网站,从而可以合理地认为该站点在该国故意从事商业活动;④通过各种技术手段去防止特定的用户进入该站点的诚信的努力(Good Faith Effort)应该排除一国对它的司法管辖权。同时,在报告中指出各国对电子商务案件行使司法管辖权时,还必须考虑以下因素:①其他国家适用其法律时所体现的利益和法律冲突的程度;②适用本国法律将在多大程度上阻碍电子商务的发展;③本国主张司法管辖权所取得的利益是否足够大,以至于足以抵消这一司法管辖权对全球电子商务增加的额外负担;④在国家自制(如"不方便法院"原则)的基础上,充分考虑不同地区的司法利益、当事人便利以及证据来决定是否对案件进行司法管辖。② 该报告呼吁全世界的法律工作者联合起来,通过建立国际性的机构——全球在线标准委员会(Global Online Standards Commission)——来划定网络空间的国界,制定网络空间的统一规则,并号召各国政府及国际机构采纳这些规则。

8.2.2.4 不方便法院原则——国际协作的黄金法则

由于各国行使管辖权的根据种类繁多,大多数国家又都有扩张管辖权的倾向,这必然导致管辖冲突的激化。"不方便法院"原则可以最大限度上缓解这种冲突或矛盾,我们认为,在相互尊重、求同存异的前提下,"不方便法院"原则将是对网络案件管辖权冲突问题开展国际合作和协调的黄金法则。"不方便法院"原则最早起源于 19 世纪中期苏格兰的司法实践。③ 到 19 世纪末,美国的一些法院采纳了苏格兰法院的做法,以后英国法院也接受了该原则。迄今为止,英国、新西兰、加拿大、以色列、澳大利亚和美国的法院均采

① http://www.abanet.org/buslaw/cyber/initiatives/jurisdiction.html

② 参见郭明磊著:《Internet 上国际民商事案件司法管辖权问题初探》,武汉大学国际法博士毕业论文,典藏地点:中国国家图书馆博士论文文库,索取号 08295。

③ See Braucher. The Inconvenient Federal Forum[J]. 60 Harv. L. Rev.,1947:908~909.

用了“不方便法院”原则。此外,在以大陆法系司法管辖权制度为基础的加拿大魁北克省和日本,也都采用了与“不方便法院”原则极为相似的名为“特殊情况”的原则。所谓“不方便法院”原则是指在国际民商事诉讼活动中,由于原告可自由选择一国法院提起诉讼,他就可能选择对自己有利而对被告不利的法院,该法院虽然有司法管辖权,但由其审理此案将给当事人及司法带来种种不便之处,从而无法保障司法的公正,不能使纠纷得到迅速有效的解决,此时如果存在对诉讼同样具有司法管辖权的可替代法院,则原法院可以自身属“不方便法院”为由依职权或根据被告的请求做出自由裁量而拒绝行使司法管辖权。①

互联网的全球性和不确定性在一定程度上扩大了管辖因素的范围,一个网络行为可能被多国法院通过识别而确认管辖权。一国法院在受理一个包含复杂因素的网络纠纷案件时,理应考虑到证人的住所和强制证人出庭的程序的可用性,以及取证来源的难易程度、出庭的费用、强制执行法院判决的可能性等。如果存在别国法院,同样根据本国法律对该案享有管辖权,该法院实施管辖更具程序上的合理性,且更符合原告诉讼的本意,则受诉法院就应依据不方便法院原则,通过中止或撤销诉讼放弃对该案的管辖。显然,面对日益复杂的网络环境和可能出现的剧烈的网络管辖权冲突,“不方便法院”原则在合理分配国际事务,维护网络世界的完整性方面有着十分现实的意义。

今天,当我们面对纷繁芜杂的网络空间,如同当初面对国际贸易的全球化趋势一样,维护国际民事关系完整自由的流转,是对各国司法体制的必然要求。“不方便法院”原则在缓和管辖冲突、维护以上宗旨时应能起到应有的作用。但我们同时也应看到:即便在传统管辖冲突中,无论哪个国家都不曾在立法中明确规定,在什么情况下构成“不方便”,法官裁量仍然扮演着重要的角色,如何规制这种裁量是必须面对的问题。好在互联网仍在不断发展中,国际合作正在不断加强。较好的办法仍然是通过国际合作,协调各国的利益,将确定最合适法院地的各种因素明确规定于国际公约中,实现对国际司法任务的合理分配。

8.2.3 思考与结论

通过对几种管辖权新理论进行梳理、评述,并结合各国的司法实践对网络侵权案件及网络电子商务纠纷案件管辖权进行实践考察、比较,我们至少可以得出以下结论。

第一,在网络案件的管辖权实践中,总体上可以分为两种思路:第一种思路是开放式

① 李双元. 国际私法学[M]. 北京:北京大学出版社,2000:536.

模式，如美国、加拿大等国，通过给予法官极大的自由裁量权，来解决科技进步与法律滞后之间的矛盾，由法官根据各个案件的具体情况，并以长臂管辖理论为依据，自由决定对案件是否有管辖权。这种开放式模式是和英美普通法系的传统分不开的，是由法官良好的素质，人民对司法最终解决的信任决定的。随着网络技术的进一步发展，全球融合度也进一步加强，两大法系的融合、趋同也在加快。虽然我国是成文法国家，但也应该借鉴英美法系的一些做法，比如在网络案件中扩大法官的自由裁量权，以此来解决技术和法律之间的矛盾。当然美国的长臂管辖理论天然具有一种扩张性，而这是有违各国的司法主权平等的精神的，应该扬弃。另外一种思路是保守式模式，如我国和欧盟各国，即试图将传统的管辖权理论和依据在 Internet 环境中赋予新的解释，同时吸收一些后现代的新思潮，比如通过立法加强对弱者的保护等，此种思路是值得借鉴的，它考虑到了法律的稳定性。但是在有些情况下传统的管辖权依据在网络环境中是解释不通的，如侵权行为地等。因此，不应该固守传统，而应该结合案件，适时发掘新的连接点，并通过国际条约和惯例给予确认，这才是最终解决网络案件管辖权问题的根本。

第二，世界各国还没有形成统一的确定网络案件管辖权的规范，对于管辖权规范各国都还处于摸索阶段，总的来说各国的司法实践都没有脱离传统的管辖权理论。也就是说在网络案件中，传统的管辖权理论并未被抛弃，只是需要进行必要的修改。在网络管辖权问题上，各国应摆脱传统地域管辖观念的束缚，尽量谨慎地依靠现有的管辖权制度体系，以基础管辖原则为主，辅以协议管辖、专属管辖、保护管辖等来共同解决网络空间下的管辖权问题。有学者提出今后我国在电子商务案件司法管辖制度立法时，应该考虑：①电子商务案件应明确由中级人民法院作为一审法院；②明确协议管辖在 B2B 合同中的适用问题；③在 B2C 合同中应引入消费者保护管辖；④扩大侵权行为地的范围，将原告所在地作为司法管辖的根据；⑤在电子商务案件中，引入“不方便法院”原则。[①] 这些考虑在今后的电子商务程序立法中都值得参考。

第三，网络案件的管辖权问题比现实世界中的案件更加复杂，因此也就产生更多的管辖权冲突，而最终解决办法只有依靠各国之间加强合作，通过订立国际公约和国际惯例来实现。正如英国学者安得鲁·斯帕罗所说的：“全球范围的数字化空间是一个没有边界的空间，但并不意味着没有地理位置，而这正是问题产生的根源所在。”当与互联网有关的争端发生时，问题在于并不是没有可供适用的法律，也不是因为当事人不愿意通

① http://www.ccpcc.com/jjxj/km1/020615.htm#_ftn39

过法律途径来解决争端，而是因为没有明确的法律规定来确定应该适用哪国的法律。[①]世界各国应该抛弃民族、地域、法域的冲突和矛盾，积极加强国际协作，制定统一的网络管辖国际公约来消除网络管辖权冲突。

第四，虽然各个国家的立法规定与法院的司法实践对网络侵权案件和电子商务合同案件管辖权确定并不是一致的，但是可以概括出它们的共同点，而这些共同点很可能将会成为国际公约和惯例的基础。对于网络侵权案件来说，侵权行为实施地是首先应该考虑的，由于侵权行为结果发生地在网络中一般具有“发散性”，因此，一般不宜给予考虑，在具体考虑侵权行为实施地时，可以考察侵权行为的网络服务器所在地、侵权计算机终端所在地以及网址是互动型还是被动型、法院地是否和侵权行为具有实质联系等因素。其次，面对“原就被”的理论困境，需要引进原告住所地法院管辖原则。此原则的引入，无论从经济学的角度来看，还是从是否有利于判决的承认和执行的角度来看都是有利于纠纷的解决的。对于电子商务案件，当事人协议管辖是首先应该考虑的，但是在具体的案件中应考察当事人的意思是否真实，格式合同是否有效。也可以结合最密切联系原则通过立法或者在司法中由法官决定哪些法院可以成为有权管辖的法院。此外，可以在消费者合同中引入欧盟的立法模式来确定对消费者有利的法院，比如消费者住所地法院优先管辖原则。

开阔视野——还有你所不知道的

“长臂管辖权”

“长臂管辖权”理论中的“最低联系”

何为“最低限度的联系”？美国没有统一立法，各州法院的解释也不一致，在下列情况下，各州一致认为“发生了最低限度的联系”：①为法院地州市场专门设计、生产产品；②在该州设有办事处，聘请代理人或雇员，在该州有财产；③在该州从事商业活动，如广告宣传、招揽生意、控制经营渠道等；④因其行为或不行为在该州境内造成了损害。实践中，各州法院在主张“长臂管辖权”时，既要符合法院地关于“特殊管辖权”的规定，还要满足宪法规定的正当程序标准的要求。

“长臂管辖权”理论和国家主权的冲突

有人认为美国法院“长臂管辖权”的本质是“域外管辖权”，它威胁到他国的管辖主权，一直受到其他国家的猛烈抨击。随着人类共同利益的增强，国际社会法律的协调发展和国际利益的优先考虑已成为一个突出的趋势。在信息时代，网络接触无孔不入，“长

① 安得鲁·斯帕罗. 林文平，译. 电子商务法律[M]. 北京：中国城市出版社，2001：68.

臂管辖权”在Internet案件中的运用意味着“域外管辖权”的过分扩张，其结果必然导致全球所有法域都对Internet案件具有管辖权，造成国际民商事案件管辖权冲突的泛滥，这既有损于国家司法主权，也不利于保护当事人双方的合法权益，甚至引发国际争端。此外，这种“域外管辖权”也很难得到其他国家的认可，因此，美国法院把“长臂管辖权”扩张至Internet案件中是一种非常有害的司法实践。毕竟Internet目前尚处于不断发展变化之中且远未定型，网络案件管辖基础的确定还有赖于它的进一步发展。而Internet的特点决定了单个国家不可能有效解决Internet上的跨国法律问题，只有国际社会的通力合作才是与Internet相关的法律制度发展完善的真正途径。

案例学习——看看你的分析能力

雅虎公司拍卖纳粹物品案

2000年4月，法国的互联网用户在网上发现美国雅虎(Yahoo)公司驻欧洲分支网站拍卖纳粹物品，其中包括希特勒自传——《我的奋斗》等纳粹书籍、印有党卫军徽章的T恤衫、征兵广告及希特勒的水彩画等宣扬种族主义和纳粹主义的物品，而法国雅虎公司为法国的用户提供了链接。此事在法国引起了轩然大波。多个反纳粹组织和反种族歧视组织联合起来，以美国雅虎公司为第一被告、法国雅虎公司为第二被告，向法国巴黎法院提起诉讼。

在诉讼中，美国雅虎公司认为：①以英文为主要文字的雅虎网站所涉及的案件应当由美国法院管辖，而美国宪法有言论自由的规定，拍卖涉嫌纳粹物品不在美国法律禁止之列；②拍卖网站只能通过美国雅虎进入，而美国雅虎网站的服务器在美国；③雅虎公司并非拍卖活动的主办人，拍卖网站也不属于雅虎公司。因此，法国法院对此案无管辖权。

法国巴黎法院认为：虽然法国雅虎公司提供的链接必须经过美国雅虎中转才能进入涉案的拍卖网站，但基于网络的互联性，法国用户可以很便捷地从雅虎法语门户网站转到其他语言的门户网站中，也可以便捷地进入其他第三方网站，因此，法国法院对此案拥有管辖权。最后，巴黎法院判决美国雅虎必须在90天内采取有效措施阻止法国网民进入有关拍卖纳粹物品的网站，并要求法国雅虎必须通知其用户，在浏览或检索到的网页内容违反法国法律有关规定时立即中断访问，否则会有被起诉的风险。

尾声：判决过后，雅虎公司宣布禁止在其网站上出售纳粹纪念品。但它同时也宣布作出此项决定并非因为执行法国法院的判决，而是大部分雅虎使用者认为在其网站上拍卖纳粹物品容易引起暴力与仇恨。2001年1月，雅虎公司向美国联邦法院提起上诉，请求该法院阻止法国法院判决的执行。5月又向加利福尼亚州法院提起诉讼，要求法院判决法国法院的判决无效，理由是雅虎公司的注册地在美国，法国法院对此案没有管辖权。

显然，该案引起的司法管辖冲突仍未平息……

- 该案司法管辖的法律冲突是如何产生的？
- 法国法院认为其对此案拥有管辖权的主要原因是什么？
- 你认为法国法院对美国雅虎公司有管辖权吗？

班级讨论——加深你的知识理解

一、结合国外的立法和司法实践，你能给我国网络案件司法管辖制度立法工作提出什么意见和建议？

二、你认为目前国际上有可能就网络案件司法管辖的法律冲突达成一致观点吗？为什么？

三、结合“雅虎公司拍卖亲纳粹物品案”，就“网络案件司法管辖与国家主权之间的冲突”这一问题进行小组讨论。

自己动手——锻炼你的实践能力

请对比一下各国在网络纠纷管辖立法上的差异，并在互联网上进行搜索，结合热点案例进行分析，以进一步理解不同法系对相同问题处理规则。

小节复习——牢记本节主要内容

一、解释概念

涉外民商事管辖权　管辖权依据　普通管辖　特别管辖　协议管辖　专属管辖　长臂管辖权

二、简答

1. 传统国际私法中民商事案件管辖权的确定主要有几种？
2. 美国是如何在网络侵权案件中确定“长臂管辖权”理论的？
3. 美国在电子合同纠纷案件中管辖权的确定和网络侵权案件相比有何不同？
4. 和网络案件管辖权相关的国际协作条约主要有哪几个？

8.3 构筑网络在线争端解决机制

引导案例——打开知识的大门

京城出现首家调解在线 社区调解员网上说事儿

北京市第一家人民调解在线日前在西城区丰盛街道丰汇园社区正式运行。社区群众如果需要到社区调解委员会进行民间纠纷调解时，可登录人民调解在线网页“挂号”，提出申请。社区调解员将会在接到居民提出申请的当天主动与居民取得联系并进行调解。

丰汇园社区是一个科技普及水平很高的现代化社区。2001 年初，该社区安装了宽带网，居民足不出户就可以了解社区的大小事情。之后，社区宽带网又增加了“人民调解在线”的网页内容，内设“公示窗”、“消息树”、“挂号窗口”、“法律角”、“交流园地”、“独角兽”6 个栏目。社区居民要想了解社区调委会的职能和开展调解的情况，或者申请调解民间纠纷、查看法律条文、与调解人员交换意见等，点击几下鼠标就能完全实现了。

——案例来源：北京日报记者

- 你知道上述新闻中的“人民调解在线”是什么争端解决机制吗？
- 你认为“人民调解在线”和传统的诉讼仲裁方式有什么不同？
- 你觉得“社区调解在线”这种模式有何优点？可能出现什么不足？

8.3.1 ADR－ODR，在线争端解决机制概述

8.3.1.1 替代性纠纷解决机制

替代性纠纷解决机制（Alternative Dispute Resolution，ADR）是指世界各国普遍存在的法定民事诉讼制度以外的非诉纠纷解决程序或机制的总称。[①] ADR 的涵盖范围广泛，并随着实践发展而不断推陈出新，常见的 ADR 包括：调停或调解、仲裁、事实发现、中立聆听者、密歇根式调解、调解—仲裁、最后方案仲裁、聘请法官、小型审判、简易陪审团等。

8.3.1.2 在线争议解决机制

（1）在线争议解决机制的出现。网络空间的全球性、虚拟性、管理的非中心化和高度的自治性使得网络空间争议的解决具有不同于传统离线争议的特殊要求，效率、成本和

---

① 范愉. 非诉讼程序（ADR）教程[M]. 北京：中国人民大学出版社，2002：16～17.

便利性成为网络空间争议解决方式的首要价值因素。高昂的诉讼费、遥远的地域相隔、差异巨大的语言和文化、法律适用的艰难、管辖权确定的复杂性和判决的承认与执行等问题使传统诉讼在面对如此纷繁复杂的网络空间纠纷时显得捉襟见肘，这些问题也大大增加了电子商务交易的成本。于是，传统 ADR 开始网络化，ODR（Online Dispute Resolution）在线争议解决机制应运而生。

（2）在线争议解决机制的定义。ODR 是指利用互联网进行全部或主要程序的各种争议解决方式的总称。据美国联邦贸易委员会、欧盟、OECD 及全球电子商务论坛（GBDe）所下的定义，ODR 是指“涵盖所有网络上由非法庭但公正的第三人，解决企业与消费者因电子商务契约所产生争执的所有方式”①。可见，ODR 从产生之初就是为电子商务纠纷服务的，其主要包括：在线仲裁（Online Arbitration）方式、在线调解（Online Mediation）方式和在线和解（Online Negotiation）方式。仅利用网络技术实现文件管理功能，而程序的其他部分仍用传统离线方式进行解决时，不属于 ODR 范畴。

ODR 将网络资源充分引入到争议解决方法中来，网络资源具有下列三种新的因素：利用全球任何地方的人力资源、电脑处理程序以及实现信息交流传播的电子速率传输。这使得 ODR 可以在任何国家、聘用任何国籍的仲裁员或者调解员、通过任何语言解决争议，具有快速、低费、便利等网络空间争议解决所需要的各类重要价值因素。在网络虚拟世界，ODR 对于建立互联网的信赖关系是非常必要的，有利于实现双赢的争议解决方式，并且越来越受到世界各国理论和实务界的重视。②

（3）在线争议解决机制的优点。相对于传统法定案件的争议解决机制，ODR 的优势是明显的，首先，它摆脱了传统管辖权与法律适用在网络世界中的无助。如上两节所述，Internet 环境的特点使得传统案件管辖权理论受到冲击，传统国际私法的管辖权规则与法律适用规则亟须变革，但在国际协作成效还不显著的当下，已经越来越阻碍网络经济的发展与网络交易的繁荣。而 ODR 机制由于采用了灵活的制订规则与选择规则，替代了法院程序和可能产生的法律与管辖权纷争，充分地体现了虚拟互联网特性。其次，ODR 解决方式灵活多样，体现了规则适用的非武断性、处理的高效率与经济性。在 ODR 兴起不到 10 年的时间里，解决了数以万计的在线纠纷，据统计，自 2000 年 3 月至 2003 年 1 月只 Squaretrade. com 一个网站就解决了超过 30 万个争议，ICANN 提供的在线争议解决机制解决了 7 000 多个域名争议。

---

① 郭佳玫. 论现行网路交易争议解决的法律问题——兼谈线上争端解决机制[J]. 科技法律透析，2001(6)：17.

② http://www.chinaeclaw.com/readArticle.asp? id=2722.

8.3.2 ODR 运作模式划分

ODR 发展最快的是美国,互联网上绝大部分 ODR 网站都设在美国,美国政府也积极参与推动 ODR 的发展。美国联邦贸易委员会和美国商业部在 2000 年 6 月举行了一个公开的论坛会议,该论坛会议就 ODR 的全球方案、采用新技术、保证公平与效率以及对消费者和企业的 ODR 教育等方面内容,提出了大量的方案和建议。欧盟也是 ODR 的积极倡导者和推动者,其在 1998 年《电子商务指令》第 17 条中要求成员国的法律不应妨碍消费者通过各种法院外途径包括电子方式解决纠纷。2000 年 12 月 18 日,欧盟和美国共同发表了《美国、欧盟关于建立电子商务环境下消费者的信心和 ADR 地位的声明》的文件,充分肯定了促进和发展在线 ADR 的重要性,并主张企业、政府、消费者组织以及学术机构应共同合作推动 ODR 的发展。亚太经合组织(APEC) 电子商务指导小组也于 2000 年 7 月 20 日在曼谷召开了一个消费者保护的论坛会议,其中一个很重要的议题就是:通过有效的消费者保护立法和建立自律规范,提供处理消费者争议的救济手段,包括在线 ADR 手段,以建立电子商务环境下消费者的信心。①

8.3.2.1 自助式 ODR 模式

自助式 ODR 模式在解决争议时不需要仲裁员或调解员的参与,这种模式往往是通过一种计算机程序自动地处理争议。处理内容一般较为简单,且不对具体责任进行划分。在程序进行中,双方的报价和请求对另一方都是不公开的,所以该模式也称为不公开报价处理模式(Blind Bid Process)。采用这种模式的 ODR 网站主要有 Clicknsettle. com 和 Cybersettle. com 等。自助式 ODR 模式在解决简单纠纷时能够较好地发挥方便快捷的特点,并有较高的成功率。但由于该模式没有调解员或仲裁员的参与,其处理的纠纷也相对较简单,一般只涉及当事人双方对价款的争议,不对具体责任进行划分。具体操作程序以 Clicknsettle. com 为例。

Clicknsettle. com 采用的是一种自动化的专业计算机系统(Expert System),它的基本程序和技术被称为协商模式(Negotiation Model):当一项争议发生后,投诉方、被诉方通过 Clicknsettle 的“Negotiation”系统进行交涉。首先由投诉方进入程序输入自己的请求数额和被告相关信息。系统处理原告的信息后自动发出一封电子邮件给被诉方。被诉方收到邮件后认为自己有给付或赔偿的责任,也进入相同的系统,提出自己愿意偿付的数额,

① 肖永平,谢新胜. ODR:解决电子商务争议的新模式[J]. 中国法学,2003(6):150.

双方的交涉程序就开始了。整个交涉的过程被限制在60天内,双方交涉的次数没有限制,但每次增加和减少报价的限度不能超过5%。如果被诉的报价高于投诉方,则以投诉方的请求为准解决纠纷;如果原告的请求高于被诉方,只要其在被诉方报价的30%以内,则取两者的中间值解决纠纷。双方在交涉的时候,都看不到对方的报价和请求,便在纠纷解决不成而进入其他救济程序时,不会暴露自己请求和报价的底线。上述交涉规则和案件处理都是在专门的计算机程序监控下自动进行的。如果纠纷在60天内还不能解决,系统允许用户决定是否将案件移送到离线仲裁调解机构(National Arbitration and Mediation)去解决。此外,Clicknsettle的收费是针对争议双方的。[①]

8.3.2.2 交互式ODR模式(Interactive ODR Venues)

交互式ODR模式运用现代的网络技术,把离线状态的ADR服务运用到网络环境下,以便营造一个虚拟的调解或仲裁场所来解决争议,即网络调解或网络仲裁。它不同于自助式ODR模式,由现实的仲裁员或调解员主导争议的解决。常用的交流手段有电子邮件(E-mail)、聊天室(chat)、网络会议(web conferencing)、视频会议(video conferencing)等。交互式ODR模式是当事人应用网络技术解决争议的最主要模式,在欧美发达国家已经有了较大的发展。该模式具有案件管理程序,可以让当事人方便地进行提交争议、追踪案件进展、与调解员或仲裁员以及其他当事人进行交流等活动。美国已经出现了大量的这种交互式ODR网站,较著名的有I-Courthouse.com、Squaretrade.com和American Arbitration Association等。例如,SquareTrade网站主要采取调解方法解决纠纷,但它不是单纯的在线调解,还包括在线交涉和在线仲裁。当事人可以首先通过SquareTrade系统,进入一个需要用户口令的案件页面进行交涉。如果交涉不成,可以要求在线调解,调解是不公开进行的。如果调解还不能解决纠纷,可以进一步要求在线仲裁,在线仲裁是公开进行的。使用SquareTrade系统提起案件,以及双方当事人在系统程序的辅助下进行交涉都是免费的,但要求调解则要收取一定的费用。其解决纠纷的过程一般只要10~14天。[②] 除此之外,也有学者认为ODR运作模式可被具体划分为以下三种模式:①不公开报价和请求的处理模式(Blind Demand or Offer Claim Settlement);②在线ADR模式(Online Mediation, Arbit ration, or Other Dispute Handling Services);③计算机辅助交涉模式(Decision/ Negotiation Support Systems)。[③]

---

① Clicknsettel. com website available at http://www. clicknsettel . com (last visited sept 22 ,2002).

② Squaretrade. com website available at http://www. squaretrade. com (last visited sept 24,2002).

③ 徐继强. 在线纠纷解决机制(ODR)的兴起与我国的应对[J]. 甘肃政法学院学报,2001(12):35.

8.3.3 我国ODR现状与思考

由于我国互联网还不发达，电子商务的市场、法治环境也不健全，ODR 的研究在国内才刚刚起步，有关 ODR 的实践几乎一片空白，只有中国互联网络信息中心认可的争议解决机构、中国国际经济贸易仲裁委员会和香港国际仲裁中心联合成立的亚洲域名争议解决中心提供针对网上域名争议的在线解决方式。除此之外，2004 年由民间机构自发成立了在线争议解决机构“中国在线争议解决中心（http://www.odr.com.cn）”，发生纠纷的任何一方当事人可以通过互联网在该网站登记案件，申请在线和解或在线调解。该网站将通过电子邮件等方式通知对方当事人，在对方当事人也认可这种纠纷解决模式的情况下，启动在线和解或者在线调解程序。① 但该中心成立几年来，业务一直很冷清，说明国内 ODR 市场与环境还远未形成，这既有网络软环境因素的影响，如网络普及率、使用率不高，网民与网络公司整体素质还不成熟，更有网络硬环境的原因，如国内 ODR 无论是理论还是实践都还处于探索阶段，暂时还不能为众多纠纷受众提供比司法更权威、便捷的解决服务机制。

从电子商务全球化的特征，以及我国已经加入 WTO 的背景来看，我国企业要走向世界，面对全球统一的市场和消费者，必然要走电子商务的道路，无论是新兴的网络公司，还是传统企业莫不如此。因此，我国必须向全球消费者提供便宜、公正、方便的争议解决途径，保护消费者的利益，必须向传统的调解和仲裁等替代性争议解决机制回归。可以说，ODR 是我国发展电子商务必须面对的问题。在我国，ADR 主要有两种形式，即调解和仲裁。从目前来看，最有可能与国际流行的 ODR 接轨的是与仲裁相结合的调解，即把网上仲裁和网上调解结合起来解决争议。② 但这在我国会遇到一个难以克服的法律障碍：我国《仲裁法》上只规定了机构仲裁，而没有规定临时仲裁。这不能不说是立法上的一个缺憾。现实中许多从事 ODR 业务的网络服务商严格说来并不能算做仲裁机构，如上文提到的 ChinaODR。如果当事人通过我国非仲裁机构的网站解决争议的话，裁决可能不会得到承认和执行，如果裁决得不到有效执行，那么网络 ODR 所具备的高效、低成本魅力也会大打折扣。除此之外，国内整个立法、司法、舆论环境对网络 ODR 还存在一定的偏见，认为这是一种非主流争端解决机制。而众多网络公司与网民由于对 ODR 缺乏了解和认识，更是不知道国家法之外还存在着这样的民间法解决机制。这些都使得国内 ODR 在电子商务领域发展缓慢。总之，在电子商务等网络环境下，ODR 是一种便宜、

---

① http://www.chinaeclaw.com/readArticle.asp? id = 2722

② 肖永平，谢新胜．ODR：解决电子商务争议的新模式[J]．中国法学，2003(6)：153.

高效、公正的纠纷解决机制，它对电子商务的发展，对构筑一个使消费者充满信心的电子商务平台都具有重要意义。我国应积极采取对策，培育自己的在线争议解决机制。

两种在线争议处理模式的比较

模式	自助式 ODR 模式	交互式 ODR 模式
调解方式	没有调解员或仲裁员的参与。	一般有现实的调解员或仲裁员主持争议的解决。
公开程度	在交易过程中，双方的报价和请求对另一方不公开。	当事人可以很方便地进行交流，双方的报价和请求可能向对方公开。
处理内容	较为简单，一般只涉及价款的争议，不对具体责任进行划分。	处理内容较为广泛。
技术本质	通过计算机程序自动地处理争议。	运用现代的网络技术把离线状态的服务运用到网络环境下，营造一个虚拟的调解或仲裁场所解决争议。

开阔视野——还有你所不知道的

国内外主要在线争议解决机构简介

中国国际经济贸易仲裁委员会域名争议解决中心

中国国际经济贸易仲裁委员会域名争议解决中心（中国国际经济贸易仲裁委员会网上争议解决中心）于 2000 年 12 月成立了域名争议解决中心，主要以互联网为依托，以在线方式解决网络知识产权争议以及电子商务争议，为当事人提供快捷高效的网上争议解决（ODR）服务。中心目前主要受理 CN 或中文域名争议、通用网址争议和短信网址争议。

此外，中国国际经济贸易仲裁委员会和香港国际仲裁中心联合成立的亚洲域名争议解决中心，也提供针对网上域名争议的在线解决方式。这是目前“因特网名址分配公司”在全球授权的四家解决类别域名争议的仲裁机构之一，也是亚洲地区唯一被授权的可以受理此类纠纷的机构，体现了我国在域名争议解决领域的领先地位。

中国在线争议解决中心

“中国在线争议解决中心”由中国电子商务法律网、北京德法智诚咨询公司联合发起成立，宗旨是通过提供 CHINAODR 在线信息交换平台，公平、公正、快速、便捷地解决与电子商务相关的争议。它推出了在线调解和在线和解等服务（统称为 CHINAODR）供广大用户选择使用解决各种争议，是中国首家全面提供在线争议解决机制的提供商（ODR Provider）。今后还将逐步推出网上仲裁、网上公证和网上律师见证等法律服务，以建立我国第一个权威、全面的电子商务网上法律协调和服务机构，增强电子商务的可信性、安全性和稳定性，大力推进电子商务在我国的发展。

案例学习——看看你的分析能力

传统法律难解网络纠纷，在线可解决网上争议

申请人 yingtao_0835@ tom. com 于 2004 年 12 月 8 日将其与被申请人 wujianguo75@ hotmail. com 在交易平台购买英语书纠纷一案提交中国在线争议解决中心(ChinaODR)解决，ChinaODR 向被申请人发出电子邮件，被申请人回复同意接受调解后，中国在线争议解决中心受理了此案并指令 dolphin@ 95700. com 担任调解员。经过调解，双方当事人于 2004 年 12 月 16 日接受了调解员的解决方案。

在 ODR 纠纷解决方式中，尤其是小额纠纷，当事人多倾向于匿名解决。在纠纷解决程序上，ODR 比司法程序更具有随意性，双方当事人在 8 天时间中可随时登录聊天室补充证据，相互辩论并出示证据；在诉讼费用上，目前中国在线争议解决中心正处于初始阶段，免费提供调解，双方当事人均未支付费用；在纠纷解决时间上，仅仅用 8 天时间便审结此案。因此，当事人选择 ODR 方式解决纠纷，避免了在法庭诉讼中出现的诉讼成本(民事案件的最低诉讼收费为 50 元)低于诉讼标的(12 元)的情况，极大地节省了双方的人力、物力、财力和时间。同时，最后调解的达成也维持了双方当事人友好合作的商业关系。

——案例来源：电子商务网站

■ 为什么相对于传统争议解决方式(诉讼和仲裁)，在线争议解决机制在电子商务中更具优势？

■ 解决在线争议的网站在我国发展速度较为缓慢的主要原因是什么？

■ 如何使“在线争议解决机制”这种纠纷解决模式在我国取得更大发展？

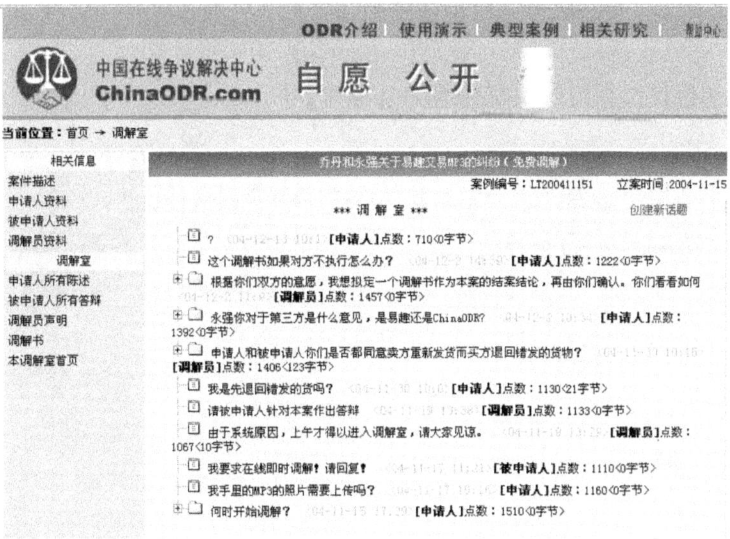

图 8－1

班级讨论——加深你的知识理解

图8-1是中国在线争议解决中心调解员在在线调解室调解“乔丹和永强关于易趣交易MP3的纠纷”案的截图,该案于2004年11月15日立案,并于当日完成调解(该调解为免费)。大家仔细观察此图片并讨论以下问题:

一、中国在线争议解决中心在处理纠纷时有何优点和不足?

二、图片中的调解模式是自助式ODR模式还是交互式ODR模式?为什么?

三、讨论加深对交互式ODR模式的理解。

自己动手——锻炼你的实践能力

登录中国国际经济贸易仲裁委员会域名争议解决中心网站首页(网址:http://dndrc.cietac.org/cietac.jsp),看一下进行域名争议解决的程序和规则,并比较其与中国在线争议解决中心有何不同。

小节复习——牢记本节主要内容

一、解释概念

替代性纠纷解决机制　在线争议解决机制　自助式ODR模式　交互式ODR模式

二、简答

1. 常见的替代性纠纷解决机制有哪几种?
2. ODR的产生背景是什么?
3. 相对于传统法定案件争议解决机制,ODR的优势是什么?
4. ODR的两种运作模式有何区别?

参考文献

[1]张楚. 网络法[M]. 北京:高等教育出版社,2003.

[2]高富平,张楚. 电子商务法[M]. 2 版. 北京:北京大学出版社,2004.

[3]李适时. 各国电子商务法[M]. 北京:中国法制出版社,2003.

[4]赵楠. 当网上生意出现纠纷[J]. 电子商务世界,2007(9).

[5]张楚. 电子与商务法教程[M]. 北京:清华大学出版社,2005.

[6]齐爱民,徐亮. 电子商务法原理与实务[M]. 武汉:武汉大学出版社,2001.

[7]秦程德. 电子商务法[M]. 重庆:重庆大学出版社,2004.

[8]卡尔・拉伦茨. 德国民法总论[M]. 王晓晔,等,译. 北京:法律出版社,2003.

[9]张新宝. 隐私权的法律保护[M]. 北京:群众出版社,1997.

[10]高俊,等. 网络交易法律实务(下册)[M]. 北京:法律出版社,2006.

[11]王纪平. 电子商务法律法规[M]. 北京:清华大学出版社,2002.

[12]杨坚争. 经济法与电子商务法[M]. 北京:高等教育出版社,2004.

[13]阿蒂亚. 合同法概论[M]. 程正康,等,译. 北京:法律出版社,1982.

[14]迪特尔・梅迪库斯. 德国民法总论[M]. 邵建东,译. 北京:法律出版社,2000.

[15]齐爱民,等. 电子合同的民法原理[M]. 武汉:武汉大学出版社,2002.

[16]印辉. 电子商务合同案例评析[M]. 北京:知识产权出版社,2007.

[17]杨坚争. 经济法与电子商务法[M]. 北京:高等教育出版社,2004.

[18]夏征农. 辞海. 缩印本[M]. 上海:上海辞书出版社,1989.

[19]Walker M. 牛津法律大辞典[M]. 李双元,等,译. 北京:法律出版社,2003.

[20]田凤常. 电子签名与认证提供者的法律责任[J]. 信息与安全,2006(10).

[21]刘颖. 电子资金划拨法律问题研究[M]. 北京:法律出版社,2001.

[22]齐爱民,崔聪聪. 电子金融法[M]. 北京:北京大学出版社,2007.

[23]陈健. 电子支付法研究[M]. 北京:中国政法大学出版社,2006.

[24]张德芬.小额电子资金划拨法研究[M].郑州:郑州大学出版社,2006.

[25]齐爱民,刘颖.网络法研究[M].北京:法律出版社,2003.

[26]张楚.电子商务法[M].北京:中国人民大学出版社,2001.

[27]张庆麟.电子货币的法律性质初探[J].武汉大学学报社会科学版,2001(5).

[28]唐应茂.电子货币与法律[M].北京:法律出版社,2002.

[29]付竹.以Q币为视角探析虚拟币对现行货币体系的影响[J].金融经济,2007(4).

[30]张德芬.小额电子资金划拨法研究[M].郑州:郑州大学出版社,2006.

[31]黄京华.电子商务教程[M].北京:清华大学出版社,2000.

[32]郭佳玫.论现行网路交易争议解决的法律问题——兼谈线上争端解决机制[J].科技法律透析,2001(6).

[33]何家弘.电子证据法研究[M].北京:法律出版社,2002.

[34]刘品新.中国电子证据立法研究[M].北京:中国人民大学出版社,2005.

[35]白录铉,卞建林,译.美国联邦民事诉讼规则和证据规则[M].北京:中国法制出版社,2000.

[36]涂斌华,译.电子签名与认证法[M]//上海市信息化办公室.国内外信息化政策法规选编.北京:中国法制出版社,253.

[37]李学军.电子数据与证据[M]//证据学论坛.2卷.北京:中国检察出版社,2001.

[38]刘广三.计算机犯罪论[M].北京:中国人民大学出版社,1999.

[39]徐立根.物证技术学[M].2版.北京:中国人民大学出版社,1999.

[40]冯大同.国际货物买卖法[M].北京:对外贸易教育出版社,1993.

[41]李忠信.公安机关办理行政案件程序规定理解与适用[M].长春:吉林人民出版社,2003.

[42]刘品新.论电子证据的定位——基于中国现行证据法律的思辨[J].法商研究,2002(4).

[43]王德全.试论Internet案件的司法管辖权[J].中外法学,1998(2).

[44]侯捷.网络侵权案件管辖权探析[J].当代法学,2002(8).

[45]杨介寿.论网络侵权案件的地域管辖[J/OL].http://www,law - lib. com. cn/lw/lw - view - asp? no =1975.

[46]肖永平,徐鹏.网络诽谤国际管辖权问题初探[J].法商研究,2003(3).

[47]郑成思.知识产权文丛[M].1卷.北京:中国政法大学出版社,1999.

[48]蒋志培.网络与电子商务法[M].北京:法律出版社,2001.

[49]冯文生.Internet 侵权案件的司法管辖权和法律适用[J].法律适用,1998(9).

[50]吕国民.国际贸易中 EDI 法律问题研究[M].北京:法律出版社,2001.

[51]罗艺方,赖紫宁.网络空间司法管辖权理论的比较研究[J].政治与法律,2003(6).

[52]张海燕.计算机网络上数字传输的司法管辖权[J].湖南社会科学,2000(3).

[53]徐卉.涉外民商事诉讼管辖权冲突研究[M].北京:中国政法大学出版社,2001.

[54]李双元.国际私法学[M].北京:北京大学出版社,2000.

[55]安得鲁·斯帕罗.电子商务法律[M].林文平,译.北京:中国城市出版社,2001.

[56]范愉.非诉讼程序(ADR)教程[M].北京:中国人民大学出版社,2002.

[57]肖永平,谢新胜.ODR:解决电子商务争议的新模式[J].中国法学,2003(6).

[58]徐继强.在线纠纷解决机制(ODR)的兴起与我国的应对[J].甘肃政法学院学报,2001(12).

图书在版编目(CIP)数据

电子商务法教程/张楚主编.—北京:首都经济贸易大学出版社,2009.2
(21世纪高职高专精品系列规划教材·电子商务专业)
ISBN 978-7-5638-1602-6

Ⅰ.①电… Ⅱ.①张… Ⅲ.①电子商务—法规—高等学校:技术学校—教材
Ⅳ.①D912.29

中国版本图书馆CIP数据核字(2008)第119881号

电子商务法教程
张 楚 主编 谭华霖 张 樊 副主编

出版发行	首都经济贸易大学出版社
地 址	北京市朝阳区红庙(邮编100026)
电 话	(010)65976483 65065761 65071505(传真)
网 址	http://www.sjmcb.com
E-mail	publish@cueb.edu.cn
经 销	全国新华书店
照 排	首都经济贸易大学出版社激光照排服务部
印 刷	北京京华虎彩印刷有限公司
开 本	787毫米×1092毫米 1/16
字 数	295千字
印 张	16.25
版 次	2009年2月第1版 2016年9月第1版第4次印刷
书 号	ISBN 978-7-5638-1602-6/D·91
定 价	24.00元

图书印装若有质量问题,本社负责调换